Mössner, Staatsrecht

Werner-Studien-Reihe

Prof. Dr. Jörg Manfred Mössner

Staatsrecht

Studienbuch

Werner-Verlag

Erste Auflage 1977

CIP-Kurztitelaufnahme der Deutschen Bibliothek

Mössner, Jörg Manfred
Staatsrecht : Studienbuch. — 1. Aufl. — Düsseldorf : Werner, 1977.
 (Werner-Studien-Reihe)

ISBN 3-8041-2641-3

ISSN 0341-0315

DK 321.01:340.1:342.3/.4/7(07)
 321.07
 328.1
 35.07
© Werner-Verlag GmbH · Düsseldorf 1977
Printed in Germany

Eine Lange Publikation

Alle Rechte, auch das der Übersetzung, vorbehalten.
Ohne ausdrückliche Genehmigung des Verlages ist es auch nicht gestattet, dieses Buch oder Teile daraus auf fotomechanischem Wege (Fotokopie, Mikrokopie) zu vervielfältigen. Zahlenangaben ohne Gewähr

Gesamtherstellung: Reiner Winters GmbH, Wissen/Sieg
Archiv-Nr. 154 — 9. 77
Best.-Nr.: 26 413

Vorwort

Der Anlaß für dieses Buch ist eine Erfahrung, die ich seit 1972 mit der Unterrichtung des Staatsrechts bei Studienanfängern gemacht habe: das Fach „Staatsrecht" ist nicht sonderlich beliebt. Den meisten Studenten erscheint es wegen seiner Komplexität zu wenig griffig. Manche sprechen überhaupt von der „Staatslyrik". Selbst Examenskandidaten fürchten staatsrechtliche Klausuren, da es für diese kein Schema gebe. So wird dem Staatsrecht in der Juristenausbildung oft die Rolle eines Aschenputtels zugewiesen, das von seinen Schwestern Zivil-, Straf- und Verwaltungsrecht in den Schatten gestellt wird.

Diese Abneigung der Studenten gegen das Fach war mir immer um so weniger verständlich, als ihnen eine Handvoll guter — z. T. ausgezeichneter — Lehrbücher zur Auswahl stehen. Forscht man nach den möglichen Ursachen, so wird sehr häufig darauf verwiesen, daß es weder ein großes staatsrechtliches Lehrbuch, noch eine kurze Einführung für den Anfänger gebe; alle vorhandenen Werke bewegen sich vielmehr auf einer mittleren Linie, auf der sie sowohl dem Anfänger wie dem Fortgeschrittenen dienen wollen. Was fehlt, ist eine knappe Einführung für den Studenten des ersten und zweiten Semesters, die sich auch nicht scheut, dem Anfänger den Stoff vereinfachend möglichst anschaulich und plastisch vorzustellen. Dieses ist das Ziel des vorliegenden Studienbuches.

Ein solches Vorhaben verlangt vor allem eine radikale Beschränkung des behandelten Stoffes. Die Auswahl wurde davon bestimmt, was vom Studenten üblicherweise beim Erwerb des ersten staatsrechtlichen „Scheines" — zumeist der „Kleine Öffentliche" — erwartet wird. Zur besseren Übersichtlichkeit schien es mir dann aber auch angebracht, von der üblichen Einteilung des Stoffs in Organisationsrecht einerseits und Grundrechte andererseits abzuweichen. Statt dessen werden die tragenden Staatsprinzipien in den Vordergrund gestellt und die Bedeutung der einzelnen Institutionen und Grundrechte für diese erläutert. Durch diese funktionale Darstellungsweise sollen die inneren Zusammenhänge, die Einheit der Verfassung, deutlich gemacht werden. Dieses didaktische Konzept kommt meinen Erfahrungen nach in besonderer Weise dem Wunsch des Anfängers nach einem Überblick über das Gebiet entgegen.

Dieses Buch kann nicht und will nicht ein herkömmliches Lehrbuch ersetzen. Es versteht sich als Studienbuch im genauen Sinn dieses Begriffs. Es will den Studenten bei seinen Studien begleiten und ihn zum richtigen Gebrauch von Rechtsprechung und Literatur anleiten. Zitate und Vertiefungshinweise dienen allein diesem Zweck. Es ist unerläßlich, die angegebenen Gesetzestexte immer wieder nachzuschlagen, auch dann, wenn der Leser meint, er kenne die Stelle bereits hinlänglich. Hinsichtlich der Erarbeitung von Literatur und Rechtsprechung haben sich Arbeitsgemeinschaften von drei bis fünf Studenten bewährt. Solche Gruppen sollen nicht der Arbeitsersparnis der einzelnen Mitglieder, sondern der Arbeitsteilung und der Diskussion dienen. Jeder muß sich den Stoff selbst erarbeiten, er lernt nicht durch den Fleiß eines anderen.

Den einzelnen Abschnitten sind überwiegend Ausgangsfälle vorangestellt, die den Gegenstand verdeutlichen sollen. Es würde den Rahmen des Buches sprengen, für sie Musterlösungen anzubieten. Auf sie wird vielmehr im Text zur Illustration der Probleme Bezug genommen. Im allgemeinen sind sie der Rechtsprechung entnommen, oft unter starker Vereinfachung des Sachverhaltes. Sie eignen sich auch zur Selbstkontrolle des Lesers: nach der Durcharbeitung des Abschnitts darf ihm ihre Lösung keine Schwierigkeiten bereiten. Am Ende der Abschnitte finden sich Vertiefungshinweise, die über den eigentlichen Gegenstand des Buches hinausweisen und den Weg zum fortgeschrittenen Studium ebnen sollen.

Bei der Fertigung des Buches wurde ich tatkräftig von meiner Wissenschaftlichen Mitarbeiterin, Frau Assessorin Ute Barm, unterstützt. Ihr danke ich ebenso herzlich wie Frau cand. iur. Ruth Kirn, die als erste Leserin des Manuskripts mir eine Reihe wertvoller Hinweise gegeben hat. Bewundernswert war die Schnelligkeit und Sorgfalt, mit der Frau Ingar Engelbrecht das Manuskript in Reinschrift gebracht hat.

Hamburg, im Juni 1977   J. M. Mössner

Inhaltsverzeichnis

Teil I: GRUNDLAGEN ... 1

Kapitel 1
STAAT UND VERFASSUNG ... 1

1. Staatsrecht ... 1
2. Verfassungsrecht ... 2
   - a) Verfassungsbegriff ... 2
   - b) Verfassunggeber ... 4
   - c) Gegenstand des Verfassungsrechts ... 5
   - d) Funktion der Verfassung ... 6
   - e) Verfassungsrecht und Verfassungswirklichkeit ... 7
3. Besonderheiten des formellen Verfassungsrechts ... 9
   - a) Rang ... 9
   - b) Schutz ... 10
4. Staatsrecht — Verfassungsrecht ... 12
   - a) Materien ... 12
   - b) Überblick GG ... 13
   - c) Literatur ... 15

Kapitel 2
ORDNUNG DES GRUNDGESETZES IM RAHMEN DER STAATSTYPEN ... 15

1. Staatszielbestimmungen ... 15
   - a) Staatsziele, Verfassungsgrundsätze ... 16
   - b) Merkmale des Grundgesetzes ... 16
   - c) Rechtsnatur ... 18
2. Auslegung des Grundgesetzes ... 18
   - a) Aufgabe der Auslegung ... 19
   - b) Methodische Regeln ... 21
3. Allgemeine Grundrechtsfragen ... 24
   - a) Geschichte der Grundrechte ... 25
   - b) Systematische Stellung ... 26
   - c) Funktion der Grundrechte ... 28
   - d) Grundrechtsträger ... 29

e) Grundrechtsadressat		32
f) Grenzen der Grundrechte		34
g) Schutz der Grundrechte		37
h) Verwirkung		41

Teil II: REPUBLIK 42

Kapitel 3
REPUBLIKANISCHES PRINZIP 42

Kapitel 4
BUNDESPRÄSIDENT 43

1. Verfassungsrechtliche Stellung 43
2. Wahl 45
3. Kompetenzen 46
   a) allgemeine Kompetenzen 46
   b) Gegenzeichnung 46
   c) Prüfungsrecht des Bundespräsidenten 47
   d) Rolle beim Regierungswechsel 49

Teil III: DEMOKRATIE 50

Kapitel 5
DEMOKRATIEPRINZIP 50

1. Demokratietheorie 50
2. Ausgestaltung der Demokratie im GG 53
3. Demokratisierungsgebot? 55

Kapitel 6
DEMOKRATISCHE LEGITIMATION STAATLICHEN
HANDELNS 58

1. Bundestag 58
   a) Funktionen 59
   b) Zusammensetzung 60
   c) Kompetenzen 61
   d) Kontrolle der Regierung 62
   e) Diskontinuitätsgrundsatz 64
2. Abgeordnete 65
   a) Freies Mandat 65
   b) Status 67
   c) Amt 68
3. Wahlsystem 69

4. Parteien	71
a) Funktion	72
b) Begriff	73
c) Rechtsstellung	73
d) Innere Ordnung	75
e) Chancengleichheit	76
f) Parteienfinanzierung	78
g) Parteienprivileg	80
5. Verbände	81

Kapitel 7
DEMOKRATISCHE GRUNDRECHTE ... 82

1. Meinungsfreiheit	83
a) Meinung	84
b) Art der Freiheit	84
c) Boykottaufruf	85
d) Informationsfreiheit	86
e) Pressefreiheit	86
f) Schranken	88
2. Versammlungsfreiheit	89
3. Vereinigungsfreiheit	91
4. Staatsbürgerliche Rechte	92
5. Wahlgrundrechte	94
a) Wahlprüfungsverfahren — Verfassungsbeschwerde	95
b) Allgemeinheit	96
c) Unmittelbarkeit	97
d) Freiheit	98
e) Geheimheit	98
f) Gleichheit	99

Teil IV: RECHTSSTAAT ... 102

Kapitel 8
RECHTSSTAATSPRINZIP ... 102

1. Der bürgerliche Rechtsstaat	102
2. Ausprägung der Rechtsstaatsidee im Grundgesetz	104

Kapitel 9
RECHTSSTAATLICHE ANFORDERUNGEN AN STAATLICHES HANDELN ... 105

1. Gesetzmäßigkeitsprinzip	105
a) Vorrang des Gesetzes	105

Inhaltsverzeichnis

    b) Vorbehalt des Gesetzes 106
    c) Bindung der Rechtsprechung 107
2. Prinzip der Rechtssicherheit 108
    a) Bestimmtheitsgrundsatz 109
    b) Grundsatz der Tauglichkeit 111
    c) Grundsatz der Verhältnismäßigkeit 111
    d) Vertrauensschutz 113
3. Gerichtliche Kontrolle 118

Kapitel 10
GEWALTENTEILUNG 119

1. Bedeutung der Gewaltenteilung 119
2. Gesetzgebungsverfahren 121
    a) Bedeutung des Inhaltes der Regeln des GG . . . 122
    b) Begriff des Gesetzes 123
    c) Verfahren im einzelnen 126
    d) Stellung des Bundesrates 129
    e) Gesetzgebungsnotstand 133
    f) Gesetzgebung durch die Verwaltung 133
    g) Kontrolle der Gesetzgebung 136
3. Bundesregierung 139
    a) Politische Bedeutung 139
    b) Grundgesetzliche Regelung 140
    c) Regierungsbildung 140
    d) Amtsende 143
    e) Innere Arbeitsprinzipien 144
    f) Funktionen der Regierung 145
    g) Kontrolle der Regierung 146
4. Bundesverfassungsgericht 146

Kapitel 11
SCHUTZ DER INDIVIDUELLEN FREIHEIT 149

1. Recht auf freie Entfaltung der Persönlichkeit — Art. 2 . . 150
    a) Systematische Stellung 150
    b) Theorie der allgemeinen Handlungsfreiheit . . . 150
    c) Begriff der verfassungsmäßigen Ordnung . . . 152
2. Willkürverbot — Art. 3 154
    a) Rechtsanwendungs- und Rechtssetzungsgleichheit . . 155
    b) Willkürverbot 155
    c) Folge für Rechtssetzungsgleichheit 157
    d) Folge für Rechtsanwendungsgleichheit 158

3. Berufsfreiheit — Art. 12		159
a) Freiheitsrecht		159
b) Begriff des Berufs		160
c) Stufentheorie		161
4. Eigentumsschutz — Art. 14		164
a) Freiheitsrecht		165
b) Begriff des Eigentums		166
c) Sozialpflichtigkeit		166
5. Private Freiheitsrechte — Art. 4, 5, 8, 9, 10, 11, 13		167
6. Justizgrundrechte — Art. 101, 103, 104		167

Teil V: SOZIALSTAAT 168

Kapitel 12
SOZIALSTAAT 168

1. Sozialstaatsprinzip 168
2. Sozialstaatsprinzip im GG 170
      a) Rechtliche Verankerung 170
      b) Auslegung 171
      c) Bindung des Gesetzgebers 172
      d) Grundlage konkreter Ansprüche 173
3. Wirtschaftsverfassung 174

Kapitel 13
SOZIALSTAATSPRINZIP UND GRUNDRECHTE 175

1. Grundrechte als soziale Teilhaberechte 175
      a) Verpflichtung zur Schaffung grundrechtlicher Positionen . . 176
      b) Verteilungsmaßstab bei staatlichen Leistungen . . . 178
2. Sozialstaatsprinzip und Gleichheitssatz 179
3. Soziale Grundrechte 179

Teil VI: BUNDESSTAAT 181

Kapitel 14
BUNDESSTAATSPRINZIP 181

1. Föderalismus 181
      a) Bundesstaat — Staatenbund 181
      b) Sinn des Föderalismus **182**
2. Verhältnis Bund – Länder nach GG 183
      a) Kompetenzabgrenzung 183
      b) Gegenseitige Einflußnahme 185
      c) Homogenitätsgrundsatz 186
      d) Grundsatz der Bundestreue 186

Kapitel 15
VERTEILUNG DER GESETZGEBUNGSKOMPETENZEN . . 187
1. Landeskompetenz 188
2. Ausschließliche Bundeskompetenz 189
3. Konkurrierende Gesetzgebung 189
4. Rahmengesetzgebung 189
5. Ungeschriebene Bundeszuständigkeiten 190

Kapitel 16
VERTEILUNG DER VERWALTUNGSKOMPETENZEN . . 191
1. Unmittelbare und mittelbare Staatsverwaltung 192
2. Grundsatz: der landeseigene Vollzug 194
3. Ausnahme: die bundeseigene Verwaltung 196
   a) unmittelbare Bundesverwaltung 196
   b) Bundesoberbehörden 198
   c) Mittelbare Bundesverwaltung 198
   d) Bundesverwaltung gem. Art. 87 III 199
4. Ausnahme: die Auftragsverwaltung 200
5. Zusatz: der kooperative Bundesstaat 201

Stichwortverzeichnis 203

Abkürzungsverzeichnis

a. A.	anderer Ansicht
allg. A.	allgemeine Ansicht
AöR	Archiv des öffentlichen Rechts; zitiert nach Band, Jahr, Seite
BAG	Bundesarbeitsgericht
BB	Betriebs-Berater; zitiert nach Jahr, Seite
BBG	Bundesbeamtengesetz
BGB	Bürgerliches Gesetzbuch
BGBl.	Bundesgesetzblatt
BGHZ	Entscheidungen des Bundesgerichtshofes in Zivilsachen
BVerfG	Bundesverfassungsgericht
BVerfGE	Entscheidungen des BVerfG
BVerfGG	Bundesverfassungsgerichtsgesetz
BVerwG	Bundesverwaltungsgericht
BVerwGE	Entscheidungen des BVerwG
BWahlG	Bundeswahlgesetz
BWahlO	Bundeswahlordnung
DB	Der Betrieb; zitiert nach Jahr, Seite
DÖV	Die öffentliche Verwaltung; zitiert nach Jahr, Seite
DVBl.	Deutsches Verwaltungsblatt
EStG	Einkommensteuergesetz
EuGRZ	Europäische Grundrechte-Zeitschrift; zitiert nach Jahr, Seite
FamRZ	Zeitschrift für das gesamte Familienrecht
GG	Grundgesetz
GOBReg	Geschäftsordnung der Bundesregierung
GOBT	Geschäftsordnung des Bundestages
h. A.	herrschende Ansicht
h. M.	herrschende Meinung
JA/ÖR	Juristische Arbeitsblätter/Öffentliches Recht; zitiert nach Jahr, Seite
JöR NF	Jahrbuch des öffentlichen Rechts der Gegenwart, Neue Folge; zitiert nach Band, Jahr, Seite
JR	Juristische Rundschau; zitiert nach Jahr, Seite
JuS	Juristische Schulung; zitiert nach Jahr, Seite
JZ	Juristenzeitung; zitiert nach Jahr, Seite
LG	Landgericht
m. w. N.	mit weiteren Nachweisen
NJW	Neue Juristische Wochenschrift; zitiert nach Jahr, Seite
OVG	Oberverwaltungsgericht
RdJ	Recht der Jugend und des Bildungswesens; zitiert nach Jahr, Seite
Rdnr.	Randnummer
RGZ	Entscheidungen des Reichsgerichts in Zivilsachen
Rspr.	Rechtsprechung

st. Rspr.	ständige Rechtsprechung
StGB	Strafgesetzbuch
str.	streitig
unstr.	unstreitig
Verfb.	Verfassungsbeschwerde
VerwArch.	Verwaltungsarchiv; zitiert nach Band, Jahr, Seite
VG	Verwaltungsgericht
VVDStRL	Veröffentlichungen der Vereinigung der deutschen Staatsrechtslehrer; zitiert nach Heft, Jahr, Seite
WRV	Weimarer Reichsverfassung
ZParl.	Zeitschrift für Parlamentsfragen; zitiert nach Band, Jahr, Heft, Seite
ZPO	Zivilprozeßordnung
ZRP	Zeitschrift für Rechtspolitik; zitiert nach Jahr, Seite

Teil I

GRUNDLAGEN

Kapitel 1: STAAT UND VERFASSUNG

1. Staatsrecht

Wer zum ersten Mal den Begriff „Staatsrecht" hört, könnte annehmen, daß damit die Gesamtheit aller Rechtsnormen, die sich irgendwie auf den Staat beziehen, gemeint sei. Dies ist aber nicht der Fall; das Sonderrecht der Hoheitsträger, mit dem sie sich von der privaten Rechtsordnung absondern, wird als öffentliches Recht bezeichnet. Staatsrecht ist nur ein Teilgebiet und zugleich aber die Grundlage des öffentlichen Rechts. Beim Studium des Staatsrechts begegnet dem Studenten das erste Mal die grundsätzliche Einteilung des deutschen Rechtssystems in öffentliches und privates Recht, deren wichtigstes Anwendungsgebiet im Bereich des Rechts der Verwaltung liegt[1]). Dieser Einteilung liegt zugrunde, daß staatliche (öffentliche) Stellen sich in ihrem Verhalten durch besondere Vorrechte und Pflichten von dem Handeln der Privatleute unterscheiden. So kann das Parlament durch ein Gesetz allen Bürgern ein bestimmtes Verhalten vorschreiben. Ein Privatmann kann einem anderen nur dann Anweisungen geben, wenn der andere ihn dazu vertraglich ermächtigt hat (z. B. Arbeitsverhältnis). Andererseits ist ein Privatmann bei seinem Handeln freier in den Gestaltungsmöglichkeiten. Er kann — solange keine gesetzlichen Verbote entgegenstehen — mit wem und worüber er will Verträge abschließen. Öffentliche Stellen dagegen unterliegen einer Reihe von Beschränkungen, wenn beispielsweise nur die zuständige Stelle handeln darf, wenn sie an die Beachtung bestimmter Handlungsformen gebunden ist, wenn sie weitgehenden Beschränkungen hinsichtlich des Inhalts unterliegt usw. Im öffentlichen

---

1) Vgl. *Püttner*, Allg. Verwaltungsrecht, 4. Aufl. 1977, Kap. 4, 2.

Recht entspricht also den größeren Machtmöglichkeiten der öffentlichen Stellen eine stärkere rechtliche Einbindung. Privatleuten ist entsprechend der geringeren Machtposition ein größeres Maß an Handlungsfreiheit eingeräumt. Staatsrecht ist nun in seiner Gesamtheit Bestandteil des öffentlichen Rechts und bildet die Grundlage des gesamten öffentlichen Rechts, indem es die wichtigsten Prinzipien und Strukturen des öffentlichen Handelns bestimmt.

Ausgangsfall:

Im Bundesland A wird durch eine Anweisung des zuständigen Ministers an die Lehrer der Sexualkundeunterricht an allen Schulen eingeführt. Hiermit ist eine große Zahl von Eltern nicht einverstanden.

Zur Lösung lies zunächst Art. 6, 19 IV, 20 I—III, 93 I 4 a[2]). Hiernach kommt es auf die Bedeutung des sog. Elternrechts und auf die Handlungsrechte des unter dem Gebot der Beachtung von „Gesetz und Recht" stehenden Ministers an. Dieses Spannungsverhältnis gehört dem öffentlichen Recht an und wird in seinen Grundzügen von der Verfassung, die Teil des Staatsrechts ist, aufgelöst.

2. Verfassungsrecht

Der Begriff des Staatsrechts wird oft mit dem des *Verfassungsrechts* gleichgesetzt. Dies mag in der Regel zutreffen, wird bei näherem Hinsehen jedoch nicht der besonderen Bedeutung der Verfassung gerecht.

In der deutschen Verfassungsgeschichte spielt im 19. Jahrhundert der Kampf um die Verfassung eine herausragende Rolle. Diese als Konstitutionalismus bezeichnete Epoche führte 1818/19 in Süddeutschland und 1848—50 in Norddeutschland (Preußen) zu gegen den Absolutismus gerichteten Verfassungen. Vor der Existenz solcher Konstitutionen gab es zwar schon ein Staatsrecht, nämlich das des absolutistischen Staates, aber noch kein eigentliches Verfassungsrecht. Jeder Staat befindet sich zwar in einer bestimmten Verfassung (= Zustand), nicht jeder Staat hat jedoch eine Verfassung i. S. einer Verfassungsurkunde oder verdient die Kennzeichnung als Verfassungsstaat.

a) Damit sind eine ganze Reihe von Bedeutungen des Begriffs „Verfassung" angesprochen worden:

Der *soziologisch-politische* Begriff der Verfassung versteht unter der Verfassung eines Staates den tatsächlichen Zustand der Machtverhältnisse in einem Staat. In diesem Sinne besitzt jeder Staat eine Verfassung, sogar die Diktatur.

---

[2]) Artikelangaben ohne Zusatz beziehen sich auf das GG.

Demgegenüber will der *juristische* Verfassungsbegriff nur beim Vorliegen bestimmter Umstände von der Verfassung eines Staates sprechen. Ihm ist wesentlich, daß der Staat als solcher verfaßt ist, sich also in einer „Fassung" befindet. Staatliches Handeln erfolgt nach dieser Vorstellung nicht frei, ungebunden und damit willkürlich, sondern es unterliegt vielfachen Bindungen, die in der Verfassung enthalten sind. Damit soll die Verfassung staatliches Handeln lenken und leiten. Eine derartige Leitlinie für menschliches — auch staatliches Handeln gehört dazu — Handeln nennt man eine Norm, weshalb der rechtliche Verfassungsbegriff *auch* als *normativer* Verfassungsbegriff bezeichnet wird. Was nun unter der Verfassung zu verstehen ist, ist in der Wissenschaft str. Die eine Auffassung sieht das Wichtigste in der Existenz einer geschriebenen Verfassungsurkunde (formeller Verfassungsbegriff). Unter dem *formellen* Verfassungsrecht versteht man diejenigen Materien, die in der oder den Verfassungsurkunden geregelt werden. Es setzt damit eine geschriebene Verfassung voraus. Für die Bundesrepublik Deutschland ist alles dasjenige formelles Verfassungsrecht, was im Text des Grundgesetzes (Präambel, Art. 1—146) enthalten ist. Staaten ohne geschriebene Verfassung wären dann keine Verfassungsstaaten: z. B. Großbritannien, das geradezu das Vorbild und das Muster eines modernen Verfassungsstaates ist, wäre ein Staat ohne Verfassung. Für das Verfassungsdenken ist daher die andere Auffassung von der *materiell-rechtlichen Verfassung* von größerer Bedeutung, wonach unter einer Verfassung alle diejenigen Rechtsnormen verstanden werden, die in einem grundsätzlichen Sinne die rechtliche Begrenzung und Orientierung der Staatsgewalt enthalten.

Materielle und formelle Verfassung brauchen nicht miteinander übereinzustimmen. Die formelle Verfassung enthält oft Vorschriften, die nicht in dem beschriebenen Sinne zur materiellen Verfassung gehören. Beispielsweise hätten Art. 27 und 36 I (unbedingt lesen!) ihren Platz genausogut in einfachen Gesetzen finden können. Andererseits enthält der Verfassungstext nicht immer alle Vorschriften des materiellen Verfassungsrechts. So ist im GG weder die Anzahl der Mitglieder des Deutschen Bundestages noch das Wahlsystem, noch das Staatsangehörigkeitsrecht usw. enthalten. Diese Materien sind in einfachen Bundesgesetzen geregelt. Irgendeine systematische Regel für die Aufnahme oder Nichtaufnahme materiellen Verfassungsrechts in die Verfassungsurkunde gibt es nicht. Die Aufteilung ist zumeist nur aus der Kenntnis der besonderen Umstände und Zufälligkeiten bei der Abfassung der Verfassungsurkunde verständlich. Die Aufnahme in die Verfassungsurkunde bedeutet, was noch näher auszuführen sein wird, eine Festschreibung, eine Versteinerung, wohingegen gesetzliche Regelungen sich durch ein größeres Maß an Flexibilität auszeichnen.

b) Soeben haben wir zwischen der formellen Verfassung und einfachen Gesetzen unterschieden. Urheber einer Verfassung ist der Verfassunggeber, eines Gesetzes der Gesetzgeber.

(1) Unter der *verfassunggebenden Gewalt* (pouvoir constituant) wird derjenige politische Wille verstanden, dessen Macht oder Autorität imstande ist, die konkrete Gesamtentscheidung über Art und Form der eigenen politischen Existenz zu treffen (Carl Schmitt). Diese dem Rechtspositivismus entstammende Definition führt die Verbindlichkeit einer Verfassung auf tatsächlich bestehende Machtverhältnisse zurück. In einer solchen Betrachtungsweise kommen wichtige Aspekte staatlicher Existenz zum Ausdruck. Diese Theorie kann z. B. begründen, warum eine Revolution nicht nur Beseitigung der alten Verfassung, sondern auch Begründung einer neuen darstellt. Eine erfolgreiche Revolution ist zwar illegal, da sie nicht die Vorschriften der alten Verfassung über deren Veränderung beachtet, sie ist jedoch legitim, da sie sich mit ihren neuen Vorstellungen durchgesetzt hat. Die rechtspositivistische Betrachtungsweise wird jedoch problematisch, wenn sie den Begriff „Legitimität" ausschließlich auf diese Weise deutet und alle Formen neuer, tatsächlich durchgesetzter Verfassungen als legitim ansieht, ohne daß der Verfassunggeber irgendwelchen Schranken unterliegt. So sagt Carl Schmitt[3]), daß die Entscheidung der verfassunggebenden Gewalt „keiner Rechtfertigung an einer ethischen oder juristischen Norm (bedarf), sondern ... ihren Sinn in der politischen Existenz (hat). Eine Norm wäre gar nicht imstande, hier irgend etwas zu begründen. Die besondere Art politischer Existenz braucht und kann sich nicht legitimieren". Dem wird entgegengehalten, daß der wahre Geltungsgrund der Verfassung und damit ihre Legitimität in der Anerkennung grundlegender Werte wie etwa der Gerechtigkeit liege. Die Verfassung wird dann als eine Wertordnung[4]) verstanden. Das GG enthält an mehreren Stellen ein Bekenntnis zu solchen überpositiven Werten, die auch nicht zur Disposition des Verfassunggebers stehen (Art. 1 II, 79 III). Dadurch unterscheidet sich das GG von dem positivistischen Verfassungsverständnis. Bei der Auslegung von Art. 146 (unbedingt lesen!) taucht diese theoretische Frage wieder auf: Ist der Verfassunggeber einer gesamtdeutschen Verfassung an solche überpositiven Werte, vielleicht sogar an Normen des GG gebunden oder unterliegt er keinerlei Bindungen und Beschränkungen? Wenn auch die Legitimität der künftigen deutschen Gesamtverfassung nicht an der Legalität nach der Ordnung des Grundgesetzes gemessen werden kann[5]), so wäre doch die Annahme einer völligen Bindungslosigkeit des gesamtdeutschen Verfassung-

---

3) Verfassungslehre, Berlin 1928, 5. Neudruck 1970, S. 87.
4) BVerfGE 2, 12; 12, 51; 35, 114.
5) So BVerfGE 5, 131.

gebers nicht mit dem Verständnis des GG vereinbar. Daher muß eine gesamtdeutsche Verfassung den Menschenrechtsschutz ebenso enthalten wie die Grundprinzipien der Rechtsstaatlichkeit.

(2) Bei der Frage, wer *Subjekt der verfassunggebenden Gewalt* ist, können wir uns recht kurz fassen, da diese Frage vor allem im Rahmen der allgemeinen Staatslehre behandelt wird. Für das Mittelalter beantwortete sich diese Frage sehr einfach: non est enim potestas nisi a deo (Römer 13, 1). Diese Vorstellung ist in der Formel vom Kaiser oder König von Gottes Gnaden lange erhalten geblieben. In späteren Zeiten wurde häufig der König als das eigentliche Subjekt der verfassunggebenden Gewalt angesehen, der sich als oberste Inkarnation des Staates gewisser Vorrechte entäußerte und in einer Verfassung niederlegte, jedoch letztlich als Träger des Staates hinter der Verfassung stand. Gegen diese Vorstellungen hat Abbé Siéyès 1788 eingewandt, daß die Nation das eigentliche Subjekt der verfassunggebenden Gewalt ist: „Einerlei, auf welche Art eine Nation will, es genügt, daß sie will; alle Formen sind gut, und ihr Wille ist immer das höchste Gebot." Die Nation äußert sich als Verfassunggeber entweder in einem Plebiszit oder durch eine besondere verfassunggebende Versammlung. Aber auch außerhalb dieser Äußerungsformen bleibt das Subjekt der verfassunggebenden Gewalt immer allgegenwärtig neben und hinter der Verfassung. Diese Vorstellung ist wichtig als theoretische Begründung für den Verfassungswandel und die Verfassungsänderung. Enthält eine Verfassung Vorschriften über ihre Änderung, so ist gleichsam die verfassunggebende Gewalt in der Verfassung eingefangen worden. Man unterscheidet dann den pouvoir constituant originaire = Verfassunggeber[6]) vom pouvoir constituant institué = Verfassungsgesetzgeber (= Art. 79). Davon ist zu trennen der Gesetzgeber = pouvoir constitué (Begriffe einprägen!).

c) Verfassungsrecht ist durch seinen *Gegenstand* gekennzeichnet. Es ist der Inbegriff derjenigen „Rechtssätze, welche die obersten Organe des Staates bezeichnen, die Art ihrer Schöpfung, ihr gegenseitiges Verhältnis und ihren Wirkungskreis festsetzen, ferner die grundsätzliche Stellung des einzelnen zur Staatsgewalt"[7]). Diese Beschreibung enthält alles Wesentliche. Gegenstand des Verfassungsrechts sind somit die Rechtsverhältnisse der obersten Staatsorgane und die elementaren Beziehungen der Einzelpersonen zum Staat. Es enthält die Grundlagen der staatlichen Organisation. In ihm sind die Besonderheiten eines Staates festgelegt. Dadurch leistet es einen wichtigen Beitrag zur Individualität und Identität eines Staates.

---

6) Beim GG der Parlamentarische Rat und die Länderparlamente.
7) *G. Jellinek*, Allg. Staatslehre, 3. Aufl. (7. Neudruck) 1929, S. 505.

Als *Mindestinhalt* einer Verfassung erwarten wir heute folgende Regelungen:

Die Differenzierung der Staatsaufgaben und Zuweisung an bestimmte Organe.

Dieses ist das grundlegende Organisationsschema des Staates, das festlegt, welche Organe für die einzelnen Staatsaufgaben zuständig sind.

Die Regeln für das Zusammenspiel der Machtträger untereinander.

Staatliche Organisationen erreichen ein solches Maß von Kompliziertheit, daß es undenkbar ist, daß die Kompetenzverteilung so gelingen könnte, daß keine Überschneidungen der Zuständigkeiten vorliegen. Daher muß das Zusammenspiel der einzelnen Organe geregelt werden. Dies geschieht auch bewußt, um den Mißbrauch staatlicher Gewalt durch ein zu mächtiges Organ zu verhindern. Daher wird in die Verfassungen das System der Gewaltenteilung eingebaut. Allerdings muß diese Verfassung auch einen Mechanismus vorsehen, der verhindert, daß das System der Gewaltenhemmungen zu gegenseitigen Blockierungen und zur Handlungsunfähigkeit des Staates führt.

Die Methode zur Anpassung an veränderte soziale und politische Verhältnisse.

Eine Verfassung muß heute dynamisch auf die vielfältigen neuen Situationen reagieren können, ohne daß dies jeweils eine Verfassungskrise auslöst.

Die Anerkennung von Sphären individueller und gemeinschaftlicher Selbstentfaltung.

Dieser auch als Grund- oder Menschenrechte bezeichnete Bereich wird heute als wichtiger Bestandteil der Verfassung angesehen.

d) *Die Funktionen der Verfassung* für den Gesamtstaat sind sehr vielfältig. Aufgrund der schon beschriebenen Besonderheiten des Verfassungsrechts kann man die Verfassung als die „Norm der Normen", als den archimedischen Punkt des staatlichen Legalitätssystems bezeichnen. Auf sie muß sich alle Staatsgewalt zurückführen. Sie ist das „Grundgesetz", die lex fundamentalis der staatlichen Ordnung. Schon der französische Politikwissenschaftler Alexis de Tocqueville[8] sagte über die Befugnisse des Parlaments, des Königs und des Volkes: „Dehors de la constitution ils ne sont rien."

Die Verfassung bewirkt einerseits eine *Beschränkung* der staatlichen Machtausübung und andererseits eine *Legitimierung* staatlicher Macht. Der erste Aspekt kommt als „begrenzende Ordnung" (Kägi) vor allem in der Anerken-

---

[8] 1805—1859, berühmtestes Werk: Die Demokratie in Amerika, 1835—1840.

nung einer staatsfreien Individualsphäre zum Ausdruck. Sie gewährt die Freiheit vom Staate. Der Aspekt der Legitimierung der Macht bedeutet, daß der einzelne nicht mehr nur Untertan wie im Absolutismus, sondern verantwortlicher Mitträger der Staatsgewalt wurde (Art. 20 II: „Alle Staatsgewalt geht vom Volke aus."). Kägi nennt dies die Freiheit zum Staate als das Recht des einzelnen, an der Staatsbildung und -gestaltung teilzunehmen. Die Verfassung ist damit das Grundmuster, nach dem die Staatsgewalt akzeptiert wird. Verfassungslegalität verleiht damit den staatlichen Aktionen Legitimität. Um diese Aufgaben erfüllen zu können, muß eine Verfassung auf Dauer angelegt sein. Wie das Fundament eines Hauses auch nicht fortwährend geändert wird, auch, wenn Umbauten in den darüber liegenden Räumen vorgenommen werden, so muß eine Verfassung so tragfähig sein, daß sie den politischen Kräften hinreichenden Spielraum zur Bewältigung der anfallenden Probleme läßt. „Wo die Grundlage der Rechtsordnung schwankend ist, wo alle Augenblicke am Fundament geflickt und gerüttelt wird, ist die ganze Rechtsordnung gefährdet"[9]).

Dieses Verfassungsdenken sieht sich heute zunehmend der Kritik aus verschiedenen Richtungen ausgesetzt. Man spricht sogar gelegentlich von einer *Krise des Verfassungsdenkens*. Nur die wenigsten Staaten können heute als Verfassungsstaaten in dem beschriebenen Sinne betrachtet werden. Überwiegend herrschen Militär- und Parteidiktaturen, die jegliche Bindung an vorgegebene Werte ablehnen. Selbst in den westlichen demokratischen Verfassungsstaaten wird die Vorstellung einer überpositiven Bindung des Gesetzgebers abgelehnt. Es wird als das Wesen der Demokratie angesehen, daß die Mehrheit darüber entscheidet, was geschehen soll. Diese Mehrheitsentscheidung wird allein als verbindlich anerkannt. Verbunden wird diese Kritik am Verfassungsverständnis mit einer Kritik an dem zur Sicherung dieses Verfassungsverständnisses eingerichteten BVerfG, dessen Entscheidungen als politisch nicht legitimiert bzw. nicht ausreichend legitimiert abgelehnt werden. Wir können hier auf diese Fragen nicht weiter eingehen, doch sollte sich der Studierende immer vor Augen halten, daß bei der Kritik an Einzelentscheidungen des BVerfG häufig die Ursache in einem anderen Verfassungsverständnis zu finden ist.

e) Das Verhältnis zwischen der normativen und der soziologisch-politischen Verfassung wird unter dem Stichwort „*Verfassungsrecht und Verfassungswirklichkeit*" häufig diskutiert. Klaffen beide auseinander, so bedeutet dies, daß die normative Verfassung nicht in der Lage ist, das Handeln der staat-

---

9) *Kägi*, Die Verfassung als rechtliche Grundordnung des Staates, Nachdruck 1971 der Ausgabe Zürich 1945, S. 53.

lichen Organe auch tatsächlich zu leiten. Verfassungskonflikte und Verfassungskrisen bleiben dann unausweichlich. Nun ist allerdings nicht jede in der Verfassungsurkunde nicht nachweisbare staatliche Praxis einem Auseinanderklaffen von Verfassungsrecht und Verfassungswirklichkeit gleichzusetzen. Eine Verfassungsurkunde kann nicht alle Einzelheiten staatlichen Lebens regeln, sie muß sich weitgehend auf die Normierung der Grundsätze und Grundlagen beschränken. Dies kommt deutlich in der Bezeichnung unserer Verfassung als „Grundgesetz" zum Ausdruck. Der fundamentale Charakter des formellen Verfassungsrechts überläßt den zuständigen Stellen einen gewissen Spielraum zur Weiterentwicklung des Verfassungsrechts.

Eine Verfassungsurkunde soll dem staatlichen Leben für einen längeren Zeitraum als Grundlage dienen. Mit dem Wechsel der sich dem Staate stellenden Aufgaben und Situationen gewinnen mal diese, mal jene Teile der formellen Verfassung besondere Aktualität. Nicht jede Verfassungsvorschrift wird tagtäglich angewandt, vielmehr müssen sie in jeweils konkreten Situationen aktualisiert werden. Ihre Bedeutung wird daher durch die Besonderheiten der Fälle, für die sie ausgelegt sind und in denen sie angewandt werden, mitbestimmt.

Das Verständnis einer konkreten Verfassungsurkunde unterliegt damit dem Wandel. Erst, wenn diese weiten und dynamischen Grenzen des Verfassungsrechts überschritten werden, wenn also insbesondere staatliche Organe ständig sich gegen den eindeutigen Wortlaut des Verfassungstextes verhalten (contra constitutionem), kann von einem Auseinanderfallen von Verfassungsrecht und Verfassungswirklichkeit gesprochen werden. In der politikwissenschaftlichen Literatur wird jedoch häufig die Verfassungswirklichkeit dem Verfassungsrecht entgegengehalten, wenn sich die Verfassungspraxis anders entwickelt, als sich dies die Schöpfer der Verfassung vorgestellt haben, ohne daß ein Widerspruch gegen die Verfassungsurkunde vorliegt. Meistens wird hierbei dann auch noch das formelle Verfassungsrecht sehr eng ausgelegt. Nach Art. 64 I (bitte lesen!) werden die Bundesminister auf Vorschlag des Bundeskanzlers vom Bundespräsidenten ernannt und entlassen. Daraus kann man entnehmen, daß der Bundeskanzler sich sein Kabinett selbst zusammenstellt. Man könnte nun aus Art. 64 ein freies Auswahlrecht des Bundeskanzlers als „Verfassungsrecht" herauslesen und diesem dann die „Verfassungswirklichkeit" entgegenstellen, daß der Bundeskanzler bei der Auswahl seiner Minister in vielfältiger Weise Rücksicht nehmen muß (auf den Koalitionspartner, auf Gruppen innerhalb der eigenen Partei, auf Wirtschaftsverbände usw.). Diesem Beispiel ist zu entnehmen, daß die Verfassung keineswegs die Gesamtheit des staatlichen Lebens darstellt. So wie derjenige, der zwar die Regeln des Fußballspiels auswendig gelernt hat, aber noch nie ein Spiel gesehen und noch nie selbst gespielt hat, nur sehr wenig vom Fußballspielen, der Dramatik und Spannung des Spiels und damit letztlich auch von der Bedeutung der Regeln weiß, so kennt derjenige, der nur das Verfassungsrecht kennt, lediglich einen Teilaspekt staatlicher Existenz. Der Jurist darf sich nicht auf diesen Aspekt beschränken und etwa nur die „Spielregeln" und deren Vervollkommnung im Auge haben, er muß auch die staatliche Praxis und die Bedeutung der Rechtsnormen für diese in Betracht ziehen. In diesem Sinne bedarf das Verfassungsrecht immer der ergänzenden Betrachtung der „Verfassungswirklichkeit".

3. Besonderheiten des formellen Verfassungsrechts

Ausgangsfall:

Die A-Partei hat absolute Mehrheit im Parlament. In einer ihr wichtigen Frage möchte sie ein Gesetz verabschieden, das auch dann Bestand haben soll, wenn sie einmal nicht mehr die Mehrheit besitzt. Kann sie ins Gesetz folgende Passagen aufnehmen:
(1) Dieses Gesetz geht allen anderen Gesetzen vor.
(2) Dieses Gesetz kann nur mit ²/₃-Mehrheit geändert oder aufgehoben werden?

a) Verfassungsrecht ist durch seinen besonderen *Rang* gekennzeichnet. Es geht allen anderen staatlichen Rechtsnormen vor. Dies gilt zunächst in einem *logischen* Sinn. Damit ein Gesetz — z. B. über die Regelung des Straßenverkehrs — zustande kommen kann, muß festgelegt sein, wer als Gesetzgeber fungiert, wie die betreffenden Personen berufen werden usw.

Der Vorrang des Verfassungsrechts hat auch eine *rechtliche* Folge: Es ist allem anderen staatlichen Recht übergeordnet (Stufenbau der Rechtsordnung). Während sonst das spätere Recht dem früheren vorgeht (lex posterior derogat lege priori), setzt sich eine Norm des Verfassungsrechts auch späteren Gesetzen gegenüber durch. Hier ist allerdings eine wichtige Einschränkung zu machen: der Vorrang des Verfassungsrechts gilt nur, soweit es sich um formelles Verfassungsrecht handelt. Hierfür sind zunächst Gründe der Klarheit bestimmend. Nähme das gesamte, in seinen Grenzen nicht eindeutig bestimmte Verfassungsrecht an diesem Vorrang teil, so könnte im Einzelfall sehr zweifelhaft sein, ob eine Norm Vorrang besitzt oder nicht. Die Aufnahme in die Verfassungsurkunde ist ein einfaches und praktikables Kriterium. Dies meint Art. 20 III, wonach alle staatliche Gewalt an die Beachtung der verfassungsmäßigen Ordnung gebunden ist. Folgerichtig wird der Gesetzgeber als Teil der staatlichen Gewalt an der verfassungsmäßigen Ordnung[10]) gemessen. Streng-

---

10) Unter dem Begriff der verfassungsmäßigen Ordnung wird in Art. 20 III nur das formelle Verfassungsrecht verstanden, so *v. Mangoldt/Klein* Art. 20 Anm. VI 4 e; anders in Art. 2 I, vgl. hierzu Kap. 11, 1.

genommen kann Art. 20 III den Vorrang der Verfassung nicht begründen, denn er ist Bestandteil der formellen Verfassung und könnte, wenn sich der Vorrang nicht aus anderen Überlegungen ergäbe (vgl. oben 2 b), keinen höheren Rang verleihen, als er selbst besitzt.

Das GG sagt zwar, daß die Gesetzgebung an die verfassungsmäßige Ordnung gebunden ist, es legt jedoch nicht fest, welche Folgen die Nichtbeachtung der formellen Verfassung durch die Gesetzgebung nach sich zieht. Nach Art. 93 I Ziff. 2 entscheidet das BVerfG „bei Meinungsverschiedenheiten oder Zweifeln über die förmliche oder sachliche Vereinbarkeit von Bundesrecht oder Landesrecht mit diesem Grundgesetz". Nach Art. 100 I hat ein Gericht, das ein Gesetz, auf dessen Gültigkeit es bei der Entscheidung ankommt, für verfassungswidrig hält, das Verfahren auszusetzen und das BVerfG anzurufen, wenn es sich um eine Verletzung des GG handelt. Aus diesen beiden Vorschriften ist zu entnehmen, daß für die verbindliche Beurteilung der Frage, ob der Gesetzgeber sich an die verfassungsmäßige Ordnung beim Erlaß eines Gesetzes gehalten hat oder nicht, ausschließlich das BVerfG zuständig ist. Das GG sagt jedoch nicht ausdrücklich, welche Folgen die Verfassungswidrigkeit eines Gesetzes für das Gesetz hat. Das BVerfG hat[11] ein verfassungswidriges Gesetz als nichtig bezeichnet[12]. Nach seiner Auffassung wirkt seine Feststellung der Nichtigkeit einer Norm ex tunc, d. h., vom Zeitpunkt des Inkrafttretens des Gesetzes an hatte die Norm keine Wirkung[13]. Der Gesetzgeber selbst hat im BVerfGG nach diesen Urteilen den Begriff der Verfassungswidrigkeit i. S. der Nichtigkeit gedeutet. Damit hat sich der Gesetzgeber dazu bekannt, daß die Verfassung ihm absolute Grenzen setzt, die er selbst nicht überschreiten kann. Es gehört zu den elementaren, allgemein anerkannten Prinzipien unseres Staatsrechts, daß das formelle Verfassungsrecht über allem übrigen Recht, auch dem Gesetzesrecht, steht. Im Ausgangsfall (1) begründet der Passus keinen Vorrang, denn hierzu wäre eine Aufnahme in die Verfassung nötig.

b) Verfassungsrecht steht unter einem *besonderen Schutz*. Der Bundespräsident (Art. 56), die Bundesregierung (Art. 64 II) und die Bediensteten des Staates werden durch einen Eid oder durch ein Gelöbnis auf die Beachtung der Verfassung verpflichtet. Neben diesem mehr irrationalen Mittel durch die Beschwörungsformel des Eides[14] wird die Verfassung auch mit Mitteln des Strafrechts geschützt. So wird nach § 81 I Ziff. 2 StGB wegen Hochverrats

---

11) BVerfGE 1, 37; 3, 29; 7, 387; 9, 291.
12) Lies §§ 31, 78 f. BVerfGG, auf die sich das BVerfG stützt.
13) § 79 BVerfGG regelt die Wirkungen der Nichtigkeit auf inzwischen ergangene Strafurteile und Entscheidungen.
14) Mit der Selbstverfluchung, wenn man das Beschworene nicht einhält.

bestraft, wer mit Gewalt oder durch Drohung mit Gewalt die auf dem GG der Bundesrepublik Deutschland beruhende verfassungsmäßige Ordnung zu ändern unternimmt. Besondere polizeiliche Behörden, der Verfassungsschutz, bestehen gleichfalls zum Schutz der Verfassung.

Auch die *erschwerte Abänderbarkeit* dient dem Schutz des Verfassungsrechts. Es ist jedoch heute h. M., daß nur das formelle Verfassungsrecht diesen Schutz genießt. Im Ausgangsfall (2) wäre daher der Passus nichtig[15]). Auch ein Gesetz auf staatsrechtlichem Gebiet könnte sich eine derartige Wirkung nicht zulegen.

Nach Art. 79 II kann das GG nur mit einer $^2/_3$-Mehrheit im Bundesrat und im Bundestag abgeändert werden. Das Erfordernis der $^2/_3$-Mehrheit entspricht üblicher Verfassungspraxis. Das GG ist darüber hinausgegangen, indem es in Art. 79 III ein gewisses Minimum der Verfassung als änderungsfest erklärt[16]). In Art. 79 III werden u. a. die in Art. 1 und 20 niedergelegten Grundsätze erwähnt. Es ist ein beliebter Fehler von Studenten, hier Art. 1—20 oder Art. 21 zu lesen (Bitte gleich richtig merken!).

Durch das Erfordernis der $^2/_3$-Mehrheit wird sichergestellt, daß einerseits die Verfassung an geänderte Verhältnisse angepaßt werden kann, daß also in einem dynamischen Prozeß ein Auseinanderfallen von Verfassung und Verfassungswirklichkeit verhindert wird. Andererseits ist eine Änderung nur dann möglich, wenn sie eine hinreichende Mehrheit findet. Dies kann entweder der Fall sein, weil die vorgesehene Änderung sachlich so einsichtig ist, daß über sie kein Streit der Parteien besteht, oder weil sich für die Änderung genügend große politische Mehrheiten finden. In beiden Fällen ist sichergestellt, daß eine entsprechende Änderung akzeptiert wird. Problematisch ist der Fall, daß sich bei knappen Mehrheiten eine Opposition grundsätzlich notwendigen Änderungen der Verfassung verschließt, um durch Obstruktion auch des sachlich Notwendigen die Regierungspartei bzw. -parteien in Schwierigkeiten zu bringen. Die Entscheidung eines solchen Falles kann nicht von vornherein durch eine Verfassungsbestimmung gelöst werden. Hier kommt es dann auf den politischen Mehrheitsbildungsprozeß in den Wahlen an. Ist die Frage wichtig genug und findet die vorgesehene Änderung hinreichend große Zustimmung beim Wähler, so können die politischen Kräfte, die für die Änderung eintreten, die entsprechende Mehrheit erhalten.

Wie ist es aber nun, wenn ein Gesetz mit $^2/_3$-Mehrheit beschlossen wird? Erhält es dann auch den Rang der Verfassung, oder wird es als einfaches Gesetz behandelt? Gilt dies selbst dann, wenn es einstimmig beschlossen wor-

---

15) Vgl. Art. 77 I i. V. mit Art. 42 II — unbedingt lesen!
16) Art. 79 II und III — unbedingt lesen!

den wäre? Hinter diesen Fragestellungen verbirgt sich ein grundsätzliches Problem des Verfassungsverständnisses. Nach deutscher Verfassungstradition kann „die Verfassung im Wege der Gesetzgebung geändert werden"[17]), d. h., Verfassungsänderung und einfaches Gesetz sind Äußerungen ein und derselben, der gesetzgebenden Gewalt. In anderen Staaten wird deutlicher der Verfassunggeber vom Gesetzgeber unterschieden (z. B. in den USA). Nach der Praxis unter der WRV konnte die Verfassung nicht nur ausdrücklich, sondern auch stillschweigend geändert werden, sofern ein mit $^2/_3$-Mehrheit zustande gekommenes Gesetz den Vorschriften der Verfassung widersprach (sog. *Verfassungsdurchbrechungen*). Diese Praxis hatte zu einer völligen Unübersichtlichkeit der geltenden Verfassung geführt, da jedes mit $^2/_3$-Mehrheit zustande gekommene Gesetz automatisch Verfassungsrang erhielt. Um diese Praxis zu beseitigen, hat der Parlamentarische Rat in Art. 79 I verlangt, daß das GG nur durch ein Gesetz geändert werden kann, das den Wortlaut ausdrücklich ändert oder ergänzt. Damit nimmt das GG nun eine Stellung zwischen dem nordamerikanischen und dem früheren deutschen System ein: Der Gesetzgeber kann zwar als Verfassunggeber tätig werden, hierbei muß er jedoch den Wortlaut der Verfassungsurkunde abändern. Gesetze, deren Wortlaut nicht in den Text des GG aufgenommen wurde, genießen keinen Änderungsschutz; auch dann nicht, wenn sie Materien regeln, die materiell zum Staatsrecht gehören: „Stellt sich bei einem einfachen Bundesgesetz heraus, daß es inhaltlich mit dem GG nicht vereinbar ist, so ist es von Anfang an nichtig, gleichgültig, mit welcher Mehrheit es beschlossen worden ist"[18]). Das Erfordernis der ausdrücklichen Verfassungstextänderungen nach Art. 79 I S. 1 soll dem Gesetzgeber bewußt machen, daß er die Verfassung ändert (Warnfunktion) und zugleich für die Übersichtlichkeit der Verfassungsnormen Sorge tragen (Klarheitsfunktion).

Als Ergebnis ist damit festzuhalten, daß das Verfassungsrecht als solches durch seinen Gegenstand und das formelle Verfassungsrecht durch seinen Vorrang und seine erschwerte Abänderbarkeit gekennzeichnet sind. Diese Heraushebung des formellen Verfassungsrechts wird mit der besonderen Stellung des Verfassunggebers begründet.

4. Staatsrecht – Verfassungsrecht

a) Materien

Dem Inhalt nach unterscheiden sich die Begriffe „Verfassungsrecht" und „Staatsrecht" kaum. Letzterer ist der neutralere Begriff. Die Frage, welche

---

17) So der Wortlaut von Art. 76 WRV.
18) BVerfGE 2, 173.

Materien zum Staatsrecht gehören, findet nicht in allen Einzelheiten eine einheitliche Antwort. So rechnen einige das Beamten- und Wehrrecht zum Staatsrecht, andere hingegen zum Verwaltungsrecht. Solche Einteilungen spielen auch keine allzu große Rolle, wichtig ist nur, daß der Student den verschiedenen Ansatz der Begriffe „Staatsrecht" und „Verfassungsrecht" kennt. Staatsrecht als Teil des öffentlichen Rechts ist vor allem vom Verwaltungsrecht abzugrenzen. Der Begriff gehört daher in eine allgemeine Einteilung des Rechtssystems. Die Bezeichnung Verfassungsrecht steht demgegenüber eigentlich selbständig außerhalb der rechtssystematischen Einteilungen. Die Verwendung der Bezeichnung Verfassungsrecht soll die besondere Bindung der staatlichen Gewalt deutlich machen. Wie unser nachstehendes Schema zeigt, entspricht der Begriff des Staatsrechts weitgehend demjenigen des materiellen Verfassungsrechts:

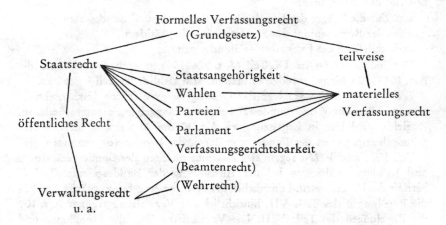

b) Überblick GG

Nunmehr sollte sich der Studierende einen Überblick über den Inhalt des GG verschaffen.

Das vom Parlamentarischen Rat am 23. Mai 1949 als zustande gekommen festgestellte GG für die Bundesrepublik Deutschland ist, wie die Präambel zeigt, sehr stark durch die besondere Rechtslage Deutschlands geprägt. Ursprünglich als Provisorium gedacht (lies: *Präambel* und Art. 146), hat es sich als recht stabile Verfassung erwiesen. Hierzu hat es allerdings einer Reihe von Grundgesetzänderungen bedurft[19]). Für das GG ist charakteristisch, daß die

---

19) Vgl. hierzu die den gängigen Textausgaben vorangestellte Übersicht über die Gesetzesänderungen.

Rechte der einzelnen gegenüber dem Staat zu Beginn (Art. 1—19) aufgeführt sind. Staatsverfassungen sind üblicherweise anders aufgebaut. An ihrem Beginn stehen meistens Festlegungen der grundsätzlichen Staatsorganisation. Diese Hervorhebung der Grundrechte im GG ist bewußt geschehen zur Abgrenzung gegen den nationalsozialistischen Unrechtsstaat, der nicht die Existenz von Grund- und Menschenrechten anerkannte. Angesichts der vielfältigen Verletzung der Menschenrechte in der heutigen Zeit kommt dem Bekenntnis des GG in Art. 1 zur Würde des Menschen und zur Unveräußerlichkeit der Menschenrechte als Grundlage aller staatlichen Gewalt eine zentrale Stellung zu. Der II. Teil *(Art. 20—37)* setzt sich aus einer Sammlung verschiedenartigster Vorschriften von sehr unterschiedlichem Gewicht zusammen. Der Studierende sollte jedoch folgende Artikel sorgfältig durchlesen: 20—22, 28—35, 37. Die *Teile III—VI* regeln die Zusammensetzung und Kompetenzen von Bundesorganen:

zunächst die Träger der Legislative — Bundestag und Bundesrat;
dann der Repräsentant des Staates — Bundespräsident
und schließlich die Exekutive — Bundesregierung.

Die Judikative ist im IX. Teil (Art. 92—104) geregelt, wobei sogar die Art. 101—104 Menschenrechte enthalten, also sachlich zu Teil I gehören.

Teil VII (Art. 70—82) legt das Gesetzgebungsverfahren fest, beschreibt also, wie Bundestag und Bundesrat bei der Gesetzgebung zusammenwirken. Zugleich wird hier in Ergänzung zu Art. 30 die Abgrenzung der Gesetzgebungskompetenzen des Bundes von denen der Länder vorgenommen.

Teil VIII und VIII a regeln das Zusammenwirken der Bundesverwaltung und Länderverwaltungen bei der Ausführung der Bundesgesetze. *Teil X* betrifft das Finanzwesen. Hinsichtlich der Steuergesetzgebung ergänzt Art. 105 die Regelungen des Teils VII, hinsichtlich der Verwaltung ergänzt Art. 108 die Regelungen des Teils VIII. Die Vorschriften über die Einnahmen und Ausgaben des Bundes sind vollständig in Teil X enthalten. *Teil X a* ist 1968 im Zuge der sog. Notstandsverfassung neu eingeführt worden und enthält die Besonderheiten, die im Verteidigungsfall eintreten. *Teil XI* ist eine Sammlung von Übergangs- und Schlußbestimmungen, von denen ein Teil nur noch historische Bedeutung hat. An wichtigen Bestimmungen, die auch der Anfänger unbedingt kennen sollte, sind hier zu nennen: Art. 116, 121, 123—125, 129, 130, 137, 140.

Dieser kurze Überblick zeigt, daß das Grundgesetz keineswegs so systematisch aufgebaut ist, wie der Studierende es vom BGB her kennt. Es ist daher dringend empfehlenswert, sich die Grobeinteilung des Grundgesetzes zu merken, damit man weiß, wo ungefähr zu einem bestimmten Problem etwas zu finden sein könnte.

c) Literatur

Grundfragen:
Anschütz, Die Verfassung des Deutschen Reiches vom 11. 8. 1919, 14. Aufl. 1933.
Georg Jellinek, Allg. Staatslehre, 3. Aufl. (7. Neudruck) 1929.
Kägi, Die Verfassung als rechtliche Grundordnung des Staates, Nachdruck 1971 der Ausgabe Zürich 1945.
Loewenstein, Verfassungslehre, 2. Aufl. 1969.
Carl Schmitt, Verfassungslehre, 5. Neudruck 1970 der Ausgabe Berlin 1928.

Lehrbücher des Staatsrechts:
Denninger, Staatsrecht 1, 1973, rororo studium 34.
Doehring, Staatsrecht 1976.
Hesse, Grundzüge des Verfassungsrechts der Bundesrepublik Deutschland, 9. Aufl. 1977.
Maunz, Deutsches Staatsrecht, 21. Aufl. 1977.
Stein, Lehrbuch des Staatsrechts, 5. Aufl. 1976.

Verfassungskommentare:
Hamann/Lenz, Das Grundgesetz für die Bundesrepublik Deutschland, 3. Aufl. 1970.
Kommentar zum Bonner Grundgesetz (Bonner Kommentar), Loseblattsammlung 2. Aufl. 1969 ff. (abgek. BK).
Leibholz/Rinck, Grundgesetz, Kommentar an Hand der Rspr. des BVerfG, 5. Aufl. 1975.
v. Mangoldt/Klein, Das Bonner Grundgesetz, 2. Aufl. 1966 ff.
Maunz/Dürig/Herzog, Grundgesetz-Kommentar, Loseblattsammlung, München 1976.
v. Münch (Hrsg.), Grundgesetz-Kommentar Bd. I Art. 1—20, 1974, Bd. II Art. 21—69, 1976.
Schmidt-Bleibtreu/Klein, Kommentar zum Grundgesetz, 3. Aufl. 1973.

Kapitel 2: ORDNUNG DES GRUNDGESETZES IM RAHMEN DER STAATSTYPEN

1. Staatszielbestimmungen

Ausgangsfälle:

(I) Nachdem sich der Jurastudent Eifrig zum Examen gemeldet hat, wird die betr. Bestimmung dahingehend geändert, daß zur Prüfung nur zugelassen wird, wer den Staatsrechtsschein mit mindestens „befriedigend" erworben hat. E. hatte ihn im zweiten Semester mit „ausreichend" gemacht. Gilt die Neuregelung auch für ihn?

(II) E. hat sein Juraexamen erfolgreich abgelegt, findet jedoch keine Stelle. Darauf beschließt er, Medizin zu studieren. Er ist der Auffassung, er hätte einen Anspruch auf ein Zweitstudium, wenn er keine Anstellung finden könne. Daher stellt er einen Antrag auf Gewährung einer monatlichen Unterstützung.

Die politische und staatswissenschaftliche Literatur nimmt Einteilungen der Staatstypen und Staatsformen vor. Allgemein bekannt ist die Einteilung nach Monarchie, Aristokratie und Demokratie mit ihren entarteten Formen der Tyrannis, Oligarchie und Ochlokratie. Aber es gibt noch eine ganze Reihe weiterer solcher Einteilungen, in denen jeweils auf typische Gestaltungsmerkmale des Staates abgestellt wird.

Das GG hat einige dieser Typenbezeichnungen zur Charakterisierung seiner Ordnung aufgenommen. Man spricht hier von den Verfassungsgrundsätzen oder den Staatszielbestimmungen.

a) Art. 20 I lautet: „Die Bundesrepublik Deutschland ist ein demokratischer und sozialer Bundesstaat." Art. 28 greift dies wieder auf und spricht von den „Grundsätzen des republikanischen, demokratischen und sozialen Rechtsstaates". Aus diesen beiden Stellen kann man fünf Staatszielbestimmungen herleiten:

Republik – Demokratie – Bundesstaat – Rechtsstaat – Sozialstaat.

Diese Begriffe sind als solche nirgendwo im GG definiert, sondern der allgemeinen Staatslehre und der Politikwissenschaft entlehnt. Aber dort werden die Begriffe keineswegs einheitlich verstanden, sondern befinden sich im Mittelpunkt vieler wissenschaftlicher Debatten[1]). Damit ergibt sich folgende, scheinbar paradoxe Situation: Das GG bekennt sich zu tragenden Prinzipien, deren Inhalt allerdings unklar ist. Bei näherem Zusehen erweist sich diese Situation jedoch nicht als ganz so paradox. Die genannten fünf Prinzipien sind zwar in ihren Einzelheiten nicht genau festgelegt und auch nicht festlegbar, im Kern und in ihrer Grundrichtung läßt sich jedoch ein gewisses Maß an Übereinstimmung feststellen. Auch beschränkt sich das GG nicht auf die bloße Erwähnung dieser fünf Prinzipien, sondern es hat durch seine konkreten Regelungen diese Prinzipien jeweils mit einem bestimmten Sinn ausgefüllt[2]). Durch das Bekenntnis zu den Prinzipien als Staatszielen hat das GG bewußt die Spannung zwischen seinen Ausprägungen dieser Prinzipien und der Weiterentwicklung dieser Prinzipien durch die Wissenschaft aufgenommen. Neue Einsichten der Demokratieforschung beispielsweise können dazu führen, daß grundgesetzliche Positionen neu überdacht und diesen Einsichten angepaßt werden. So kann dann auch über eine Fortentwicklung der Staatszielbestimmungen die grundgesetzliche Ordnung einem Wandel unterliegen.

b) Neben den Staatszielbestimmungen wird das GG durch weitere typische Merkmale charakterisiert:

---

1) Vgl. zur Demokratietheorie aus der Flut der Publikationen *Pelinka,* Dynamische Demokratie, Stuttgart 1974.
2) Von den Einzelheiten handeln die Teile II—VI dieses Buches.

Die Vorläufigkeit der grundgesetzlichen Ordnung, die Achtung staatlichen Dispositionen entzogener Menschenrechte, die Garantie der Selbstverwaltung und die Institution der Verfassungsgerichtsbarkeit. Nach heutigem Verständnis der Rechtsstaatlichkeit umfaßt diese auch die Garantie der Menschenrechte. Vergleicht man nun die Wesenszüge der grundgesetzlichen Ordnung mit dem änderungsfesten Minimum nach Art. 79 III, so ergibt sich, daß nur die fünf Staatszielbestimmungen unabänderbar sind. Die Verfassungsgerichtsbarkeit und die Selbstverwaltung könnten demnach im Wege einer Verfassungsänderung aufgehoben oder verändert werden.

An verschiedenen Stellen im GG[3]) wird der Begriff der *freiheitlich-demokratischen Grundordnung* verwendet. Hierunter ist nach der Rechtsprechung des BVerfG[4]) eine Ordnung zu verstehen, „die unter Ausschluß jeglicher Gewalt- und Willkürherrschaft eine rechtsstaatliche Herrschaftsordnung auf der Grundlage der Selbstbestimmung des Volkes nach dem Willen der jeweiligen Mehrheit und der Freiheit und Gleichheit darstellt. Zu den grundlegenden Prinzipien dieser Ordnung sind mindestens zu rechnen: die Achtung vor den im GG konkretisierten Menschenrechten, vor allem vor dem Recht der Persönlichkeit auf Leben und freie Entfaltung, die Volkssouveränität, die Gewaltenteilung, die Verantwortlichkeit der Regierung, die Gesetzmäßigkeit der Verwaltung, die Unabhängigkeit der Gerichte, das Mehrparteiensystem und die Chancengleichheit für alle politischen Parteien mit dem Recht auf verfassungsmäßige Bildung und Ausübung einer Opposition." Nach dieser Umschreibung stimmt der Begriff der freiheitlich-demokratischen Grundordnung im wesentlichen mit den Staatszielbestimmungen der Demokratie und Rechtsstaatlichkeit überein.

Damit ergibt sich folgendes Bild: (Siehe Seite 18)

Im Kern befindet sich die freiheitlich-demokratische Grundordnung, die einen erhöhten Bestandsschutz genießt. Die fünf Staatszielbestimmungen bilden das verfassungsfeste Minimum.

c) Für die Bedeutung der Staatszielbestimmungen ist es entscheidend, ob diese fünf Prinzipien rechtlich unverbindliche *Programmsätze oder aktuell geltendes Recht* darstellen. Die Staatszielbestimmungen geben der Verfassung ihr typisches Gepräge und enthalten ihren unabänderbaren Kern. Daraus ergibt sich, daß sie einerseits nicht bloß reine unverbindliche Programmsätze sein können und andererseits auch nicht die Lösung konkreter Einzelfragen enthalten, sondern lediglich allgemeine Grundsätze aufstellen, die bei der Lösung solcher Einzelfragen heranzuziehen sind. Insoweit erhalten die Staats-

---

3) Art. 10 II; 11 II; 18; 21 II; 87 a IV; 91 I.
4) BVerfGE 2, 12 f.

zielbestimmungen dann auch unmittelbare Wirksamkeit in Einzelfragen[5]). Wie diese Wirksamkeit sich entfaltet, hängt davon ab, wie weit das Prinzip als solches schon konkretisiert ist. Das Rechtsstaatsprinzip ist aufgrund einer langen Geschichte und, damit verbunden, einer Einzelfragen lösenden reichen Rechtsprechung am eingehendsten durchgeformt. Die anderen Prinzipien bedürfen demgegenüber noch stärkerer Konkretisierung und Ausfüllung. Dies gilt vor allem für das Sozialstaatsprinzip. Im Ausgangsfall (I) kann E. sich unmittelbar auf das Rechtsstaatsprinzip mit Erfolg berufen. Im Fall (II) könnte das Sozialstaatsprinzip einschlägig sein. Ein Anspruch des E. wird hier aber allgemein abgelehnt.

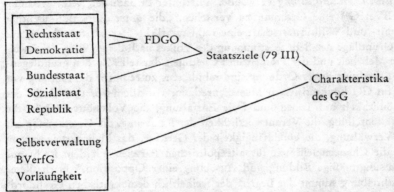

d) Zur *Vertiefung* empfiehlt sich der Beitrag von *Scheuner*, Staatszielbestimmungen, in: Festgabe für Forsthoff, 1972, S. 335—340.

2. Auslegung des Grundgesetzes

Ausgangsfall:

Bundeskanzler B möchte den Minister A entlassen. Gem. Art. 64 I schlägt er daher dem Bundespräsidenten die Entlassung von A vor. Der mit A befreundete Bundespräsident möchte wissen, ob er A entlassen muß.

Die Auslegung von Rechtsnormen, also auch der Verfassung, ist ein komplexer Vorgang, der sich nicht mit wenigen Worten beschreiben läßt. Er setzt erhebliche Kenntnisse der Rechtsordnung und der jeweiligen sozialen Wirklichkeit voraus. Es ist das Ziel der Ausbildung, den Studierenden am Ende des Studiums zu befähigen, den Auslegungsprozeß zu verstehen, und in einfachen Fällen die Auslegung selbst vorzunehmen. Auch wenn es daher hier nicht darum gehen kann, praktische Hinweise für die Auslegung der Verfassung zu

---

5) So BVerfGE 2, 403; 11, 72; 25, 290; 28, 276; 35, 47.

geben, so ist es doch erforderlich, gleich zu Beginn des Studiums die allgemein tragenden Gedanken und Prinzipien der Auslegung verständlich zu machen.

a) *Aufgabe der Auslegung* (oder der Interpretation) ist es, die richtige Bedeutung einer Rechtsnorm zur Lösung eines konkreten Falles zu ermitteln. Rechtsnormen sagen Menschen, wie sie sich in bestimmten Situationen verhalten sollen. Sie folgen immer einem „Wenn-Dann-Schema", auch wenn dies in der Formulierung nicht immer deutlich ist. Mit dem „Wenn" ist die Situation gemeint, mit dem „Dann" wird die Rechtsfolge ausgesprochen. Die Probleme der Auslegung bestehen darin, (1) in bestimmten Situationen überhaupt zu erkennen, daß ein und welches gesetzliche „Wenn" für sie vorgesehen ist. Dazu bedarf es der Kenntnis der Rechtsnormen. Und (2) ist es oft schwierig, die gesetzliche Rechtsfolge in ihrer Bedeutung für eine bestimmte Situation richtig zu deuten. Im Ausgangsfall hilft die Kenntnis des Wortlautes von Art. 64 I dem Bundespräsidenten nicht weiter, da der Sinn für die konkrete Situation unklar ist.

Jeder Anwendung einer Rechtsnorm in einem bestimmten Fall geht somit ihre Auslegung voraus. Selbst wenn die Rechtsnorm völlig eindeutig und klar erscheint, so ist die Feststellung dieser Eindeutigkeit schon das Ergebnis einer Interpretation. Aus diesem Grunde ist der vielzitierte Satz „in claribus non fiat interpretatio" logisch nicht ganz zutreffend. Als praktische Richtlinie, daß weitere Interpretationsbemühungen überflüssig sind, wenn eine Norm völlig eindeutig ist, hat der Satz jedoch seine Berechtigung.

Rechtsnormen sind in Worte gefaßt. Damit gehört die Gesetzesinterpretation in den Bereich des richtigen Verstehens sprachlicher Texte. Es ist eine alte Erfahrung, daß die benutzten Worte oft das Gemeinte nur unvollkommen wiedergeben. Im Jahre 1746 ist in Hamburg im Alter von 92 Jahren der Kauz Hans Sitte gestorben, dessen Lebensprinzip es war, Gesetze wortgetreu zu befolgen. Dadurch verursachte er so viel Ärger, daß er 37 Jahre seines Lebens unter Hausarrest stand. Auch Märchen und Sagen vieler Völker wissen oftmals von der Ausnutzung sprachlicher Unzulänglichkeiten zu berichten.

Die Probleme juristischer Interpretation ergeben sich aus der Unvollkommenheit der Sprache. Um dem abzuhelfen, hat sich eine oft als Juristendeutsch bezeichnete Fachterminologie entwickelt, die solche Unklarheiten beseitigen will. Hierzu gehört auch, wenn der Gesetzgeber ausdrücklich bestimmte Begriffe definiert[6]). Solche Legaldefinitionen besitzen im GG noch größeren Seltenheitswert als in der Gesetzgebung. Für das GG sind vielmehr Weite und Unbestimmtheit der benutzten Begriffe (z. B. bei den fünf Staatszielbestimmungen) und eine ungenaue Terminologie kennzeichnend. Z. B. wird der

---

6) Vgl. z. B. Art. 121.

Begriff „Verfassungsmäßige Ordnung" in Art. 2 I, 9 II und 20 III in jeweils unterschiedlicher Bedeutung verwandt[7]). An sich ist es ein Verstoß gegen elementare Gesetzgebungstechniken, in ein und demselben Gesetzestext neugeprägte Begriffe in unterschiedlicher Bedeutung zu benutzen.

Mangel an Fachterminologie und unklare Formulierungen im GG führen häufig zu unterschiedlichen Auslegungsmöglichkeiten einer Verfassungsnorm. Nach der reinen Rechtslehre Hans Kelsens wäre mit der Aufdeckung der verschiedenen Bedeutungsmöglichkeiten des Verfassungstextes die Aufgabe des Juristen abgeschlossen[8]). Die Bestimmung, welche der möglichen Bedeutungen die rechtlich gesollte ist, wird von ihm als politische Aufgabe angesehen, die der Gesetzgeber vorzunehmen habe. Dieser Ansicht kann nicht gefolgt werden, denn sie würde letztlich bedeuten, daß in allen Fällen, in denen die Wortauslegung zu einer Mehrdeutigkeit führt, jeweils der Gesetzgeber zur Klarstellung tätig werden müßte. Dies würde dann den rechtlichen Gehalt einer Verfassung auf den Bestand an völlig eindeutigen Bestimmungen beschränken. Neben dem Aufzeigen der verschiedenen Bedeutungsmöglichkeiten eines Normtextes ist es Aufgabe des Juristen, auch die Entscheidung für eine der möglichen Bedeutungen objektiv überprüfbar zu begründen. Das Ergebnis eines Auslegungsprozesses muß die Klärung des richtigen Inhalts einer Norm sein. Im Hinblick auf die verschiedenen Aufgaben einer Verfassung (Begrenzung und Legitimierung der Macht, grundlegendes Integrationsmodell des Staates) kommt es jeweils darauf an, die möglichen Auslegungen in ihren Auswirkungen auf diese Grundfunktionen hin zu überprüfen. Doch dies erlaubt nicht in allen Fällen einen eindeutigen Schluß. Dann, wenn die verschiedenen Gesichtspunkte miteinander in Konflikt geraten, verlagert sich die Problematik vom Inhalt der Entscheidung auf das Verfahren, die entscheidende Stelle und deren Legitimität. Das BVerfG nimmt in diesem Verfahren eine zentrale Position ein. Da es wie jedes Gericht nur tätig werden kann, wenn es angerufen wird und zuständig ist, muß einem Verfahren vor diesem Gericht die Entscheidung vorausgehen, daß der Auslegungskonflikt auf diesem gerichtlichen Wege beigelegt wird. Wird das BVerfG nicht angerufen[9]), so bleibt der Konflikt rechtlich zunächst ungelöst.

Die staatsrechtliche Praxis kann sich jedoch dafür entscheiden, einer der möglichen Wortbedeutungen zu folgen. Somit vollzieht sich der Verfassungsauslegungsprozeß in drei Stufen:

---

7) Vgl. BVerfGE 6, 32 (38).
8) *Kelsen*, Reine Rechtslehre, Nachdruck 1967, S. 349/350.
9) Aus diesem Grund kommt der Regelung der Antragsberechtigung zum BVerfG hohe staatspolitische Bedeutung zu.

(1) Aufzeigen der verschiedenen möglichen Wortbedeutungen,
(2) Entscheidung für eine der möglichen Bedeutungen in einem intersubjektiv überprüfbaren, rationalen Verfahren,
(3) Entscheidung für eine der Möglichkeiten durch Richterspruch oder Verfassungspraxis. Die jeweils nächste Stufe wird nur dann betreten, wenn die vorangegangene Stufe nicht zu einer Klärung des Auslegungskonfliktes geführt hat.

b) Die angebotenen *methodischen Auslegungsregeln* zur Erreichung der Ziele sind sehr vielfältig. Während noch das 19. Jahrhundert davon überzeugt war, durch feste Regeln gleichsam mechanisch das Ergebnis ermitteln zu können, hat sich heute die Erkenntnis Bahn gebrochen, daß hinter den Auslegungsregeln Wertungen stehen. Zwischen verschiedenen Interessen und Werten wird eine Abwägung vorgenommen, so daß im Konfliktfall die einen oder anderen zurücktreten müssen.

Am Anfang der methodischen Grundregeln steht die Klärung von zwei Grundfragen:

Die erste begrifft das Verhältnis zwischen dem Zeitpunkt der Verfassunggebung (sog. Entstehungszeit) und dem Zeitpunkt, in dem die Auslegung stattfindet (sog. Geltungszeit). Je länger eine Verfassungsurkunde besteht, desto mehr stellt sich die Frage, ob das Verfassungsverständnis zur Entstehungszeit oder zur Geltungszeit für die Auslegung maßgebend ist. Die österreichische Theorie hat sich zur sog. Versteinerungstheorie bekannt, nach der allein das Verständnis zur Entstehungszeit maßgebend ist. Es gehört jedoch zum Wesen lebendiger Sprachen, daß die Bedeutungen der einzelnen Wörter, auch die in der Verfassungsurkunde benutzten, sich im Laufe der Zeit wandeln. Schon aus diesem Grunde bestehen Bedenken gegen eine Auslegung nur unter entstehungszeitlichen Gesichtspunkten.

Die mögliche Spannung zwischen beiden Zeitpunkten ermöglicht erst das richtige Verständnis der Verfassung. „Das Gesetz ist schlauer als der Gesetzgeber" (Radbruch), d. h., eine Norm hat auch dann noch Sinn, wenn Situationen auftreten, an die der Gesetzgeber nicht gedacht hat.

Rechtsnormen sind Schöpfungen eines bestimmten Augenblicks und wollen zukünftiges menschliches Verhalten regeln. Niemand kann jedoch die Zukunft voraussehen. Angesichts der besonderen Merkmale des formellen Verfassungsrechts (Kap. 1, 3) muß eine Verfassung dynamisch und aktuell interpretiert sein, andernfalls entstünde in der Tat das Auseinanderfallen von Verfassung und Verfassungswirklichkeit. Dynamische Verfassungsinterpretation bedeutet jedoch nicht, daß die Verfassung jederzeit völlig neu zu interpretieren wäre, sondern nur, daß grundsätzlich Entstehungs- **und** Geltungszeit zu berücksichtigen sind.

Die Geltungszeit verlangt insbesondere, daß bei der Verfassungsinterpretation die nachfolgende Verfassungspraxis, die dogmatischen Auslegungen der Verfassung durch die Wissenschaft und die Staatszielbestimmungen beachtet werden.

Das zweite Grundproblem betrifft die subjektive oder die objektive Auslegung. Bei der Auslegung einer Norm nach der Entstehungszeit stellt sich nämlich die Frage, ob es auf die subjektiven Vorstellungen des Gesetzgebers — also was sich die Parlamentarier gedacht haben — oder auf den objektiven Inhalt des Gesetzestextes — d. h., was sie im Gesetz niedergeschrieben haben — ankommt. Das BVerfG hat die Entscheidung dieser Streitfrage dadurch umgangen, daß es die Theorie vom objektivierten Willen des Gesetzgebers, dem zu folgen sei, aufgestellt hat[10]. In diesen Entscheidungen hat es betont, daß jedenfalls nicht die subjektiven Vorstellungen der am Gesetzgebungsverfahren beteiligten Organe oder ihrer Mitglieder über die Bedeutung der Bestimmungen entscheiden, sondern daß es auf den im Text niedergelegten Willen ankomme (= objektivierter Wille). Unter dem objektivierten Willen versteht das BVerfG denjenigen Inhalt, der sich aus dem Wortlaut und dem Sinnzusammenhang ergibt, in den dieser hineingestellt ist. Diese vage Formel ermöglicht es ihm dann auch, die verschiedensten Gesichtspunkte auch der Geltungszeit bei der Auslegung mitzuberücksichtigen.

Im übrigen bekennt sich das BVerfG zu den herkömmlichen, von Savigny formulierten vier Interpretationsmethoden. Danach ist jeweils vom Wortlaut auszugehen (*grammatische* Interpretation). Der Wortlaut ist die Grenze der Interpretation[11]. Zugleich betont das BVerfG, daß die Auslegung nach dem Wortlaut hinter einer sinnvollen Anwendung der Norm zurückzutreten hat[12]. Der Wortlaut einer Norm ist das Ergebnis eines bestimmten Entstehungsprozesses. So tritt neben die grammatische Auslegung gleich die *historische*. Für das GG sind dies die Beratungen des Parlamentarischen Rates[13] und die späteren Beratungen bei Verfassungsänderungen in Bundestag und Bundesrat (diese findet man in den Bundestags-Drucksachen und den Protokollen). Als wichtige Ergänzung kommt zur Auslegung des GG immer wieder die Bezugnahme auf die WRV hinzu. Der historische Zusammenhang zwischen der 1. Republik und der Ordnung des GG ist für die Auslegung der einzelnen Normen des GG immer wieder von Bedeutung; denn im Parlamentarischen

---

10) BVerfGE 1, 299 (312); 6, 55 (75); 8, 274 (307); 10, 234 (244); 11, 126 (130 f.).
11) BVerfGE 8, 38 (41).
12) BVerfGE 9, 83 (104 f.); 13, 261 (268); 14, 260 (262); 22, 28 (37); 35, 263 (278 f.).
13) Im JöR n. F. 1 sind diese in handlicher Form zusammengestellt. Der Student sollte sich angewöhnen, immer wieder die Entstehungsgeschichte der einzelnen Normen hier nachzuschlagen.

Rat haben die mit der WRV gemachten Erfahrungen durchweg als Leitlinie gedient. Nach Art. 140 gelten sogar einige Artikel des WRV als Bestandteil des GG. Die historische Auslegung ist jedoch nicht ausschlaggebend[14]), sie dient vor allem zur Aufklärung von redaktionellen Versehen und Eigentümlichkeiten, die das Verständnis des Wortlauts erschweren können. Die *systematische* Auslegungsmethode verlangt, daß jede einzelne Bestimmung im Zusammenhang mit den anderen zu sehen ist. Wichtige Gesichtspunkte sind hierbei die Terminologie des GG und der Standort einer Norm im Gesamtaufbau, ob es sich z. B. um eine allgemeine Norm oder um eine Spezialnorm handelt. Das BVerfG hat diese Regel präzisiert und erweitert zum Grundsatz der Einheit der Verfassung. Nach seiner Rechtsprechung kann eine einzelne Verfassungsbestimmung nicht isoliert betrachtet werden, sondern nur im Sinnzusammenhang mit den übrigen Vorschriften der Verfassung, die eine innere Einheit darstellt: „Aus dem Gesamtinhalt einer Verfassung ergeben sich gewisse verfassungsrechtliche Grundsätze und Grundentscheidungen, denen die einzelnen Verfassungsbestimmungen untergeordnet sind. Jede Verfassungsbestimmung muß so ausgelegt werden, daß sie mit jenen elementaren Verfassungsgrundsätzen und Grundentscheidungen des Verfassunggebers vereinbar ist"[15]).

Diese Auslegungsrichtlinie nach dem Gesichtspunkt der Einheit der Verfassung[16]) will eine nicht gerechtfertigte Heraushebung einzelner Aspekte aus dem Gesamtsystem unterbinden. Dieses Bemühen wird unterstützt durch die Auslegung nach dem Sinn und Zweck der Normen (*teleologische* Auslegung). Diese Auslegungsmethode, ursprünglich gegen ein zu starres Kleben am Wortsinn gerichtet, hat heute eine wichtige Funktion zur Erweiterung des interpretatorischen Rahmens erhalten. Bei einer derartigen Auslegungsmethode wird nach dem Sinn und Zweck jeder einzelnen Bestimmung geforscht. In der praktischen Anwendung bedeutet sie, daß diejenige Auslegungsmöglichkeit zu bevorzugen ist, die am meisten diesem ermittelten Sinn und Zweck entspricht. Dies kann zu restriktiver oder extensiver oder analoger Anwendung von Normen führen. Auch hier spielt die Bezugnahme auf die tragenden Verfassungsgrundsätze eine erhebliche Rolle, vor allem nimmt sie eine Abwägung der einzelnen, von der Verfassung aufgenommenen Rechtsgüter vor[17]).

c) Zur Lösung des Ausgangsfalles vgl. nun v. Münch GG-Komm. Art. 64 und stelle fest, mit welcher Methode das Ergebnis gefunden wurde. Zur *Vertiefung* seien schon jetzt empfohlen: *Böckenförde* NJW 1976, S. 2089—2099

---

14) BVerfGE 6, 431.
15) BVerfGE 1, 32 f.
16) Vgl. auch *Hesse*, S. 28.
17) Zur Güterabwägung s. BVerfGE 7, 198 (208 f.); 27, 211 (219); 29, 312 (316).

und *Roellecke* in: BVerfG und GG, Hrsg. F. Starck, S. 22—49. Im weiteren Verlauf des Studiums sollte der Student sich unbedingt immer wieder mit den Problemen der Verfassungsinterpretation befassen. Unentbehrlich hierfür sind *Ehmke/Schneider* VVDStRL Heft 20 (1963) und *Kriele,* Theorie der Rechtsgewinnung (2. Aufl.), 1977.

3. Allgemeine Grundrechtsfragen

Ausgangsfälle:

(I) Einer ausländischen AG wird durch Gesetz die Betätigung in der Bundesrepublik untersagt. Ist dies mit Art. 12 vereinbar?
(II) Bei Einführung des Sexualkundeunterrichts an Schulen soll die Zustimmung der Betroffenen eingeholt werden. Wer ist betroffen: ein 12jähriger Schüler oder seine Eltern?
(III) Ein Universitätsinstitut kauft sämtliche Bücher bei einer dem Schwager des Assistenten gehörenden Buchhandlung.
(IV) Das Stadttheater gewährt verbilligte Theaterkarten nur für Schüler katholischer Schulen.
(V) Ein Gastwirt bringt an seiner Gaststätte das Schild „Zutritt für Farbige verboten" an.

Grundrechte enthalten eine Absage an staatliche Allmacht: der Mensch ist zwar ein zoon politikon, d. h. ein Lebewesen, das nur in und durch die Gemeinschaft lebensfähig ist; in diese Gemeinschaft bringt er jedoch eigene Rechte und unantastbare Positionen mit ein[18]. Die Herausarbeitung dieser Vorstellung von Grundrechten jedes einzelnen Menschen ist eine unerhörte Großtat der Menschheitsgeschichte. Dies muß gleich zu Beginn des Studiums nachhaltig betont werden. Der Rechtsstudent gerät im Laufe seines Studiums häufig in die Gefahr, Grundrechte und ihre Geltung nur technisch zu sehen und sich in den Einzelheiten ihrer Regelungen im GG zu verlieren. So nimmt er dann die Grundrechte als eine Selbstverständlichkeit, die sie nicht sind, wie ein Blick über die Grenzen unseres Landes lehrt. Die Bedeutung der Entscheidung des Parlamentarischen Rates für die Grundrechte kann daher nicht nachdrücklich genug betont werden. Bei dieser Entscheidung waren auch historische Erfahrungen maßgebend. Die Mißachtung des Einzelmenschen im Faschismus („Gemeinnutz geht vor Eigennutz") und die Betonung des Kollektivs gegenüber dem einzelnen im Kommunismus waren aktuelle Anlässe für diese Entscheidung. Grundrechte erkennen an, daß die Gemeinschaft keine vollständige Macht über den einzelnen ausüben kann. Sie können jedoch nicht

---

[18] Anders die sozialistische Auffassung, vgl. *Badura,* Der Staat, 14 (1975), S. 17 ff., 21: „Grundrechte als an den Bedürfnissen der Gesellschaft orientierte Gewähr zur Entfaltung der sozialistischen Persönlichkeit".

die unaufhebbare Spannung zwischen dem Wunsch des einzelnen nach möglichst freiem und ungestörtem Leben und den Bedürfnissen einer Gemeinschaft an einer Ordnung als Basis des Zusammenlebens aufheben. Auch das GG kann diesen gegensätzlichen Tendenzen nicht ausweichen. Es akzeptiert eine flexible Geltung des Inhalts der Grundrechte je nach den Bedürfnissen der Gemeinschaft (vgl. unten f), bemüht sich jedoch zugleich darum, durch verfahrensmäßige Sicherungen einen Mißbrauch der Regelungsbefugnisse zu vermeiden (vgl. unten g).

a) Die *Geschichte der Grundrechte* ist relativ jungen Ursprungs. Obgleich die historischen Vorläufer weit zurückreichen, beginnt ihre eigentliche verfassungsrechtliche Bedeutung mit der *Déclaration des droits de l'homme et des citoyens* vom 26. 8. 1789 im Zusammenhang mit der Französischen Revolution. Bei den Vorläufern handelt es sich um Verfassungsdokumente der angelsächsischen Rechtsgeschichte, die zwar eine Reihe von heute zu den Grundrechten gezählten individuellen Rechtspositionen garantieren, die der Idee nach aber die gegenseitigen Rechte und Pflichten des englischen Königtums im Verhältnis zu anderen sozialen Gruppen festlegen: In der Magna Charta vom 15. 6. 1215 mußte Johann ohne Land dem Adel Zugeständnisse machen. In der Petition of Rights (1628) erkämpfte sich das englische Parlament bestimmte Vorrechte gegen Karl I. In der Habeas-Corpus-Akte von 1679 wurde von Karl II. der Schutz vor willkürlichen Verhaftungen eingeräumt, und schließlich wurden in der Bill of Rights 1689 die Grundlagen des parlamentarischen Regierungssystems in Großbritannien gelegt. In diesen Dokumenten geht es noch nicht um die Anerkennung staatlicher Verfügungsgewalt prinzipiell entzogener Grundrechte. Dies wird erstmals mit der *Bill of Rights of Virginia* vom 12. 6. 1776, die mit den berühmten Worten „All men are all equal free" (Art. 1) beginnt, erreicht. Hier, wie in der 13 Jahre später folgenden Deklaration der Französischen Revolution, wird von der Überordnung dieser Grundrechte über die Gesetze ausgegangen. Welches die geistesgeschichtlichen Wurzeln eines solchen Denkens sind, ist eine interessante, aber noch ungeklärte Frage. Im Jahre 1902 veröffentlichte Georg Jellinek einen Beitrag, in dem er die These aufstellte, daß die Grundlagen der Grundrechte im protestantischen Denken begründet seien. Er versuchte, die geistigen Erstgeburtsrechte der Bill of Rights of Virginia nachzuweisen, der die französische Deklaration gefolgt sei. Der französische Wissenschaftler Emile Boutmy entgegnete hierauf, daß die Grundlagen der französischen Deklaration im Contrat Social von Rousseau, also letztlich im Denken der Aufklärung zu finden seien[19]).

---

19) Vgl. *Roman Schnur* (Hrsg.), Zur Geschichte der Erklärung der Menschenrechte, Darmstadt 1964. Dieser Band enthält auch die Jellinek-Boutmy-Kontroverse, die nicht nur wegen ihrer historischen Bedeutung interessant zu lesen ist.

Seit der Französischen Revolution ist die Forderung nach Aufnahme von Grundrechten in die Verfassungen eine wichtige Forderung des Konstitutionalismus. Mit der Gründung der UNO 1945 haben diese Bestrebungen den nationalen Rahmen übersprungen. Der Schutz der Menschenrechte wird heute als eine internationale Aufgabe angesehen.[20])

Sicherung und Durchsetzung der Menschenrechte ist eine der großen Aufgaben unserer Zeit. Das GG ist bei deren Erfüllung schon recht weit vorgeschritten. Das Bekenntnis „zu unverletzlichen und unveräußerlichen Menschenrechten als Grundlage jeder menschlichen Gemeinschaft des Friedens und der Gerechtigkeit in der Welt" (Art. 1 II) gleich zu Beginn des GG unterstreicht, daß die staatliche Macht kein freies Verfügungsrecht über ihre Bürger besitzt. Staatliche Macht ist nur dann legitimiert, wenn sie diese Grundrechte sichert und wahrt. Der einzelne ist nicht dazu da, als Untertan dem Staat zu dienen, sondern der Staat ist diejenige Organisationsform, die den Menschen überhaupt erst den wahren Gebrauch jener Grundrechte sichert.

b) Damit erfahren die Grundrechte eine *besondere Stellung im Rechtssystem*. Ihre hervorgehobene Stellung gleich zu Beginn des GG soll ihre Bedeutung für die staatliche Integration unterstreichen. Die Spannung zwischen dem einzelnen und der Gemeinschaft wird vielfältig gesehen, und die Lösung der möglichen Konflikte folgt nicht einem einfachen Schema wie etwa „in dubio pro libertate". Nach Art. 79 III gehört Art. 1 zu den unabänderlichen Grundsätzen der verfassungsmäßigen Ordnung. Damit erhält der Staat seine Rechtfertigung nur durch die Ausrichtung auf das Wohlergehen seiner Bürger. M. a. W.: Es ist nicht der Staat, der den Bürgern die Ziele ihres Lebens setzt, sondern er ermöglicht, daß die Bürger die von ihnen sich selbst gesetzten Lebensziele erreichen können. Diese generell dienende Funktion des Staates darf jedoch nicht dahin mißverstanden werden, daß er nicht befugt sei, das Verhalten der einzelnen zu regeln. Die Anerkennung von Freiheitsräumen aller Bürger auf gleicher Ebene ohne irgendwelche Einschränkungen würde zu einem Chaos führen.

Der Rechtsordnung, deren Garant der Staat ist, fällt die Aufgabe zu, die Freiheit des einen mit der Freiheit des anderen in möglichst optimaler Weise in Übereinstimmung zu bringen. Hierzu bedarf der Staat vielfältiger Eingriffsbefugnisse. Es ist Aufgabe staatlicher Organisationen, dafür Sorge zu tragen, daß diese Befugnisse nicht zum Vorteil nur bestimmter Gruppen ausgenutzt werden. Richtschnur staatlichen Handelns ist das Gemeinwohl, d. h. im Verständnis des GG, daß unter Wahrung der Rechte des einzelnen die

---

[20] Europäische Konvention zum Schutz der Menschenrechte und Grundfreiheiten vom 4. 11. 1950 (BGBl. 1952 II, S. 685).

Belange der Allgemeinheit betrieben werden sollen[21]). Auf diesen Gedanken ist die gesamte Verfassung hin ausgerichtet (Einheit der Verfassung). Eben dieses elementare Staatsverständnis ist durch Art. 79 III zu den Grundlagen der verfassungsmäßigen Ordnung erklärt worden. Carl Schmitt hat dies klassisch so formuliert, „daß die Freiheitssphäre des einzelnen prinzipiell unbegrenzt, die Befugnisse des Staates prinzipiell begrenzt sind"[22]).

Mit dieser Deutung der Bezugnahme auf Art. 1 in Art. 79 ist die sog. Kettentheorie nicht vereinbar. Diese will aus Art. 1 III („die nachfolgenden Grundrechte") ableiten, daß über die „Kette" Art. 79 III, Art. 1 III zugleich die Art. 2—19 zum änderungsfesten Minimum gehören. Diese Theorie verdient keine Zustimmung, da sie an der eigentlichen Bedeutung von Art. 1 vorbeigeht. Zugleich wäre nicht einzusehen, aus welchen Gründen dann die in den Art. 101, 103 und 104 garantierten Grundrechte nicht zum änderungsfesten Minimum gehören sollten. Die Kettentheorie ist daher zu Recht von der h. M. abgelehnt worden, so daß es der Verfassungsgesetzgeber in der Hand hat, die einzelnen Grundrechte zu modifizieren oder sogar grundsätzlich abzuschaffen. Dies darf aber nicht so weit gehen, daß der Gehalt von Art. 1 dadurch aufgehoben würde. Eine Abschaffung aller Grundrechte würde zugleich Art. 1 aus den Angeln heben. Der in den einzelnen Grundrechten enthaltene Kern von Art. 1 muß unangetastet bleiben („Würdekerntheorie", h. A.).

In der Terminologie unterscheidet man bei den Grundrechten zwischen den Menschenrechten und Bürgerrechten. Unter den *Menschenrechten* versteht man solche Grundrechte, die allen Menschen zustehen. Dies ist im Text des GG dadurch deutlich gemacht, daß es „jeder" oder „alle" heißt. Die *Bürgerrechte* stehen demgegenüber nur den Deutschen zu[23]). Eine weitere Unterscheidung ist die Unterscheidung zwischen formellen und materiellen Grundrechten. Diese Unterscheidung stützt sich auf Art. 93 I Ziff. 4 a (unbedingt merken!). Dort ist einerseits von den „Grundrechten" und andererseits von den „in den Art. 20 Abs. 4, 33, 38, 101, 103 und 104 enthaltenen Rechten" die Rede. Mit den Grundrechten sind die im ersten Teil des GG (Art. 1—19) genannten Rechte gemeint (= *formelle Grundrechte*). Ihrem Inhalt und ihrer Materie nach sind aber auch die übrigen in Art. 93 I Ziff. 4 a genannten Rechte Grundrechte (= *materielle Grundrechte*). Die Unterscheidung zwischen formellen und materiellen Grundrechten ist folglich durch das System des Aufbaus des Grundgesetzes bedingt.

---

21) Hier bleibt offen, wer das Gemeinwohl definiert!
22) Verfassungslehre, S. 158.
23) Wer Deutscher ist, bestimmt Art. 116 — lesen!

c) Daß die *Funktion der Grundrechte* im Gesamtsystem eine sehr komplexe ist, dürfte aufgrund des Vorstehenden schon deutlich geworden sein. Art. 1 III stellt klar, daß die Grundrechte unmittelbar geltendes Recht sind und daß sie auch die Gesetzgebung binden. Diese Vorschrift ist vor allem historisch im Rückblick auf die WRV zu verstehen, bei der die Grundrechte nur als Recht im objektiven Sinne angesehen wurden, wobei deren größerer Teil als bloße Programmsätze verstanden wurde[24]. Damit galten die Grundrechte nur nach Maßgabe der Gesetze, d. h. soweit der Gesetzgeber sie in aktuell geltendes Recht umgesetzt hatte.

Die Grundrechte umschreiben die Grundsätze der Stellung des einzelnen zum Staat. Sie sind *statusbegründend*. Zugleich gewähren sie dem einzelnen Rechte gegenüber dem Staat auf Achtung seines Status. Sie gewähren daher *subjektive Rechte*. Hinter diesen Rechten steht die Anerkennung bestimmter Werte, die wegen der Einfügung der Grundrechte in das Gesamtsystem zu wichtigen Bestandteilen der Wertordnung des Grundgesetzes werden *(objektives Recht)*. Anders als in der WRV sind daher die Grundrechte nicht nur Rechte im objektiven, sondern auch Rechte im subjektiven Sinne (sog. Doppelcharakter der Grundrechte). Diese Unterscheidung ist nicht nur theoretisch wichtig, sondern auch von eminenter praktischer Bedeutung. Beispielsweise ist ein Grundrecht auf Eigentum auch dann als Recht im objektiven Sinn garantiert, wenn es überhaupt im Rechtssystem und im Staate noch Privateigentum gibt. Erst das Grundrecht im subjektiven Sinne gewährt auch dem einzelnen einen Anspruch, der verfassungsgemäß abgesichert ist, auf Achtung seines konkreten Privateigentums. Mit der Anerkennung des Doppelcharakters der Grundrechte verliert auch die unter der Weimarer Verfassung entwickelte Lehre von den Einrichtungsgarantien[25] ihre eigentliche Bedeutung[26].

Georg Jellinek hat das Verhältnis des einzelnen zum Staat in drei Positionen beschrieben[27]: *status negativus* = Abwehr staatlicher Allmacht zum Schutz des Freiheitsraums des einzelnen,

---

[24] Vgl. *Anschütz*, Die Verfassung des Deutschen Reiches, Kommentar, Vorb. zu Art. 109.

[25] Die sich leider auch in der Rechtsprechung des BVerfG findet, z. B. BVerfGE 6, 72; 6, 355; 10, 66; 10, 121; 12, 260.

[26] Da gern in Prüfungen diese Frage gestellt wird, sollte der Student sich zumindest folgendes merken: Institutionelle Garantien nennt man die Garantie öffentlich-rechtlicher Institutionen — bestes Beispiel Art. 28 (Garantie der kommunalen Selbstverwaltung). Institutsgarantien betreffen zivilrechtliche Institute, wie z. B. Art. 6 (Ehe und Familie), Art. 14 (Eigentum). Die Lehre wurde in der Weimarer Zeit entwickelt, um wenigstens bei den Institutsgarantien auch die dahinterstehenden subjektiven Rechte zum Tragen kommen zu lassen. Heute besteht die Gefahr, diese Lehre genau umgekehrt zu verwenden, d. h. die subjektiven Rechte nur nach Maßgabe der Institutsgarantie anzuerkennen, vgl. *Maunz/Dürig/Herzog* Art. 1 III Rdnr. 98.

[27] Allg. Staatslehre, S. 419 ff.

status positivus = öffentlich-rechtliche Ansprüche des einzelnen auf positive Leistungen des Staates im individuellen Interesse, z. B. Anspruch des Bürgers auf Gewährung von Rechtsschutz durch die Gerichte,

und *status activus* = Rechte des einzelnen zur Teilnahme an der staatlichen Willensbildung, z. B. Wahlrecht oder das Recht, in den öffentlichen Dienst einzutreten. Diesem Grundrechtsverständnis liegt die Vorstellung einer Scheidung von Gesellschaft und Staat zugrunde. Die grundrechtlichen Positionen werden durch die Stellung des einzelnen innerhalb der Gesellschaft begründet. Die Grundrechte als Abwehrrechte gegen staatliche Aktionen bedeuten dann die Achtung der Selbstregelungsmechanismen der Gesellschaft. Eigentumsfreiheit besagt nach diesem Verständnis, daß der Staat nicht das Eigentum, das jemand aufgrund seiner Tüchtigkeit erworben hat, antasten darf. Dieses Bild ist jedoch einseitig und nicht zutreffend, was zunehmend bewußt wird (vgl. unten Kap. 13, 1). Um beim Beispiel zu bleiben: „Eigentum" wird nicht aufgrund gesellschaftlicher Vorgänge erworben, sondern gemäß der vom Staat garantierten Rechtsordnung. Es wird gegen Diebstahl durch die Polizei geschützt; der säumige Schuldner wird zwangsweise durch den Gerichtsvollzieher zur Kasse gebeten usw. Auch schon im liberalen Staat des 19. Jahrhunderts war es keineswegs das freie Spiel der gesellschaftlichen Kräfte, das die gesellschaftliche Ordnung bestimmte, sondern vielmehr wurde die gesellschaftliche Ordnung durch die staatlichen Institutionen garantiert. Die Jellineksche Statuslehre ist weitgehend durch die moderne Entwicklung überholt. Der Staat des modernen Industriezeitalters hat vor allem während der letzten 50 Jahre seine Tätigkeit der Gewährung von Sicherheit und Ordnung („Nachtwächterstaat") auf die Sicherung der Lebensgrundlagen des Menschen ausgedehnt (soziale Altersversicherung, Arbeitslosenunterstützung, Krankenfürsorge, Schulwesen, Energieversorgung usw.). Damit ist das Bewußtsein, daß der Staat letztlich auch Garant der grundrechtlichen Positionen ist, verstärkt worden. Die Folge ist, daß in zunehmendem Maße die Grundrechte nicht mehr als reine Abwehrrechte, sondern zugleich als Teilhaberechte an der staatlichen Garantie verstanden werden. Wird beispielsweise der Staat zum Träger der Ausbildung in einem bestimmten Bereich (z. B. Hochschule), so wird ein Grundrecht auf Freiheit der Berufswahl nicht dadurch effektuiert, daß der Staat niemandem vorschreiben darf, einen Beruf nicht zu ergreifen. Vielmehr kann das Monopol der Ausbildungsstätten die Freiheit der Berufswahl überhaupt illusorisch machen. In Kapitel 13 werden wir auf diese Problematik zurückkommen.

d) *Grundrechtsträger* sind die natürlichen Personen, die Einzelmenschen. Um den Schutz ihrer elementaren Position geht es. Nach Art. 19 III gelten die Grundrechte auch für inländische juristische Personen, soweit sie ihrem Wesen nach auf diese anwendbar sind. So kann sich eine AG auf den Schutz des Art. 14 (Eigentumsschutz) berufen. Das mag überraschen, ist jedoch kein Gegensatz zu dem Wesen der Grundrechte. Zu den Entfaltungsmöglichkeiten der Einzelpersonen gehört es auch, sich zu Gruppen zusammenzuschließen und sich dabei der von der Rechtsordnung zur Verfügung gestellten Organisationsformen zu bedienen. Die inländischen juristischen Personen werden daher nicht kraft eigenen Rechts, sondern wegen der hinter der Rechtsform der juristischen Person stehenden Einzelinteressen im GG geschützt. Nur soweit es um diesen Schutz der mittelbaren Interessen von Einzelmenschen geht, sind die Grundrechte auf juristische Personen ihrem Wesen nach anwendbar.

Streitig ist, ob und in welchem Umfang Grundrechte *ausländischer juristischer Personen* bestehen können. Überwiegend wird unter Berufung auf den Wortlaut von Art. 19 III die Grundrechtsträgerschaft ausländischer juristischer Personen abgelehnt. Dies erscheint wegen der ratio legis des Art. 19 III nicht befriedigend, denn auch hier ist nach den mittelbaren Individualinteressen zu fragen. Danach ergibt sich eine doppelte Begrenzung: einmal kommen überhaupt nur die Menschen- und nicht die Bürgerrechte in Betracht, zum andern geht der Schutz sicher nicht weiter als bei den inländischen juristischen Personen. Daher gibt selbst die h. M. zu, daß immerhin die Grundrechte aus Art. 101 und 103 auch für ausländische juristische Personen gelten[28]). Andererseits ist die gegenteilige Ansicht, die die Geltung aller nach Anwendung der doppelten Grenzen verbleibenden Grundrechte auf juristische Personen bejaht[29]), abzulehnen, denn sie würde zu unabsehbaren, von der Verfassung sicher nicht gewollten Folgen führen können. Soll wirklich jede ausländische Unternehmung das gleiche (grundrechtlich abgesicherte!) Recht auf Wirtschaftsfreiheit und Eigentumserwerb im Inland besitzen wie eine inländische Unternehmung? Soll es dem Staat wirklich verwehrt sein, zum Schutz der inländischen Wirtschaft hier regelnd einzugreifen? Dies würde die inländische Wirtschaft weitgehend schutzlos ausländischen Firmen überlassen. Daß dies verfassungsgemäß gewollt ist, wird man nicht annehmen können. Vielmehr wird man den „Anwendbarkeitsvorbehalt" (Art. 19 III) auch hier heranziehen müssen. Grundrechte sind demnach dann auf ausländische juristische Personen anwendbar, (1) wenn es sich um Menschenrechte handelt, (2) wenn sie auf inländische juristische Personen anwendbar sind und (3) wenn sich trotz der Ausländereigenschaft keine wesentlichen Unterschiede zu inländischen juristischen Personen rechtfertigen lassen. Im Ergebnis dürfte die An-

---

[28] BVerfGE 12, 6 (8); 18, 441 (447); 21, 207 (209). Dieses Ergebnis erzielte das BVerfG allerdings über eine sehr eigenartige Interpretation der Justizgrundrechte aus Art. 101 und 103.
[29] So *Hendrichs* in: v. Münch GG-Kommentar Art. 19 Rdnr. 31.

wendung dieser drei Kriterien der h. L. sehr nahe kommen. Im Ausgangsfall I ist Art. 12 als Bürgerrecht nicht anwendbar.

Grundrechtsträger können auch *juristische Personen des öffentlichen Rechts* sein, soweit sie in dem beschriebenen Sinne als Organisationsformen zur Wahrung von Individualinteressen angesehen werden können. Dies kann insbesondere auf Körperschaften, z. B. Gemeinden, Universitäten, Berufsverbände usw., zutreffen. Der Staat selbst kann sich allerdings nicht auf die Grundrechte berufen, denn dies wäre ein „rechtes etatistisches Schelmenstück"[30]).

Eine *Grundrechtsmündigkeit* im eigentlichen Sinne gibt es nicht, d. h. kein Alter, von dem an man erst die Grundrechte geltend machen kann[31]). Das Verhältnis eines Minderjährigen zu einem Grundrecht kann jeweils nur aus Sinn und Zweck des Grundrechts sowie im Zusammenhang mit anderen Rechten geklärt werden. Da der Minderjährige der elterlichen Gewalt unterliegt, und diese durch Art. 6 II ausdrücklich als das „natürliche Recht der Eltern" anerkannt ist, geht es vor allem um das Verhältnis Eltern – Kind – Staat. Hier stellt sich dann einerseits die Frage nach den Grenzen des Erziehungsrechts, also z. B., inwieweit der Staat die Kinder gegen die eigenen Eltern in Schutz nehmen muß und darf, und andererseits die Frage, inwieweit die Minderjährigen sich auch ohne oder gegen den Willen der Eltern gegen staatliche Eingriffe wehren können (vgl. Ausgangsfall II).

Eine theoretisch besonders umstrittene Frage ist es, ob die Grundrechte auch dann gelten, wenn der einzelne — sei es freiwillig oder auf gesetzlicher Grundlage — in eine besonders enge Beziehung zum Staat tritt (sog. besonderes Gewaltverhältnis, *Sonderstatusverhältnis*, z. B. Wehrpflichtige, Strafgefangene, Beamte, Studenten, Schüler). In diesen Verhältnissen werden vielfache Anweisungen zur Durchführung des Betriebes erforderlich (z. B. Bestimmung eines Prüfungstermins durch das Prüfungsamt mit der Folge, daß das unentschuldigte Fernbleiben als „nicht bestandene" Prüfungsleistung gilt.). Grundsätzlich verliert derjenige, der in diese enge Beziehung zum Staat geht, nicht seine Grundrechte (unstr.). Es ist auch anerkannt, daß der Gesetzgeber, wo er nach der Verfassung dazu berechtigt ist, eine Einschränkung der Grundrechte mit dem Zweck vornehmen kann, den besonderen Bedürfnissen eines Sonderstatusverhältnisses Genüge zu tun. Umstritten ist jedoch die Frage, ob allein wegen der Natur des besonderen Gewaltverhältnisses die Verwaltung zu weitergehenden Einschränkungen von Grundrechten berechtigt ist. Bejaht man dies, so könnte die Schulbehörde im Ausgangsfall (II) durch bloße Verwal-

---

30) *Maunz/Dürig/Herzog* Art. 19 III Rdnr. 8; vgl. BVerfG EuGRZ 1977, 316 m. w. N.
31) Nur Art. 38 II nennt ausdrücklich ein Alter; vgl. auch *Steffen* RdJ 1971, 143 ff.

tungsanweisung den Lehrstoff bestimmen. Ähnliche Rechtsfragen stellen sich auch bei zu Freiheitsentzug Verurteilten. Ist die Gefängnisleitung berechtigt, Schriftverkehr von Gefangenen zu überwachen oder Ordnungsstrafen gegen sie zu verhängen? Diese Fragen sind noch nicht abschließend geklärt. Der Student wird gut daran tun, die Diskussion darüber im Auge zu behalten. Immerhin ist jedoch eine deutliche Tendenz erkennbar, der Verwaltung ein solches Recht zu bestreiten und jeweils eine gesetzliche Regelung zu fordern. Diese Tendenz bedarf nachdrücklicher Unterstützung. Allerdings hat der Gesetzgeber bereits weitgehend die in Frage kommenden Bereiche geregelt[32]), hierbei verwendet er jedoch an zahlreichen Stellen vage Generalklauseln, an deren rechtsstaatlicher Ausfüllung zu arbeiten sein wird und die von den Verwaltungen z. T. extensiv ausgelegt werden, um das angeblich bestehende Weisungsrecht im Rahmen besonderer Gewaltverhältnisse aufrechtzuerhalten.

e) Die Grundrechte des einzelnen richten sich gegen die öffentliche Gewalt. Sie ist der sog. *Grundrechtsadressat,* wenn sie in Ausübung ihrer Hoheitsgewalt öffentlich-rechtlich tätig wird. Schwieriger ist es zu beurteilen, ob die Grundrechte auch dann gelten, wenn der Staat in privatrechtlichen Formen tätig wird (sog. *Fiskalgeltung* der Grundrechte). Damit sind sowohl die fiskalischen Hilfsgeschäfte wie im Ausgangsfall III gemeint als auch die übrigen Fälle, in denen der Staat nicht öffentlich-rechtlich, sondern privatrechtlich handelt. Die Meinungen gehen weit darüber auseinander, ob und ggf. in welchem Maße die Grundrechte auch dann verbindlich sind. Eine Auffassung legt das Gewicht auf die Rechtsform, in der der Staat handelt: bedient er sich des Privatrechts, so steht er einem Privatmann gleich. Dem kann nicht gefolgt werden, denn es dürfte als Prinzip selbstverständlich sein, daß staatliche Stellen, auch wenn sie sich des Privatrechts bedienen, nicht zu Privatleuten werden, sondern nach wie vor Teile des Staates bleiben. Zwar muß dieser nicht immer in den Formen des öffentlichen Rechts handeln (es gibt aber viele Bereiche, in denen dies vorgeschrieben ist), er darf aber sein eventuell bestehendes Wahlrecht zum Handeln in privatrechtlichen Formen nicht dazu benutzen, sich den grundrechtlichen Bindungen zu entziehen. Daher gilt die Bindung an die Grundrechte dann unmittelbar, wenn der Staat *unmittelbar* öffentliche Aufgaben mit Mitteln des Privatrechts erledigt (sog. *Verwaltungsprivatrecht)*[33]). Im Ausgangsfall IV verstößt folglich die Bevorzugung der katholischen Schüler unmittelbar gegen Art. 3.

---

32) Strafvollzugsgesetz vom 16. 3. 1976 (BGBl. I, S. 581, 2088); Beamtengesetze, Soldaten- und Wehrpflichtgesetz, Schulverwaltungsgesetze usw.
33) *Wolff/Bachof,* Verwaltungsrecht I, 9. Aufl. 1974, § 23 II b; *Wertenbruch* JuS 1961, S. 105—116.

Bei den fiskalischen Hilfsgeschäften dient die Benutzung des Privatrechts nur *mittelbar* den öffentlichen Aufgaben. Der Kauf von Büchern ist im Ausgangsfall III nicht die eigentliche Aufgabe des Instituts. Damit kommen die für die Erfüllung öffentlicher Aufgaben bestehenden besonderen Rechtsnormen nicht zur Anwendung. Andererseits wird das Institut auch nicht zu wirtschaftlichen Zwecken tätig, sondern bleibt im Rahmen öffentlicher Zwecke. Daher sind im Einzelfall die Grundrechte auf ihre Anwendbarkeit zu prüfen, was im Fall III dazu führt, daß das Verhalten des Instituts gegen Art. 3 verstoßen kann. Wird der Staat schließlich ganz wie ein Privatmann tätig, d. h. auf Gebieten, auf denen er überhaupt nicht hoheitlich tätig werden kann und die auch nicht mittelbar der Erfüllung öffentlicher Aufgaben dienen, z. B. wenn er sich als Mehrheitsaktionär eines Wirtschaftsunternehmens am Wirtschaftsverkehr beteiligt, dann kann er sich auch wie ein Privatmann verhalten. Allerdings sind solche Fälle äußerst selten, denn in irgendeiner Weise wird immer eine öffentliche Zwecksetzung im Hintergrund stehen, die in eine Grundrechtsbindung im Einzelfall umschlagen kann. So kann der Staat nicht durch Erwerb einer Mehrheitsbeteiligung an einem Wirtschaftsunternehmen unter Einsatz staatlicher finanzieller Mittel einen ruinösen Wettbewerb gegen ein anderes Unternehmen betreiben lassen, um auf diese Weise eine Enteignung dieses Unternehmens zu umgehen.

Von der Fiskalgeltung der Grundrechte ist die Frage ihrer Drittwirkung zu unterscheiden. Unter der *Drittwirkung der Grundrechte* versteht man die Frage, ob die Grundrechte auch im Verhältnis zwischen Privaten gelten. Im Ausgangsfall V würde staatlichen Stellen die Anbringung eines entsprechenden Schildes gem. Art. 3 untersagt sein. Die Geltung des Art. 3 für den Gastwirt ist str. Die einen argumentieren, daß die Grundrechte in ihrer objektiven Bedeutung als Bestandteil der verfassungsmäßigen Wertordnung auch im Verhältnis zwischen Privaten zu beachten seien. Die Gegenmeinung hebt den Charakter der Grundrechte als Abwehrrechte gegen den Staat (status negativus) hervor und will eine Geltung im Verhältnis zu Privaten nur bei der ausdrücklichen Anordnung wie in Art. 9 III anerkennen. Die vermittelnde h. M. will über den Rahmen der ausdrücklichen Anerkennung in Art. 9 III hinausgehend den in den Grundrechten garantierten Werten über die Auslegung von unbestimmten Rechtsbegriffen in der Rechtsordnung Geltung verschaffen. Im Fall V ist bei Erteilung einer Gaststättenkonzession die Zuverlässigkeit des Bewerbers zu prüfen. Was unter „Zuverlässigkeit" zu verstehen ist, bedarf der Auslegung. Hier gewinnt nun das verfassungsmäßige Verbot der Diskriminierung wegen der Hautfarbe Einfluß und berechtigt zum Entzug der Gaststättenkonzession wegen der Anbringung des Schildes. Gleiche Überlegungen sind im BGB für die Auslegung der Begriffe „Treu und Glauben" sowie „Sittenwidrigkeit" anzustellen. Letztlich läuft die h. M. darauf hinaus, daß die öffentlichen Stellen (Polizeibehörden, Gewerbeämter, Gerichte usw.) bei der Rechtsanwendung durch sie selbst die Grundrechte zu beachten haben, indem sie nicht ihren Arm einem gegen die elementaren Grundrechtsprinzipien gerichteten privaten Verhalten leihen dürfen.

f) Grundrechte stellen eine Entscheidung des Verfassunggebers über die Stellung des Menschen innerhalb der Gemeinschaft dar. Sie versuchen — wie wir schon andeuteten — einen Kompromiß zwischen größtmöglicher Freiheit jedes einzelnen und den Bedürfnissen der Gemeinschaft herzustellen. Aus dieser Grundsatzentscheidung der Verfassung hat das BVerfG im sog. Investitionshilfeurteil das *„Menschenbild des Grundgesetzes"* entwickelt. Dieses „ist nicht das eines isolierten souveränen Individuums; das GG hat vielmehr die Spannung Individuum – Gemeinschaft im Sinne der Gemeinschaftsbezogenheit und Gemeinschaftsgebundenheit der Person entschieden, ohne dabei deren Eigenwert anzutasten"[34]. Diese „mittlere Linie des Personalismus"[35]) läßt sich zwar in der Verfassung zum Prinzip erheben, ihre Verwirklichung kann aber nur in einer flexiblen Anpassung an die jeweiligen Verhältnisse erfolgen. Damit entzieht sie sich der verfassungsgemäßen Ausgestaltung für alle Einzelfälle, obgleich die Grundrechte unmittelbar geltendes Recht (Art. 1 III) sind. Schon die Formulierungen der Grundrechte sind oft so weit, daß sie der Konkretisierung bedürfen[36]). Die Verfassung gibt zwar zu erkennen, welchen Wert und welches Rechtsgut sie verwirklicht wissen will, aber es liegt auf der Hand, daß sie nicht für alle Situationen des täglichen Lebens Lösungen bereithalten kann. Damit stellt sich die Frage, wer die Entscheidung in der Spannung Individuum – Gemeinschaft im Einzelfall zu treffen hat. M. a. W.: Wer bestimmt die *Grenzen der Grundrechte*? Hierauf antwortet das GG sehr differenziert: Grenzen sind zunächst in den Grundrechtsnormen selbst enthalten. Diese *grundrechtsimmanenten Schranken* ergeben sich

(1) aus der Interpretation des Gesetzestextes. So garantiert beispielsweise Art. 4 I die Freiheit des Glaubens und des Gewissens. Interpretation muß ermitteln, was unter „Glauben" und „Gewissen" zu verstehen ist. Gehört dazu etwa auch das Recht, Glaubensgemeinschaften zu gründen, die von ihren Mitgliedern zwangsweise Kirchensteuern einziehen dürfen? Art. 12 gibt allen Deutschen das Recht, den Beruf frei zu wählen. Was ist aber ein Beruf? Ist Studentsein ein Beruf, so daß man das Recht hätte, sein Leben lang zu studieren?

---

34) BVerfGE 4, 15 f.; zur Kritik am Begriff des Menschenbildes vgl. *Hamann/Lenz*, Art. 1 Anm. B 1 a); *Denninger*, Staatsrecht, S. 19 ff.
35) *Hans Peters*, Festschrift für Laun 1953, S. 671.
36) Vgl. z. B. Art. 2—4, 6 und 12 — unbedingt lesen!

(2) daraus, daß der Verfassungstext Begriffe verwendet, die anderen Rechtsbereichen entlehnt sind und die dort der Definition durch den Gesetzgeber unterliegen. Nach Art. 6 stehen Ehe und Familie unter dem besonderen Schutz der staatlichen Ordnung. Was unter einer Ehe zu verstehen ist (z. B. Monogamie, Polygamie), bestimmt der einfache Gesetzgeber. Art. 14 gewährleistet das Eigentum. Der Inhalt des Eigentums wird durch das Bürgerliche Recht bestimmt (vgl. § 903 BGB und den Wortlaut von Art. 14 I),

(3) unmittelbar aus dem Verfassungstext selbst. Art. 8 gewährt die Versammlungsfreiheit nur, wenn die Versammlung „friedlich und ohne Waffen" geschieht. Art. 11 garantiert die Freizügigkeit im ganzen Bundesgebiet, es wird also kein Recht auf Ausreisefreiheit gewährt.

Eng mit der letzten Art von grundrechtsimmanenten Schranken hängen die sog. Verfassungsschranken zusammen. Darunter versteht man solche Einschränkungen der Grundrechte, die durch die Verfassung selbst vorgenommen werden. Dies geschieht ausdrücklich in Art. 9 II (lesen!), stillschweigend ergeben sich solche Verfassungsschranken aus den Konkurrenzen der Grundrechte zueinander.

Wenn nach Art. 5 III die Forschung frei ist, so bedeutet dies nicht, daß zu Forschungszwecken Vivisektionen oder andere medizinische Versuche mit Menschen vorgenommen werden dürfen. Dies würde im Widerspruch zu den Grundrechten aus Art. 1 und 2 stehen. Die Festlegung dieser Grenzen ist im Einzelfall schwierig und problematisch. Garantiert z. B. Art. 4 die öffentliche Ausübung eines Satanskultes?

Die wichtigste Grenze von Grundrechten ergibt sich aus dem sog. *Gesetzesvorbehalt,* d. h. dem Fall, daß einem Grundrecht die Formulierung angefügt ist: „In dieses Grundrecht darf aufgrund eines Gesetzes eingegriffen werden"[37]). In diesen Fällen hat die Verfassung ausdrücklich den Gesetzgeber ermächtigt, die Geltung des Grundrechts für den Einzelfall zu bestimmen.

Das GG bedient sich hier wie in Art. 19 I einer Vorstellung, die Anlaß zu Mißverständnissen geben kann: die Grundrechte werden durch Gesetz oder aufgrund eines Gesetzes nicht gestaltet, sondern „eingeschränkt". Man könnte daraus folgern, daß die in der Verfassung vorgesehenen Grundrechte nur auf einem niedrigeren Niveau gewährt würden, daß also der Gesetzgeber nimmt, was die Verfassung gibt. Diese Vorstellung ist aus verschiedenen Gründen irreführend, obgleich sie häufig anzutreffen ist. Ihr Hauptirrtum besteht in der Verkennung der Möglichkeiten einer Verfassung, grundrechtliche Positionen festzulegen, und der Notwendigkeit ihrer flexiblen Anpassung. Charakteristisch für eine solche Vorstellung ist eine übertriebene Erwartungshaltung an

---

37) So in Art. 2 II, 4 III, 5 II, 12 I, 12 a II—VI, 13 II und III, 14 III, 15, 16 I und 17 a.

die Grundrechte, von denen man eine Lösung aller möglichen Alltagsprobleme erwartet. Die Flut der meistens offensichtlich unbegründeten Verfassungsbeschwerden[38]) ist hierfür symptomatisch. Vor einem solchen Verständnis der Grundrechte kann nicht nachdrücklich genug gewarnt werden. Das, was in der Terminologie des GG eine „Einschränkung von Grundrechten" ist, stellt sich in Wahrheit als ein Problem der Gestaltungsfreiheit des jeweiligen Gesetzgebers und der Kontrolldichte bei Entscheidungen des Gesetzgebers durch die Verfassungsgerichte dar. Um es überspitzt zu formulieren: Erst die Konkretisierung der Verfassungsentscheidungen auf den Einzelfall durch den Gesetzgeber und die Überprüfung dieser Konkretisierung an den allgemeinen Werten der Verfassung führt zur Relevanz der Grundrechte in allen Alltagsfragen. Grundrechte werden durch den Gesetzgeber nicht eingeschränkt, sondern konkretisiert und gesetzlich gewährleistet. Hierbei ist der Gesetzgeber jedoch an die Beachtung der den Grundrechten zugrunde liegenden elementaren Prinzipien gebunden, und diese Gebundenheit kann vom BVerfG überprüft werden. Bei dieser Prüfung stehen sich dann jeweils das vom Grundrecht intendierte Rechtsgut und die vom Gesetzgeber mit seiner konkreten Regelung verfolgten Ziele gegenüber. Zwischen beiden ist nach Maßgabe der Verfassung und deren Bewertung der verschiedenen Rechtsgüter eine Abwägung zu treffen[39]).

Die Gesetzesvorbehalte erkennen demnach die Gestaltungsfreiheit des Gesetzgebers an. Sie sind das technische Mittel, mit dem die flexible Konkretisierung erreicht wird. Sie finden sich an besonders neuralgischen Punkten „der mittleren Linie des Personalismus", an denen Einzel- und Gesamtinteressen in vielschichtiger Weise miteinander in Konflikt geraten können. Macht der Gesetzgeber vom Gesetzesvorbehalt keinen Gebrauch, so besteht in der konkreten Lage kein derartiger Konflikt. Der Gehalt des Grundrechts ist dann von den Gerichten, insbesondere BVerfG, durch Auslegung für die jeweilige Situation zu ermitteln. „Schränkt" der Gesetzgeber ein Grundrecht ein, so geschieht dies meist im Hinblick auf bestehende Interessengegensätze.

Man unterscheidet den qualifizierten Gesetzesvorbehalt = der Gesetzgeber ist bei der Einschränkung des Grundrechts an bestimmte von der Verfassung aufgezeigte Kriterien gebunden, z. B. Art. 11 II,

und den einfachen Gesetzesvorbehalt = die Verfassung nennt keine weiteren Kriterien für die Einschränkbarkeit, z. B. Art. 8 II.

Die Frage ist, was bei jenen Grundrechten gilt, die keinen Gesetzesvorbehalt

---

38) Vgl. *Leibholz/Rupprecht* BVerfGG Nachtrag 1971 Anhang III N 119: laut Statistik (Stand 31. 12. 1970) sind von 21 946 anhängig gewordenen Verfassungsbeschwerden 15 063 als offensichtlich unbegründet vom Vorprüfungsausschuß abgelehnt worden.

39) Theorie der Güterabwägung vgl. BVerfGE 7, 198 (210 f.); 7, 230 (234); 14, 263 (277 f.); 21, 239 (243 f.).

kennen[40]). Die eine Auffassung[41]) läßt bei derartigen Grundrechten nur die grundrechtsimmanenten und die Verfassungsschranken zu.

Die andere Auffassung[42]) sieht in Art. 2 I das „Muttergrundrecht" und überträgt die Schrankentrias des Art. 2 (Rechte anderer, verfassungsmäßige Ordnung, Sittengesetz) auf alle übrigen Grundrechte (sog. Muttertheorie oder Triastheorie). Der Unterschied zwischen beiden Theorien erscheint auf den ersten Blick nicht sehr groß. Wir werden jedoch noch sehen, daß der Begriff „Verfassungsmäßige Ordnung" in Art. 2 eine sehr extensive Auslegung erfahren hat und dem Gesetzgeber weitgehende Gestaltungsfreiheit einräumt (s. unten Kap. 11, 1). Dies hätte zur Folge, daß die von der Verfassung durch die Nichteinschränkbarkeit besonders hervorgehobenen Grundrechte einem einfachen Gesetzesvorbehalt unterlägen. Die h. M. ist der Auffassung, daß ein solches Ergebnis nicht gewollt sein kann und lehnt die Triastheorie ab[43]).

g) Eng mit den Grenzen der Grundrechte ist der *Schutz der Grundrechte* verbunden. Hierzu hat sich der Verfassunggeber eine Reihe von Sicherungen einfallen lassen, die dafür sorgen sollen, daß das von ihm intendierte Gleichgewicht zwischen den Positionen des einzelnen und den Erfordernissen der Gemeinschaft nicht zu Lasten einer der beiden Seiten verschoben wird.

Zu diesem Zweck verbietet Art. 19 I *grundrechtseinschränkende Individualgesetze*. Dieses Verbot soll den Gesetzgeber davon abhalten, nach dem Gesetz der Zahl in rein quantitativer Abwägung die Grundrechte eines einzelnen oder weniger Bürger gegenüber den Interessen einer Mehrheit zurückzusetzen. Die Gleichheit verlangt, daß dann, wenn Einschränkungen von Grundrechtspositionen notwendig werden, diese Einschränkungen a l l e Personen in gleicher Lage auf gleiche Weise treffen. Wäre dies nicht so, so besäßen einige Personen in grundsätzlichen Fragen Privilegien. Bevor der Gesetzgeber also in einen grundrechtlich geschützten Bereich einer Einzelperson eingreift, wird er genau abwägen müssen, ob der Zweck, zu dem er eingreifen will, die generelle Einschränkung des entsprechenden Grundrechtsbereichs notwendig macht[44]). Problematisch ist der Fall, daß aufgrund der tatsächlichen Verhältnisse nur sehr wenige Personen im Staat die grundrechtliche Position innehaben und die vorgenommene Einschränkung nur wenige Personen trifft[45].

---

40) Art. 3, 4 I und II, 5 III, 12 I 1.
41) *Maunz/Dürig/Herzog* Art. 2 I Rdnr. 69 ff.; vgl. auch BVerfG NJW 1972, 329; BVerfGE 30, 173 (191 ff.).
42) *v. Mangoldt/Klein* Vorb. XV 3 a ff., Art. 2 Anm. IV ff., Art. 5 Anm. X 6; *Maunz*, Staatsrecht § 14 I 2; *Wernicke* BK, Erl. II 1 b; *Scholtissek* NJW 1952, 561—563.
43) Zu den übrigen Argumenten gegen die Muttertheorie vgl. *v. Münch* GG-Kommentar Bd. 1, Art. 2 Rdnr. 64—67.
44) Zum Begriff des Individualgesetzes vgl. unten Kap. 10, 2 b.
45) Vgl. BVerfG „Lex Rheinstahl" (E 25, 371 ff.).

Eine weitere „Bremse" für gesetzgeberische Grundrechtseinschränkungen stellt das sog. *Zitiergebot* nach Art. 19 I S. 2 dar. Der Gesetzgeber soll sich darüber bewußt werden, daß er ein Grundrecht einschränkt. Geschieht dies nicht, so kann nicht angenommen werden, daß der Gesetzgeber eine Grundrechtseinschränkung vornehmen wollte. Ein entsprechendes Gesetz, das faktisch ein Grundrecht einschränkt, ohne ausdrücklich dem Zitiergebot zu folgen, ist daher wegen Verstoßes gegen Art. 19 nichtig[46]).

Ein weiterer Schutz gegen ein Übermaß gesetzgeberischer Gestaltungen ist die *Wesensgehaltsgarantie* in Art. 19 II. Hier wird ein Bereich markiert, der nicht mehr der gesetzgeberischen Disposition und Konkretisierung unterliegt, der vielmehr in allen denkbaren Situationen unangetastet bleiben muß. Was den Wesensgehalt jedes einzelnen Grundrechts ausmacht, hat die Einzelinterpretation der Grundrechte zu ermitteln. Das BVerfG hat bislang erst einen Verstoß gegen Art. 19 II festgestellt[47]).

Dieser Schutz der Grundrechte wird ergänzt durch die in jedem Fall gegebene Möglichkeit, eine etwaige Verletzung von Grundrechten gerichtlich überprüfen zu lassen (Art. 19 IV — *Rechtsweggarantie*). Mit dieser Vorschrift ist — wie manche karikierend sagen — die Bundesrepublik zu einem Rechtswegestaat geworden. Die praktische Bedeutung von Art. 19 IV ist relativ gering und erschöpft sich in einer verfassungsmäßigen Absicherung gesetzlich gewährter Rechtsschutzmöglichkeiten. Auch die Zuständigkeit der ordentlichen Gerichte nach Art. 19 IV wird nur in absoluten Ausnahmefällen gegeben sein. Nach anerkannter Auslegung ist mit der „öffentlichen Gewalt" in Art. 19 IV nur die Verwaltung gemeint. Dies ergibt sich aus einer recht einfachen Argumentation: Hinsichtlich des gerichtlichen Rechtsschutzes gegen gesetzgeberische Akte enthalten die Art. 93 und 100 besondere Regeln. Es ist nicht anzunehmen, daß daneben durch Art. 19 IV ein weiteres Verfahren eröffnet werden sollte. Die rechtsprechende Gewalt scheidet deshalb aus dem Begriff „Öffentliche Gewalt" in Art. 19 IV aus, weil neben der in Teil IX GG (Art. 92 ff.) abgesicherten Rechtsprechungsorganisation nicht ein weiterer Rechtsweg nach Art. 19 IV bei einem Amtsgericht angenommen werden kann[48]).

Wichtigstes formelles Mittel des Grundrechtsschutzes ist die *Normenkontrolle*. Das GG kennt drei Verfahren, in denen vor dem BVerfG die Verletzung eines Grundrechts durch ein Gesetz geltend gemacht werden kann:

Abstrakte Normenkontrolle nach Art. 93 I Ziff. 2;

---

46) Zur restriktiven Auslegung durch das BVerfG vgl. *Leibholz/Rinck* Art. 19 Anm. 3.
47) BVerfGE 22, 218 ff.
48) Merke: „Rechtsweg nach Art. 19 vier, nur gegen die Verwaltung hilft er dir!"

konkrete Normenkontrolle nach Art. 100 und
Verfassungsbeschwerde nach Art. 93 I Ziff. 4 a.

Da bei der letzteren das Individuum antragsberechtigt ist, kann man insofern auch von einer individuellen Normenkontrolle sprechen[49]). Mit der Verfassungsbeschwerde kann jedermann mit der Behauptung, durch die öffentliche Gewalt in einem seiner formellen und materiellen Grundrechte verletzt zu sein, das BVerfG anrufen. In Art. 93 I Ziff. 4 a wird unter der öffentlichen Gewalt die gesamte Staatsgewalt, also auch Gesetzgebung und Judikative, verstanden (merken!).

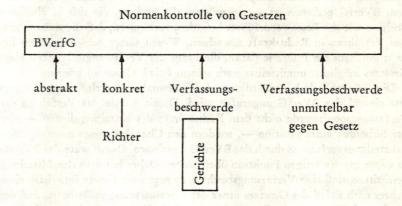

Die Verfassungsbeschwerde gegen Urteile ist kein eigener, selbständiger Rechtsbehelf, der neben den anderen Verfahren stünde. Sie will vielmehr nur absichern, daß die letztinstanzliche und damit verbindliche Auslegung der Verfassung beim BVerfG konzentriert ist. Deshalb wird verlangt (§ 90 II BVerfGG, unbedingt lesen!), daß der betroffene Staatsbürger zunächst alle nach anderen Prozeßordnungen bestehenden Möglichkeiten ausnutzt (sog. Erschöpfung des Rechtsweges). Im Rahmen dieser Verfahren kann er auch vorbringen, daß ein Gesetz, auf das es für die Entscheidungsfindung ankommt, mit den Grundrechten nicht vereinbar ist. Kann er den Richter davon überzeugen, so hat dieser Richter nach Art. 100 das Verfahren auszusetzen und eine Entscheidung des BVerfG über die Verfassungsmäßigkeit des Gesetzes herbeizuführen (inzidente Kontrolle). Da hier eine Verfassungskontrolle an-

---

49) Die Verfassungsbeschwerde hat über diese Bedeutung hinaus noch weitere Anwendungsbereiche.

hand eines konkreten Falles stattfindet, spricht man von der konkreten Normenkontrolle. Damit diese zur Anwendung kommen kann, ist also immer ein gerichtliches Verfahren Voraussetzung. Erst wenn ein Rechtsstreit zwischen Privaten oder zwischen einem Bürger und einer staatlichen Behörde entstanden ist, kommt es zu einem solchen Verfahren. Das kann dazu führen, daß erst nach Jahren die Frage der Verfassungsmäßigkeit eines Gesetzes vor das BVerfG gebracht wird. Da die Erschöpfung des Rechtsweges durch mehrere Instanzen oft sehr, sehr lange Zeit in Anspruch nimmt, besteht in der Zwischenzeit ein unklarer Rechtszustand. Daraus ergeben sich für die tägliche Rechtsanwendung häufig große Probleme. Wird die Frage der Verfassungsmäßigkeit eines Gesetzes aufgeworfen — vor allem, wenn das Verfahren bis zum BVerfG gediehen ist —, so müssen alle übrigen, die sich in ähnlicher Position wie der Beschwerdeführer befinden, verhindern, daß die sie angehenden Verfahren in Rechtskraft erwachsen. Wegen dieser Schwierigkeiten besteht durchaus ein Interesse daran, die Frage der Verfassungsmäßigkeit eines Gesetzes möglichst unmittelbar nach seinem Erlaß klären zu können.

Dies könnte jedoch dazu führen, daß jedesmal nach Erlaß eines Gesetzes erst einmal das BVerfG angerufen wird. Damit würde das Verfahren der Verfassungsbeschwerde nicht dem Rechtsschutz des einzelnen dienen — also der Sicherung einer Position —, sondern den Charakter eines nachträglichen Beurteilungsverfahrens durch das BVerfG annehmen. Damit wäre das BVerfG in seiner gegenwärtigen Funktion überfordert. Daher hat man den Mittelweg beschritten, daß eine Verfassungsbeschwerde gegen ein Gesetz innerhalb eines Jahres nach Erlaß des Gesetzes unter der Voraussetzung zulässig ist, daß der Beschwerdeführer unmittelbar und gegenwärtig in seinen Rechten verletzt ist (vgl. § 93 II BVerfGG)[50]. Dahinter steckt die Überlegung, daß es eine unnötige Formalie wäre, Personen, die eindeutig so durch ein Gesetz betroffen sind, daß zwangsläufig und bald gegen sie eine Maßnahme ergriffen würde, auf den Weg der inzidenten Kontrolle zu verweisen. Das BVerfG hat sich mit diesem Problem im Zusammenhang mit dem Ladenschlußgesetz eingehend befaßt. Werden die Ladenschlußzeiten gesetzlich festgesetzt, so muß jeder, der sich nicht daran hält, damit rechnen, daß die Ordnungsbehörden gegen ihn vorgehen. Er kann daher unmittelbar gegen das Gesetz Verfassungsbeschwerde einlegen und muß nicht abwarten, bis gegen ihn eine Ordnungsstrafe verhängt wird. Gäbe es keine Verfassungsbeschwerde unmittelbar gegen ein Gesetz, so wäre an sich der Rechtsschutz des einzelnen nicht geringer. Gründe der Zweckmäßigkeit sprechen aber dafür, ein zusätzliches, einfaches Verfahren zu gewähren, um die aufgezeigten Probleme zu bewältigen.

---

50) BVerfGE 1, 97; 10, 134; 16, 25; 22, 349/350; 30, 112; 33, 247.

h) Nach Art. 18 können einzelne Grundrechte *verwirkt* werden. Diese Vorschrift dient dem Schutz der Verfassung gegen Verfassungsfeinde. Wie Art. 21 II (unbedingt lesen!) gehört auch Art. 18 zu dem dem GG eigenen Wesenszug der „streitbaren Demokratie"[51].

i) Die hier dargestellten Fragen stehen im Mittelpunkt vieler wissenschaftlicher und praktischer Bemühungen. Der Student muß sich immer wieder mit ihnen befassen. Aus der Vielzahl der Publikationen sei zur *Vertiefung* vor allem empfohlen:

Hesse, Verfassungsrecht §§ 9—11, und *Ossenbühl*, Die Interpretation der Grundrechte in der Rechtsprechung des BVerfG, NJW 1976, S. 2100—2107.

Arbeitsgemeinschaften sind sinnvoll über folgende Themen:
Ausländische juristische Personen als Grundrechtsträger — vgl. *Meessen* JZ 1970, S. 602—605. Fiskalgeltung von Grundrechten — vgl. *Emmerich* JuS 1970, S. 332 ff., und BGHZ 29, 76; 36, 91; 52, 325.
Drittwirkung von Grundrechten — vgl. *Schwabe*, Die sog. Drittwirkung der Grundrechte, München, 1971.

---

51) BVerfGE 25, 100.

Teil II
REPUBLIK

Kapitel 3: REPUBLIKANISCHES PRINZIP

Das republikanische Prinzip ist ausdrücklich in Art. 28 I nur für die verfassungsmäßige Ordnung in den Ländern erwähnt. Für den Bund ergibt es sich aus der Bezeichnung „Bundes*republik*" in Art. 20 I. Es besteht jedoch Übereinstimmung darüber, die sich aus der Entstehungsgeschichte[1]) erhärten läßt, daß diese Bezeichnung nicht nur als Name gemeint, sondern daß mit ihr auch die Festlegung des republikanischen Prinzips für den Bund beabsichtigt war.

Die deutsche Staatsrechtslehre behandelt das republikanische Prinzip mit bemerkenswerter Kürze. Unter Berufung auf Macchiavelli[2]) wird das republikanische Prinzip im wesentlichen als Absage an eine monarchische Staatsform verstanden. Republik (= Freistaat) bedeutet daher „*Nichtmonarchie*"[3]). In einer Monarchie wird das Staatsoberhaupt auf Lebenszeit nach dynastischen Regeln ins Amt berufen. *Formal* bedeutet daher das republikanische Prinzip, daß das Staatsoberhaupt auf Zeit in sein Amt gewählt wird (verantwortete Macht auf Zeit). Darüber hinaus besitzt das republikanische Prinzip auch eine *materielle* Seite, indem das Wort „republikanisch" nach der Formulierung von Maunz[4]) die Färbung freiheitlich-volksstaatlich-antidiktatorisch gewonnen hat. Der lateinischen Wortbedeutung nach bezeichnet die Republik ein „Gemeinwesen", das dem allgemeinen Wohl und nicht dem Interesse des Herrschers dient. „Republik" bedeutet daher, daß der Staat auf das Gemeinwohl bezogen ist und daß nicht bestimmte Gruppen der Bevölkerung Vorrechte

---

1) Vgl. JöR n. F. 1 (1951), S. 399.
2) Il principe, I. Kapitel: „Alle Staaten, alle Gewalten, die Macht über Menschen gehabt haben oder noch haben, sind entweder Republiken oder Monarchien (Freistaaten oder Alleinherrschaften)."
3) *Maunz/Dürig/Herzog* Art. 20 Rdnr. 2.
4) Staatsrecht, § 9 II 1.

genießen. Man kann daher auch das Grundrecht der Gleichheit als das republikanische Grundprinzip ansehen. Während in den Monarchien die Menschen nur „vor Gott" gleich sind, sind in einer Republik alle Menschen „vor dem Gesetz" gleich. Vor dem Gesetz heißt: vor der staatlichen Ordnung. In der WRV (Art. 109) ist dieser Bezug noch deutlicher zu sehen als im GG, indem dort ausdrücklich öffentlich-rechtliche Vorrechte oder Nachteile der Geburt oder des Standes aufgehoben und die Adelsbezeichnungen zum Teil des Namens erklärt wurden. Die Frage von Adelsvorrechten spielt nach der Beurteilung des Parlamentarischen Rates heute keine Rolle mehr. Im übrigen überschneidet sich der materielle Inhalt des republikanischen Prinzips mit demjenigen der Demokratie und des Rechtsstaates, so daß in der Tat die eigentliche Bedeutung des republikanischen Prinzips sich auf die Stellung des Staatsoberhauptes verengt hat.

Kapitel 4: BUNDESPRÄSIDENT

1. Verfassungsrechtliche Stellung

Die verfassungsrechtliche Stellung des Bundespräsidenten erschließt sich nicht aus der Lektüre des Verfassungstextes allein, sondern bedarf einerseits Überlegungen allgemeinerer Art als auch andererseits — jedoch mit dem ersten eng zusammenhängend — der Berücksichtigung der speziellen deutschen Verfassungstradition.

Die allgemeinen Erwägungen gelten der Frage, weshalb ein Staat überhaupt ein Staatsoberhaupt besitzt. Eine dem Bundespräsidenten vergleichbare Einrichtung gibt es in den Bundesländern nicht, in denen Regierungschef und Landesoberhaupt in einer Person (Ministerpräsident, Erster Bürgermeister usw.) vereinigt sind. Die Rechtsvergleichung zeigt, daß es den Dualismus Staatsoberhaupt – Regierungschef durchweg in monarchischen Regierungssystemen gibt[1]). In den republikanischen Verfassungen stehen sich Systeme mit nur einer Person an der Spitze[2]) und solche mit der doppelten Spitze gegenüber[3]). Das duale System hat eine Reihe von Vorzügen. Es erlaubt eine Trennung der mehr repräsentativen, obersten Staatsfunktionen von den mehr auf die Verwirklichung praktischer Politik gerichteten Funktionen. In einem Staat

---

1) Großbritannien, Schweden, Dänemark, Norwegen, Niederlande, Belgien-Luxemburg.
2) Z. B. Vereinigte Staaten von Amerika.
3) Frankreich, Italien, Österreich, Portugal, Finnland, Bundesrepublik Deutschland.

mit einem ausgeprägten Parteiensystem kann die Identität des Staates auch unabhängig vom wechselnden Einfluß auf die Regierung in der Person des Präsidenten dargestellt werden. Dieser steht dann „über der Parteien Zank und Hader". Schließlich ermöglicht das doppelte System, daß die Institutionen Präsident und Regierung so aufeinander abgestimmt werden, daß in Übergangs- und Krisenzeiten die Handlungsfähigkeit des Staates gewahrt bleibt. Diesen Vorteilen stehen auch Nachteile gegenüber, die sich vor allem daraus ergeben, daß der Grad der Legitimation des Präsidenten mit der Bedeutung seiner Aufgaben zur Deckung gebracht werden muß. So würde etwa ein vom Volk unmittelbar gewählter Präsident (plebiszitäre Präsidentschaft) trotz geringer von der Verfassung verliehener Befugnisse dazu tendieren, einem parlamentarischen Regierungschef den Rang streitig zu machen, während andererseits ein von einem besonderen Gremium oder dem Parlament gewählter Präsident (parlamentarische Präsidentschaft) mit sehr starken Befugnissen wegen mangelnder Legitimität in seinen Handlungen angezweifelt werden könnte.

Wie die jeweilige staatsrechtliche Lösung der aufgezeigten Probleme ausfällt, ist wesentlich von der Verfassungstradition mitbestimmt. Für die Bundesrepublik sind hier die Erfahrungen der WRV maßgebend, die bewußt zwischen dem amerikanischen und dem damaligen französischen Vorbild[4]) einen Mittelweg suchte. Dieser bestand darin, daß es sich einerseits um einen plebiszitären Präsidenten mit relativ starken Befugnissen (z. B. Notgesetzgebungsrecht, starke Mitwirkung bei der Regierungsbildung) handelte, daß jedoch andererseits der Präsident nicht unmittelbar an der Ausübung der Regierung beteiligt war. Damit erhielt der Reichspräsident eine Stellung als „Ersatzmonarch". Diese Tendenz wurde dadurch verstärkt, daß Carl Schmitt[5]) im Reichspräsidenten den Hüter der Verfassung sah. Daraus leitete er besondere Handlungsvollmachten des Reichspräsidenten ab. Allgemein wird in dieser überstarken Stellung des Reichspräsidenten eine den Niedergang der Weimarer Republik mitbestimmende Ursache gesehen. Daher wollte der Parlamentarische Rat die Stellung des Bundespräsidenten „schwächer" ausgestalten als die des Reichspräsidenten. Man hat die Stellung des Bundespräsidenten als die eines pouvoir neutre beschrieben[6]). Doch mit dieser Bezeichnung ist im Grunde genommen ebensowenig gewonnen wie mit derjenigen als Hüter der Ver-

---

4) Vgl. *Anschütz*, Die Verfassung des Deutschen Reiches, S. 243.
5) *Carl Schmitt*, Der Hüter der Verfassung, in: Beiträge zum öffentlichen Recht der Gegenwart, Heft 1, Tübingen 1929.
6) *Grauhan*, Gibt es in der Bundesrepublik ein pouvoir neutre?, Diss. Heidelberg 1959; *H. Lehne*, Der Bundespräsident als neutrale Gewalt nach dem Grundgesetz der Bundesrepublik Deutschland, Diss. Bonn 1960; *K. Doehring*, Der pouvoir neutre und das Grundgesetz, in: Der Staat, Bd. 3 (1964), S. 201 ff.; *Grauhan*, JR 1965, S. 379—383.

fassung[7]). Die Lehre vom pouvoir neutre ist von Constant[8]) entwickelt worden. Darunter versteht man die in der Person des konstitutionellen Monarchen begründete, jenseits der Verfassung stehende Autorität, die als neutraler Ausgleicher und Vermittler über den übrigen drei Gewalten steht. Es besteht Einigkeit[9]), daß der Bundespräsident in diesem Sinne keine neutrale Gewalt darstellt und auch in einem parlamentarischen Verfassungsstaat nicht darstellen kann. Wenn man dennoch von der Neutralität des Bundespräsidenten spricht, so meint man damit, daß er keine eigene aktive parteipolitische Tätigkeit entfalten soll. Als Repräsentant des Staatsganzen muß er auch Präsident der Opposition sein können[10]).

2. Wahl

Nach Art. 54 wird der Bundespräsident auf fünf Jahre von der *Bundesversammlung* gewählt[11]). Dies ist ein bemerkenswerter Vorgang. Die Bundesversammlung existiert einzig und ausschließlich zur Wahl des Bundespräsidenten. Diskussionen dürfen in ihrem Rahmen nicht stattfinden[12]). Die Verfassung bestimmt die Zusammensetzung der Bundesversammlung und wenige wichtige Verfahrensfragen, wie z. B. die notwendige Mehrheit. Insgesamt ist diese Regelung also sehr spärlich. So bleibt beispielsweise offen, wer berechtigt ist, Vorschläge zu machen. Da in der Bundesversammlung keine Personaldiskussion stattfinden darf, geht man offensichtlich davon aus, daß außerhalb der Bundesversammlung gewisse Absprachen stattfinden. Aus dieser Verfassungslage lassen sich folgende Schlüsse ziehen:

Der Bundespräsident besitzt eine ihm eigene Legitimationsbasis, die er mit keinem anderen Staatsorgan teilt. Die Bundesversammlung ist so zusammengesetzt, daß sie allen ernst zu nehmenden politischen Gruppen innerhalb des Staates eine Beteiligungschance gibt[13]). Durch die Beteiligung der von den Länderparlamenten entsandten Vertreter (die nicht Mitglieder der Länderparlamente sein müssen) wird eine möglichst breite und ausgeglichene Basis

---

7) „Hüter der Verfassung ist letztlich eben auch jeder einzelne stimmberechtigte Bürger": *Kimminich*, Das Staatsoberhaupt in der parlamentarischen Demokratie, VVDStRL Heft 25 (1967), S. 59.
8) Cours de Politique Constitutionnelle 1836, Bd. 1.
9) Vgl. *Grauhan*, JR 1965, S. 379 (382); *Kaltefleiter*, Die Funktionen des Staatsoberhauptes in der parlamentarischen Demokratie, Köln und Opladen 1970, S. 208 ff.; *Lehne*, a. a. O., S. 200; *Doehring*, a. a. O., S. 209; *Menzel*, DÖV 1965, S. 589; *Kimminich*, S. 81 ff.
10) Vgl. *Kaltefleiter*, S. 200.
11) Vgl. hierzu das Gesetz über die Wahl des Bundespräsidenten durch die Bundesversammlung vom 25. 4. 1959 (BGBl. I, S. 230).
12) Art. 54 I: Der Bundespräsident wird *ohne Aussprache* von der Bundesversammlung gewählt.
13) Art. 54 III legt ausdrücklich das Verhältniswahlsystem fest.

geschaffen. Über die zur Wahl stehenden Kandidaten gibt es keine Diskussion in der Bundesversammlung. Das bedeutet, daß den Mitgliedern der Bundesversammlung die zu Wählenden schon bekannt sein müssen. Offenbar geht das GG davon aus, daß die Kandidaten bekannte Persönlichkeiten des öffentlichen Lebens sind oder daß die Wahlpropaganda für die Kandidaten außerhalb des Gremiums gemacht wird. Der Sinn für dieses Verfahren liegt darin, daß in der Bundesversammlung keine negativen Äußerungen über eine Person fallen sollen, die später Bundespräsident wird. Hier wird das Bestreben deutlich, den Bundespräsidenten dem parteipolitischen Spannungsfeld möglichst von Anfang an zu entziehen. Dieses setzt sich fort in der Verfassungstradition, daß der zum Bundespräsidenten Gewählte etwaige Parteiämter aufgibt.

3. Kompetenzen

Ausgangsfall:
> Bundestag und Bundesrat haben ein Gesetz zur Erhöhung der BAFöG-Sätze beschlossen. Der Bundespräsident verweigert seine Unterschrift unter das Gesetz, da die Erhöhung zu groß sei.

a) Der Bundespräsident hat die für ein parlamentarisches Staatsoberhaupt *üblichen Kompetenzen*. Dazu gehören die Ausfertigung und Verkündung von Gesetzen (Art. 82), die völkerrechtliche Vertretung (Art. 59), die Ernennung der Beamten und Richter des Bundes sowie der Offiziere und Unteroffiziere der Bundeswehr (Art. 60), das Begnadigungsrecht (Art. 60 II), die Verleihung von Titeln und Ehrenzeichen (verfassungsgewohnheitsrechtlich).

b) Anordnungen und Verfügungen des Bundespräsidenten bedürfen zu ihrer Gültigkeit der *Gegenzeichnung* durch den Bundeskanzler oder den zuständigen Bundesminister (Art. 58). Die Pflicht zur Gegenzeichnung der Akte des Staatsoberhauptes durch ein Mitglied der Regierung entspricht deutscher Verfassungstradition und ist auch in anderen ausländischen Verfassungen überwiegend anzutreffen, gleichgültig, ob es sich um Monarchien oder Republiken handelt. Bei der Gegenzeichnung, der Kontrasignatur, handelt es sich um ein interessantes Beispiel für die Wandlung von Bedeutung und Funktion überlieferter Institutionen. Ursprünglich diente die Gegenzeichnung der Beglaubigung der Echtheit der Anordnungen eines Herrschers[14]. Die Bedeutung änderte sich in der konstitutionellen Monarchie, in der der Monarch als über dem Gesetz stehend betrachtet wurde und daher nicht zur Verant-

---

14) So eine Anordnung des Kaisers Konstantin aus dem Jahre 341 n. Chr.

wortung gezogen werden konnte. Mit der Gegenzeichnung durch ein der parlamentarischen Verantwortung unterliegendes Regierungsmitglied wurde die umfassende Verantwortlichkeit für die Regierungsakte sichergestellt. In der Gegenzeichnung übernahm das Mitglied der Regierung praktisch die Funktion eines Prügelknaben für den Monarchen. Der Parlamentarische Rat hat das Gegenzeichnungssystem als selbstverständlich übernommen, ohne die Berechtigung in einem parlamentarischen Regierungssystem zu überprüfen. Damit ist die Aufgabe, das Gegenzeichnungsrecht in seiner Bedeutung für das System zu klären, der Verfassungsinterpretation zugefallen. Hierbei wird man deutlich die Akte des Bundespräsidenten, die der Gegenzeichnung bedürfen, von denjenigen, die keinerlei Gegenzeichnung bedürfen, trennen müssen. Letztere umschreiben einen Bereich eigenständiger Verantwortung des Bundespräsidenten, auf den wir gleich noch eingehen werden. Soweit die Präsidialakte der Gegenzeichnung bedürfen, besagt die h. Auslegung von Art. 58, daß damit die Konkordanz der Handlungen zwischen der Regierung und dem Bundespräsidenten hergestellt werden soll. M. a. W.: die Regierung soll die politische Verantwortung für die Akte des Präsidenten vor dem Parlament übernehmen. Das heißt aber nichts anderes, als daß es sich in Wirklichkeit um einen Akt des im technischen Sinne Gegenzeichnenden handelt, der zwar von ihm politisch verantwortet, durch die zusätzliche Unterschrift des Bundespräsidenten jedoch zu einem Staatsakt besonderer Bedeutung wird. Dies wird deutlich bei der Beamtenernennung; die Auswahl und Ernennung von Beamten ist eine wichtige Aufgabe der exekutivischen Spitze, d. h. der Regierung bzw. des Ministers. Zugleich ist die Ernennung eines „Staatsdieners" auch ein Akt von allgemeiner Bedeutung für den Staat, der durch die Beteiligung des Repräsentanten des Staates, d. h. des Staatsoberhauptes, herausgehoben ist. Hier wird die Integrationsfunktion des Bundespräsidenten deutlich, der nicht so sehr Oberhaupt als Repräsentant des Staates ist. Zugleich wird auch die Funktion des Bundespräsidenten als oberster Staatsnotar sichtbar: Er bescheinigt durch seine Unterschrift die formelle Richtigkeit des Verfahrens. Die Gegenzeichnung hat oft beide, manchmal aber auch mehr die eine oder die andere Funktion zum Inhalt.

c) Deutlich wird dies bei der Frage, die unter der Bezeichnung *„Prüfungsrecht des Bundespräsidenten"* in der Literatur geführt wird und beliebtes Prüfungsthema ist. Heute ist die Frage weitgehend ausdiskutiert. Es war die Frage aufgeworfen worden, ob der Bundespräsident bei den der Gegenzeichnung unterliegenden Akten ein Prüfungsrecht besitzt, d. h. ob er sich weigern kann, den von ihm erwarteten Akt zu vollziehen (z. B. ein Gesetz zu unterschreiben — Art. 82; einen Bundesminister zu ernennen — Art. 64). Einigkeit bestand von Anfang an darüber, daß der Bundespräsident ein *formelles Prü-*

fungsrecht besitzt. Dies folgt unmittelbar aus seiner Notarfunktion: Er kann nur dann die Ordnungsmäßigkeit eines Staatsaktes durch seine Unterschrift bescheinigen, wenn der Staatsakt nach Überzeugung des Bundespräsidenten korrekt ist. Daher kann der Bundespräsident die Unterschrift unter ein Gesetz, das der Zustimmung des Bundesrates bedarf, verweigern, wenn der Bundesrat seine Zustimmung nicht gegeben hat. In diesen Fällen muß er sogar die Unterschrift verweigern. Streitig war die Frage, ob der Bundespräsident auch ein *materielles Prüfungsrecht* besitzt. Unter diesem Stichwort verbergen sich eine Reihe von Problemen.

Zunächst geht es um die Prüfung der materiellen *Verfassungsmäßigkeit*: Muß der Bundespräsident ein Gesetz unterschreiben, von dessen Verfassungswidrigkeit er überzeugt ist? Dem Grundgesetztext ist unmittelbar keine Lösung für diese Problematik zu entnehmen. Man kann argumentieren, daß die Frage der Verfassungswidrigkeit nach Art. 93 I Ziff. 2 und 100 vom BVerfG überprüft wird. In beiden Verfahren gehört der Bundespräsident nicht zu den Antragsberechtigten[15]). Aus dem Fehlen der Antragsberechtigung lassen sich aber keine schlüssigen Argumente für oder gegen ein Prüfungsrecht des Bundespräsidenten herleiten. Auch die als Argument angeführte, sich aus dem Eid des Bundespräsidenten (Art. 56) ergebende Verpflichtung, die Verfassung zu wahren und zu verteidigen, könnte nur dann zur Lösung des Problems herangezogen werden, wenn die Verfassung eine Prüfungspflicht des Bundespräsidenten enthielte. Dies ist aber gerade die Frage. Letztlich muß sich die Entscheidung aus der besonderen Stellung des Bundespräsidenten ergeben. Mit der Integrationsfunktion des Bundespräsidenten wäre es unvereinbar, wenn er ein Gesetz unterschreiben müßte, dessen Verfassungswidrigkeit „die Spatzen von den Dächern pfeifen". Dieses wird man jedoch nur dann annehmen können, wenn Bundestag und Bundesrat ihre Gesetzgebungskompetenz eindeutig mißbraucht haben. Für solche Ausnahmefälle wird man dem Bundespräsidenten das Recht der Unterschriftsverweigerung zusprechen können. Dies bedeutet zugleich, daß in allen normalen Fällen der Bundespräsident kein Prüfungsrecht besitzt.

Zweitens handelt es sich um Fragen der *Zweckmäßigkeit*. Dies ist das Problem des Ausgangsfalls. Nach den zur Prüfung der Verfassungsmäßigkeit gemachten Einschränkungen wird man ein solches Prüfungsrecht erst recht ablehnen müssen. Dies trifft auch für die Möglichkeit, *politische* Gründe geltend zu machen, zu. Was für das Gesetzgebungsverfahren gilt, gilt entsprechend für die übrigen Kompetenzen des Bundespräsidenten, wobei zu

---

15) Eine früher bestehende Möglichkeit eines Gutachtenverfahrens für den Bundespräsidenten ist im Jahre 1954 aufgehoben worden.

beachten ist, daß der rechtliche Maßstab nicht nur die Verfassung zu sein braucht, sondern auch die Frage der Gesetzmäßigkeit von ihm zu prüfen sein kann, wenn etwa der Bundeskanzler ihm einen Minister zur Ernennung vorschlagen würde, der nicht das gesetzlich geforderte Mindestalter besäße.

d) Eine eigenständige Rolle erhält der Bundespräsident im Falle des *Regierungswechsels* (Art. 58 S. 2). Da in diesen Fällen keine Regierung besteht, die die Akte des Bundespräsidenten gegenzeichnen könnte, besitzt der Bundespräsident formal eine starke Stellung. Sein Handlungsspielraum ist gleichwohl sehr eingeschränkt. Der Bundespräsident kann zwar den Bundeskanzler vorschlagen, dieser wird jedoch ohne Aussprache vom Bundestag gewählt (Art. 63 I). Der Bundestag kann sogar gegen den Vorschlag des Bundespräsidenten einen Bundeskanzler wählen (Art. 63 III). Der Bundespräsident muß den Gewählten ernennen. Damit reduziert sich das Vorschlagsrecht des Bundespräsidenten rechtlich auf die Initiative, das Wahlverfahren für den Bundeskanzler in Gang zu bringen. Der Bundespräsident wird denjenigen vorschlagen, von dem er annehmen kann, daß er die notwendige Mehrheit erhält. Damit wächst ihm die Aufgabe einer politischen Konsensfindung im Vorfeld des Parlaments zu. Hier tritt der Bundespräsident aus dem Hintergrund hervor und übernimmt eine wichtige politische Funktion (Reservefunktion)[16].

e) Zur *Vertiefung* und in Arbeitsgemeinschaften ist die Beschäftigung mit dem Prüfungsrecht unbedingt zu empfehlen.

Literatur hierzu:

Kaltefleiter, Die Funktionen des Staatsoberhauptes in der parlamentarischen Demokratie, Köln/Opladen 1970, S. 255—263.
W. *Heyde*, Zum Umfang der materiellen Prüfungskompetenz des Bundespräsidenten DÖV 1971, S. 797—801 mit vielen weiteren Nachweisen.

---

[16] Diese findet sich auch in Art. 63 IV S. 3, 68 und 81 — unbedingt lesen!

Teil III
DEMOKRATIE

Kapitel 5: DEMOKRATIEPRINZIP

1. Demokratietheorie

Die Demokratie ist nach der Dreiteilung des Aristoteles neben der Monarchie und Aristokratie die Grundform der Staatstypen, bei der das „gesamte Volk herrscht". Art. 20 II faßt dies in die Worte: „Alle Staatsgewalt geht vom Volk aus." Dies sowie die ausdrückliche Hervorhebung des Demokratieprinzips in Art. 20 und 28 könnte den Eindruck erwecken, als gehe das GG von einem feststehenden Demokratiebegriff aus. Zwar gehört die Demokratie zum „verfassungsrechtlichen Naturrecht des 20. Jahrhunderts"[1]), doch verbergen sich hinter diesem Begriff die verschiedensten Konzeptionen von Demokratie, von den unmittelbaren demokratischen Formen in der Schweiz bis hin zu den Volksdemokratien („Volksvolks"herrschaft) östlicher Prägung. Der Demokratiebegriff ist daher heute alles andere als geklärt[2]). Da liegt die Versuchung nahe, die Maßgeblichkeit der Demokratietheorie für die grundgesetzliche Ordnung rundweg abzulehnen; doch dies wäre verfehlt. Die Demokratietheorie liefert den Rahmen, innerhalb dessen auch der Typ der speziellen Demokratieform des GG zu sehen ist. Erst wenn man den Rahmen kennt, kann man die spezielle Entscheidung des GG richtig würdigen.

In einer Demokratie wird die Ausübung staatlicher Macht gegenüber dem Volk, die Herrschaft von Menschen über Menschen, dadurch gerechtfertigt, daß die Herrschenden den *Volkswillen* verwirklichen. Die einzelnen Demokratiekonzeptionen unterscheiden sich danach, was sie unter dem Volkswillen verstehen und wie sie seine Ermittlung sehen.

---

[1]) *Fraenkel/Bracher:* Fischer Lexikon Staat und Politik, Stichwort Demokratie.
[2]) Vgl. aus der politikwissenschaftlichen Literatur wenigstens eines der nachstehenden Werke: *v. Beyme* in: Geschichtl. Grundbegriffe, Historisches Lexikon zur politisch sozialen Sprache in Deutschland, 1974, Bd. 1, S. 821 ff. (Art.: Demokratie); *Schrenck-Notzing,* Demokratisierung, München, 1971.

Auf Rousseau stützt sich die Vorstellung, daß der Volkswille als volonté générale eine objektive Größe sei, die im Einzelfall nur gefunden und interpretiert werden müsse. Wer im Besitz der rechten Erkenntnis sei, könne den „wahren" Volkswillen auch gegen die Mehrheit des Volkes erkennen und durchsetzen. Mit dieser Begründung wird die Einparteienherrschaft in den östlichen Volksdemokratien gerechtfertigt; denn aufgrund der besseren Erkenntnisfähigkeit sei allein die kommunistische Partei in der Lage, den wahren Volkswillen zu erkennen. In der Gegenkonzeption ist der Volkswille ein in einem offenen Prozeß aus der Verschiedenheit der Interessen der einzelnen gefundener Kompromiß, der das größte Maß an Zustimmung der Betroffenen findet. Die Legitimität einer Entscheidung ergibt sich aus der Majorität der Stimmen, die hinter ihr steht. Beide Grundmodelle sind als theoretische Konzeptionen hilfreich, in ihrer reinen Verwirklichung werfen sie jedoch eine Reihe von Fragen auf. Verlangt Demokratie wirklich immer, daß von 100 Menschen 90 über 10 und nicht, daß 10 über 90 Menschen herrschen[3])? Wäre es undemokratisch, wenn 10 anständige Menschen über 90 korrupte Menschen herrschen? Ein Festhalten an der bloßen Majorität als oberster Richtschnur staatlichen Handelns verhindert nicht den schlimmsten Mißbrauch staatlicher Macht, wie die durchaus von einem Mehrheitswillen getragene Herrschaft der Nationalsozialisten in Deutschland bewiesen hat. Andererseits ist es eine offene Frage, wer nach welchen Kriterien beurteilt, ob die 90 oder die 10 Menschen in unserem Beispiel korrupt oder anständig sind. Eine vermittelnde Konzeption begreift daher zwar den Volkswillen als den Kompromiß, der die verschiedensten Individualinteressen am besten miteinander in Einklang bringt, der jedoch zugleich an die Beachtung bestimmter grundlegender gemeinsamer Werte gebunden ist. Die Demokratie wird dann in ihrer Struktur zwar als pluralistisch verstanden, nicht alle Fragen können aber von der jeweiligen Mehrheit in ihrem Sinne entschieden werden. Hierdurch sollen gewisse Grundpositionen gesichert werden, die nicht der Verfügung einer Mehrheit zu Lasten einer Minderheit unterliegen. Diese Konzeption setzt der radikalen Demokratie zu Recht Grenzen. Sie muß sich jedoch fragen lassen, auf welcher Legitimationsbasis wiederum diese Grenzziehung beruht.

Zur Ermittlung des Volkswillens dient durchgehend das *Majoritätsprinzip*. Entsprechend dem Gremium, dessen Majorität maßgebend ist, unterscheidet man die unmittelbare von der mittelbaren Demokratie *(direkte und indirekte Demokratie)*. Bei der unmittelbaren Demokratie entscheidet in jeder einzelnen Frage die Mehrheit des gesamten Volkes, bei der mittelbaren die Mehrheit eines vom Volk bestimmten Gremiums.

---

3) Vgl. *Carl Schmitt,* Verfassungslehre S. 252.

Unmittelbare Demokratie im eigentlichen Sinne ist nur dann gegeben, wenn alle Fragen in einer Versammlung aller Volksangehörigen entschieden werden. Eine solche Form ist in der modernen Gesellschaft praktisch nicht mehr durchführbar[4]). Als eine Form unmittelbarer Demokratie kann auch das Rätesystem angesprochen werden. Bei ihm entsenden überschaubare Einheiten (die sog. Basis) Delegierte zu Gremien größerer Zusammenschlüsse (die sog. Räte). Die Delegierten sind an die Weisungen der Basis gebunden und jederzeit abrufbar (imperatives Mandat). In der mittelbaren Demokratie werden die Entscheidungen nicht vom Volk, sondern von einem Gremium gewählter Volksvertreter, dem Parlament, getroffen. Hierbei kommen vielfältige Ausgestaltungen vor. So kann das Staatsoberhaupt oder der Regierungschef unmittelbar vom Volk gewählt werden, wie z. B. in den Vereinigten Staaten oder in der WRV. In einer parlamentarischen Demokratie bestimmt das Parlament auch den Regierungschef und beruft ihn wieder ab. Neben den indirekten Formen können auch gewisse direkte Formen erhalten bleiben, vor allem als Volksbegehren und Volksentscheid (plebiszitäre Demokratie).

Von der Unterscheidung in unmittelbare und mittelbare Demokratie ist diejenige der Identität und Repräsentation zu unterscheiden, obgleich beide Einteilungen viele Überschneidungen aufweisen. Die erste Einteilung betrifft mehr das Verfahren der Ermittlung des Volkswillens, die zweite Einteilung gehört zur Kategorie der Demokratietheorien. Nach Carl Schmitt[5]) ist „Demokratie Identität von Herrscher und Beherrschten, Regierenden und Regierten, Befehlenden und Gehorchenden". In der repräsentativen Demokratie sieht er in Wirklichkeit einen Fall von Aristokratie im Sinne einer gemischten Staatsform[6]). Diese Betrachtungsweise Carl Schmitts führt jedoch eher zur Verwirrung als zur Klarheit. Der Begriff der Identität enthält etwas Mystisches und kaum etwas konkret Faßbares, und die Bezeichnung Aristokratie auf die Parlamentarier anzuwenden, geht am Begriff der Aristokratie vorbei, denn die Parlamentarier leiten ihre Herrschaftsrechte nicht aufgrund einer besonderen Stellung, sondern durch Wahlen, also vom Willen des Volkes, ab. So wäre sogar im Sinne Carl Schmitts die Identität gewahrt. Zur *Vertiefung* dieser Problematik sei die Lektüre von *Rausch* (Hrsg.), Zur Theorie und Geschichte der Repräsentation und Repräsentativverfassung, Darmstadt 1968, insbes. S. 235 ff., 386 ff., empfohlen.

---

4) Sie hat sich nur in einigen Schweizer Kantonen erhalten.
5) Verfassungslehre, S. 234.
6) A. a. O., S. 218.

2. Ausgestaltung der Demokratie im GG

Ausgangsfall:

Ein Kreis von politisch Enttäuschten möchte eine Monarchistische Volkspartei (Movopa) gründen. Sie erbitten die Rechtsauskunft, ob die Gründung der Movopa verboten ist und ob sie ihr Ziel der Einrichtung einer Monarchie auch würden durchsetzen können.

Das Bekenntnis des GG zum demokratischen Prinzip erfolgte in vollem Bewußtsein der verschiedenen Demokratiekonzeptionen[7]). Der Parlamentarische Rat hat in teils negativen, teils positiven Regelungen eine gewisse Festlegung im Spektrum der Demokratiekonzeptionen vorgenommen, ohne allerdings einer der Konzeptionen völlig zu folgen. Vielmehr kann man von einem eigenständigen Demokratieverständnis des GG reden, welches sich aus dem Gesamtzusammenhang des GG ergibt und in den Einzelfragen konkretisiert werden muß[8]).

Das GG folgt am eindeutigsten nicht den Modellen der unmittelbaren oder der plebiszitären Demokratie. Zwar spricht Art. 20 II davon, daß die Staatsgewalt vom Volke in Wahlen und Abstimmungen ausgeübt wird, es kennt Abstimmungen jedoch nur im Zusammenhang mit Länderneugliederungen (Art. 29, Art. 118 GG — unbedingt lesen!), so daß das Volk auf Bundesebene[9]) nur durch Wahl von Abgeordneten an der Staatsgewalt teilnimmt. Diese Tendenz wird verstärkt durch das freie Mandat (Art. 38 I S. 2), das auch ein Rätesystem ausschließt.

Daß alle Staatsgewalt vom Volke ausgeht, bedeutet im GG nicht, daß das Volk durch seine Vertreter das Recht der freien Gestaltung der sozialen Wirklichkeit besäße. Hier hat die Verfassung eine Reihe von Schranken aufgebaut: Art. 20 III bindet die Gesetzgebung an die Beachtung der Verfassung. Diese Hürde könnte allerdings durch eine Verfassungsänderung nach Art. 79 mit entsprechender Mehrheit überwunden werden, allerdings nur bis zur unübersteigbaren Grenze des änderungsfesten Minimums (Art. 79 III).

Ob das änderungsfeste Minimum wirklich unübersteigbar ist, wird von manchem skeptisch beurteilt. Der Parlamentarische Rat selbst war sich darüber im klaren, daß mit einer derartigen Verfassungsvorschrift nicht eine grundsätzliche Veränderung des Staatssystems verhindert werden kann; er wollte

---

7) Vgl. *Niclauß*, Demokratiegründung in Westdeutschland, München 1974, S. 236 f.
8) Vgl. *Hesse*, § 2 III 1 und § 5.
9) Gewisse Abweichungen auf Landesebene in Form von Volksbegehren und Volksentscheiden sind möglich; vgl. die Verfassungen der Länder außer Hamburg, Niedersachsen und Schleswig-Holstein.

nur deutlich machen, daß mit dem Überschreiten dieser Hürde die Grundlagen des vom GG errichteten Staatssystems aufgegeben werden und daß eine derartige Aufgabe nicht vom GG legalisiert wird, sondern nur durch eine Revolution erfolgen kann[10]). Damit werden alle diejenigen, die an den Grundfesten der Verfassung rütteln, in die Illegalität gedrängt. „Die mißlungene Revolution ist Hochverrat, die gelungene eine Heldentat." Das Überschreiten der Hürde des § 79 III bedeutet daher Ausübung einer neuen Verfassunggebung durch das Volk mit allen sich daraus ergebenden Konsequenzen.

Doch dies sind nicht die einzigen Grenzen, die das GG der demokratischen Willensbildung gesetzt hat. Eine weitere ergibt sich aus dem, was das BVerfG[11]) als die „streitbare Demokratie" bezeichnet hat. Wichtigster Bestandteil ist hier das Parteiverbot nach Art. 21 II. Im Ausgangsfall ist die Movopa keine verfassungswidrige Partei nach Art. 21 II[12]), ihre Ziele könnte sie aber wegen Art. 79 III nicht verwirklichen.

Das Demokratieprinzip des GG wird präzisiert durch materielle und formelle Regelungen. Die materiellen stellen die inhaltliche Grundlegung dar, die formellen dienen der Durchführung (vgl. Kap. 6).

Die *materiellen Prinzipien* sind:
(1) Freiheit und Gleichheit im politischen Prozeß

Demokratie verlangt, daß jeder Staatsangehörige in gleicher Weise am politischen Prozeß teilnehmen, daß jeder einen gleichen Beitrag zur politischen Entscheidungsfindung leisten kann. Diese Gleichheit bedarf der Ergänzung durch die Freiheit. Nur wenn jeder während der Ausübung der politischen Beteiligungsrechte auch frei ist, d. h. nicht dem Machteinfluß eines anderen unterliegt, sind die einzelnen Beiträge gleich[13]). Freiheit und Gleichheit verlangen, daß anstehende Entscheidungen nicht einseitig autoritativ, sondern in einem langwierigen und schwierigen Prozeß gefunden werden, bei dem als Ziel ein möglichst breiter Konsens steht. In manchen afrikanischen Staaten gibt es in den Stammesrechten das Institut des „Palaver", bei dem alle Stammesangehörigen so lange zusammenbleiben und eine Sache beratschlagen, bis eine Lösung gefunden ist, der alle zustimmen können. In einer modernen Industriegesellschaft, die häufig rasche Entscheidungen verlangt, in der die anstehenden Probleme häufig die Einsichtsfähigkeit und den Bildungsstand der meisten Wähler übersteigen, in der die Standpunkte der einzelnen oft weit

---

10) Revolution = Änderung der Verfassung unter Nichteinhaltung der in ihr vorgesehenen Änderungsvorschriften.
11) BVerfGE 20, 56 (97); 2, 1 (12); 28, 36 (48).
12) Vgl. hierzu *Maunz/Dürig/Herzog* Art. 21 Rdnr. 115.
13) Drei-Klassen-Wahlrecht oder offene Stimmabgabe mit Rechtfertigungszwang für eine getroffene Wahl verletzen daher das elementare Prinzip der Demokratie.

auseinanderliegen, würde das Verlangen, in allen Fragen den Konsens zu finden, häufig nur zu einem unbrauchbaren Minimalkonsens führen. Freiheit und Gleichheit verwirklichen sich in einem Repräsentativsystem vor allem in der Auswahl der Repräsentanten und der Stellung der Repräsentanten zueinander. Sie bedeuten aber auch, daß grundsätzlich jede politische Richtung „regierungsfähig" ist, daß demnach eine Oppositionspartei die gleichen Chancen wie die Regierungspartei im Ringen um die Mehrheit der Wähler besitzen muß[14]).

(2) Volkssouveränität

Wenn alle Staatsgewalt vom Volke ausgeht, so bedeutet dies, daß „jede Ordnung eines Lebensbereichs durch Sätze objektiven Rechts auf eine Willensentschließung der vom Volke bestellten Gesetzgebungsorgane muß zurückgeführt werden können. Der Gesetzgeber darf seine vornehmste Aufgabe nicht anderen Stellen innerhalb oder außerhalb der Staatsorganisation zur freien Verfügung überlassen"[15]).

(3) Verantwortete Macht auf Zeit

Es gehört zu den grundlegenden Prinzipien der Demokratie, daß die Machtträger nicht nur in ihrer Bestellung auf den Volkswillen gestützt werden, sondern daß sie sich von Zeit zu Zeit in regelmäßigen Abständen einer neuen Legitimation durch das Volk stellen müssen[16]).

Aus diesen drei Prinzipien ergeben sich eine Reihe praktischer Folgerungen. So unterliegt beispielsweise die Regierung fortwährend der Kontrolle auch durch die öffentliche Meinung, deren Kritik an der Regierung als wesentliches Element der Demokratie nicht unterdrückt werden darf. Daraus ergeben sich auch die *formellen Prinzipien,* nach denen die Demokratie das Vorhandensein von Wahlen in regelmäßigen Abständen, ein Mehrparteiensystem mit Gründungsfreiheit und Chancengleichheit für alle Parteien, das Majoritätsprinzip und schließlich die freie Bildung der öffentlichen Meinung voraussetzt.

3. Demokratisierungsgebot?

Ausgangsfälle:

(I) Am 4. 5. 1976 wurde das sog. MitbestimmungsG (BGBl. I, S. 1153 ff.) verkündet. Handelt es sich bei diesem Gesetz um eine Verwirklichung des Demokratieprinzips?

---

14) Zum Einsatz staatlicher Mittel zugunsten der Regierungspartei vgl. BVerfG NJW 1977, 751—755.
15) BVerfGE 33, 158.
16) BVerfGE 18, 154; 1, 33.

(II) Alle Anwohner im Umkreis von 3 km eines geplanten Kernkraftwerks unterzeichnen eine Resolution gegen den Bau des Kraftwerks. Sie sind der Auffassung, daß daher die weiteren Arbeiten wegen des Verstoßes gegen das Demokratieprinzip verfassungswidrig seien.

Über das bisher Dargelegte hinaus wird zunehmend die Forderung nach einer umfassenden Demokratisierung der Gesellschaft erhoben. In der Diskussion geht es dabei um *zwei* verschiedene *Problemkreise.* Der erste betrifft die Tatsache, daß es innerhalb der Gesellschaft nicht nur staatliche Machtverhältnisse gibt, sondern daß es darüber hinaus eine Reihe weiterer Faktoren gibt, die einzelnen Macht über andere geben. Hier sind zu erwähnen Grundbesitz, Eigentum an Produktionsmitteln usw. Die Forderung nach Demokratisierung besagt, daß auch solche *gesellschaftliche Macht* der demokratischen Legitimierung bedarf und daß diese nicht durch das Eigentumsrecht vermittelt wird. Hierzu ist zu sagen, daß das GG entsprechend dem traditionellen Verständnis der Demokratie nur die in staatlichen Formen ausgeübte Macht von Menschen über Menschen als der demokratischen Legitimierung bedürftig betrachtet. Art. 20 II spricht nur von der Staatsgewalt, die vom Volke ausgeht. Doch dies ist kein Argument gegen die These, daß die staatliche Gewalt in Wirklichkeit nur ein Mittel in Händen der Besitzenden sei, um ihre ökonomische Macht durchzusetzen. Mit einer solchen Argumentationsweise ist jedoch die Frage nach dem Staatsverständnis generell aufgeworfen. Ohne daß wir uns näher darauf einlassen könnten, kann doch so viel als sicher gelten, daß das GG nicht einem derartigen Staatsverständnis folgt, daß also in dem beschriebenen Sinne kein Demokratisierungsgebot sich aus dem GG ableiten läßt. Andererseits könnte die grundgesetzliche Ordnung jedoch nicht die Augen davor verschließen, wenn die von ihr gewollte Demokratie an den realen wirtschaftlichen Verhältnissen scheitern müßte, so daß die grundgesetzliche Ordnung Bestrebungen, die bestehende Machtverhältnisse auf eine ausreichende Legitimationsbasis stellen wollen, sicher nicht ablehnend gegenübersteht[17]). Im Ausgangsfall I verlangt das Demokratieprinzip nicht den Erlaß des MitbestimmungsG, es steht ihm aber auch nicht entgegen.

Der zweite Problemkreis betrifft den Ausgangsfall II. Diejenigen, die sich für eine stärkere Beteiligung der Bürger an den staatlichen Planungs- und Handlungsprozessen *(Partizipation)* einsetzen, berufen sich ebenfalls auf ein Demokratisierungsgebot. Vor allem im Bereich staatlicher Planung verlangen sie eine Erweiterung der schon vorgesehenen Beteiligungsmöglichkeiten der

---

17) Mehr zu diesem Thema kann hier nicht gesagt werden. Zur Vertiefung sei empfohlen: *Hennis,* Demokratisierung, Köln, 1970, S. 24 ff.; *Vilmar,* Strategien der Demokratisierung, Darmstadt/Neuwied, 1973; *v. Alemann,* Partizipation – Demokratisierung – Mitbestimmung, 1975.

Bürger. Dort, wo der Staat planend die Zukunft gestaltet, besteht meist für die einzelnen Bürger die Möglichkeit, angehört zu werden oder Einsprüche einzulegen. Diese Möglichkeiten werden jedoch als nicht ausreichend erachtet, da sie den Betroffenen letztlich kein echtes Mitspracherecht, sondern nur Beteiligungsrechte gewähren. Die betroffenen Bürger versuchen dann in Form von sog. Bürgerinitiativen, ihre Belange außerhalb des staatlichen Willensbildungsprozesses geltend zu machen und durchzusetzen. Hierbei schneidet sich das Demokratieprinzip mit dem Gedanken der Selbstverwaltung (lies Art. 28 GG!), d. h. der Vorstellung, daß auf der unteren Ebene des Staatsaufbaus die Belange der örtlichen Gemeinschaft in größtmöglicher Selbständigkeit von den Bürgern selbst erledigt werden sollen. Die Vielfalt der beteiligten Interessen macht es jedoch erforderlich, daß die Selbstverwaltung nur in bestimmtem Umfang gewährt wird und daß es nicht immer nur auf die Entscheidung der unmittelbar Betroffenen ankommt. Ziel und Zweck des staatlichen Willensbildungsprozesses ist es, in Entscheidungssituationen eine Lösung zu finden, die zwischen den verschiedenen beteiligten Interessen einen allseits akzeptierbaren Kompromiß zustande bringt, d. h., im Ausgangsfall II müssen sowohl die Interessen der Anwohner des Gebietes wie die Interessen der Allgemeinheit an einer hinreichenden Energieversorgung abgewogen werden. Das starke Ansteigen der Bürgerinitiativen in der letzten Zeit macht deutlich, daß im staatlichen Entscheidungs- und Mehrheitsbildungsprozeß Strukturmängel zutage treten, die die genügende Berücksichtigung der betroffenen Bürger nicht mehr garantieren oder doch zumindest das Gefühl entstehen lassen, als würden die Belange der Betroffenen nicht hinreichend gewürdigt. Bürgerinitiativen als solche artikulieren aber nur Individualinteressen in bestimmten Einzelfragen, vertreten also nur die eine Seite. Die politischen Parteien dienen zwar auch der Durchsetzung bestimmter Interessen, müssen jedoch in ihren eigenen Reihen schon so weit einen Einigungsprozeß in Gang setzen, daß die von ihnen erstrebte und unterstützte Entscheidung innerhalb der eigenen Partei eine hinreichende Mehrheit findet. Gerade im Zuge der Volksparteien, die alle Schichten einer Bevölkerung ansprechen wollen, besteht die Gefahr, daß die Individualinteressen nicht mehr hinreichend genug artikuliert in den staatlichen Entscheidungsprozeß eingehen, sondern durch die Parteien schon zu stark vorgefiltert und vorbereitet werden. Insoweit erfüllen die Bürgerinitiativen eine wichtige Funktion: Demokratie kann nur wirklich funktionieren, wenn alle Interessen hinreichend artikuliert werden. Offen ist jedoch, wie der Konflikt zwischen den verschiedenen Interessen gelöst werden kann. Da den Bürgerinitiativen auf staatlicher Seite ebenfalls formulierte Interessen und nicht staatliche Willkür entgegensteht, muß nach demokratischen Prinzipien ein Ausgleich im Wege der Einigung und Überzeugung herbeigeführt werden. Dort, wo entscheidungsbedürftige Fragen nicht durch eine Einigung geklärt werden können, entspricht es dem Demokratieprinzip, daß die Mehrheit entscheidet[18]). Die Anwendung des Mehrheitsprinzips bereitet in diesen Fällen jedoch große Schwierigkeiten, da es weder ein Gremium gibt, in dem die staatlichen Stellen und die Bürgerinitiativen entsprechend der von ihnen vertretenen Mehrheit repräsentiert sind, noch ein Verfahren, welches den Kreis derjenigen benennt, auf deren Mehrheit es ankommt. Sollen im Fall II auf der einen Seite die Abnehmer des erzeugten Stromes den Bewohnern des betreffenden Gebietes im Umkreis von 1, 2, 3 oder mehr Kilometern entgegengesetzt werden? In all diesen Fragen enthält das GG keine Lösung. Man wird nur feststellen können, daß eine möglichst umfassende Partizipation der Betroffenen zum gegenwärtigen Zeitpunkt die größten Chancen einer Verwirklichung des Demokratieprinzips bietet.

Kapitel 6: DEMOKRATISCHE LEGITIMATION STAATLICHEN HANDELNS

Wie das Demokratieprinzip in die Praxis umgesetzt wird, dafür bieten sich sehr unterschiedliche Gestaltungsmöglichkeiten an. Jede demokratische Verfassung weist Besonderheiten auf. Auch wenn sich manche Verfassungen in den tragenden Institutionen ähnlich sind, so schlagen sie in Einzelheiten dennoch unterschiedliche Wege ein. In diesem Kapitel steht die Darstellung des Parlamentarischen Systems der Bundesrepublik im Vordergrund.

1. Bundestag

Ausgangsfälle:

(I) Wegen der unterschiedlichen Schulsysteme in den einzelnen Bundesländern beauftragt der Bundestag seinen Innenausschuß, eine Untersuchung über die Auswirkungen des „Kulturföderalismus" anzustellen. Auf der Grundlage des Ausschußberichts fordert der Bundestag die Bundesregierung fast einstimmig auf, „für eine Vereinheitlichung der Schulsysteme im Bundesgebiet Sorge zu tragen".
(II) Auf der letzten Sitzung einer Wahlperiode verabschiedet der Bundestag noch eine Reihe von Gesetzen. Einem Teil stimmt der Bundesrat zu, gegen andere erhebt er Einspruch. Kann oder muß der Bundespräsident die Gesetze, denen der Bundesrat zugestimmt hat, verkünden? Wie ist mit den anderen Gesetzen zu verfahren?

---

18) Hesse § 5 II 1.

Der Bundestag ist auf Bundesebene das einzige auf eine Wahl durch die Bevölkerung zurückgehende Organ. Er gehört zu den obersten Bundesorganen[1]), die auf der Ebene grundsätzlicher Gleichordnung nach Maßgabe des GG zusammenwirken. Der Bundestag ist zwar das Zentrum der demokratischen Institutionen; das im vorangegangenen Kapitel beschriebene Demokratieverständnis des GG führt jedoch dazu, daß er nicht die Stellung eines absoluten Organs erhält, zu dessen Verfügung alles steht. Er hat vielmehr im GG genau umschriebene Kompetenzen, bei deren Überschreitung seine Akte verfassungswidrig werden. Allerdings wäre die politische Stellung des Bundestages durch eine Aufzählung dieser Kompetenzen nicht erschöpfend beschrieben. Dies würde die maßgebliche politische Funktion des Bundestages nicht genügend berücksichtigen.

a) Die dem Bundestag gewidmeten Vorschriften (Art. 38—49) stellen nicht mehr als ein dürres Gerippe der institutionellen Ordnung dar, das immerhin drei grundlegende *Funktionen* des Bundestages erkennen läßt:

(1) Umwandlung politischer Absichten in konkrete, verbindliche Normen (*Gesetzgebung*, Art. 71 ff.);

(2) Legitimierung anderer oberster Staatsorgane (*Wahl* des Bundeskanzlers — Art. 63, Beteiligung an der Wahl des Bundespräsidenten — Art. 54 und der Bundesverfassungsrichter — Art. 94);

(3) Politische Überwachung der Tätigkeit der anderen Staatsorgane (*Kontrolle* — Art. 44, 45 b, 61, 67 und 114).

Nicht vom GG erwähnt ist die *allgemeine politische Stellung* des Bundestages. Diese ist auch nicht in Normen faßbar. Sie folgt einfach aus der Tatsache der besonderen Legitimation des Bundestages durch die Wahlen. Diese verleiht dem Bundestag ein besonderes Gewicht auch über seine verfassungsmäßig normierten Kompetenzen hinaus und macht ihn zugleich vom Wählerwillen abhängig. In den Bundestagsdebatten werden die Standpunkte formuliert und Alternativen aufgezeigt. Dies alles geschieht im Hinblick auf die nächsten Wahlen und die dabei zu erringenden Mehrheiten. Über die öffentliche, vor allem veröffentlichte Meinung findet ein ständiger Austausch zwischen dem Parlament und der Bevölkerung statt. Hierbei spielen die Gespräche der Abgeordneten in ihren Wahlkreisen mit ihren Wählern ebenso eine Rolle wie Fernsehdebatten. Die Vorstellung wäre daher nicht ganz zutreffend, daß der Bürger nur über die Wahlen alle paar Jahre an der Gestaltung der Politik teilnähme und zwischendurch politisch nicht existent sei. Doch trotz des fortwährenden Meinungsaustauschs und Konsensfindungsprozesses zwischen dem

---

1) Dies sind im übrigen: Bundespräsident, Bundestag, Bundesrat, Bundesversammlung, Bundesregierung, Bundesverfassungsgericht und der Gemeinsame Ausschuß nach Art. 53a.

Volk und dem Parlament besitzt die Bevölkerung keinen unmittelbar rechtlich faßbaren Einfluß auf die jeweils zur Entscheidung anstehenden politischen Fragen. Außerdem verfügt das Parlament selbst nicht über die Kompetenz zur unmittelbaren Formulierung der Politik. Nach Art. 65 ist es der Bundeskanzler, der „die Richtlinien der Politik bestimmt". Der Bundestag ist daran nur mittelbar durch die Auswahl der Person des Kanzlers und seines Programms beteiligt. Wegen der Möglichkeit, den Bundeskanzler abzuwählen (Art. 67), wird dieser auch darauf achten, daß er seine Basis im Parlament nicht verliert. In diesem kurz skizzierten politischen Willensbildungsprozeß schlägt der Bundestag die Brücke zwischen der Bevölkerung und der Regierung. Neben dieser Mittlerfunktion kann er aber auch direkten Einfluß auf die Regierung nehmen, denn nicht nur über die Wahl des Kanzlers, auch über die Gesetzgebung kann das Parlament die Tätigkeit der Regierung lenken. Als Teil der Exekutive ist die Regierung durch Art. 20 III an die Gesetze gebunden. Faktisch beeinflußt zwar die Regierung maßgeblich die Gesetzgebung (vgl. unter Kap. 10, 2), der Bundestag besitzt aber die Möglichkeit, sich dieser Beeinflussung zu entziehen. Letztlich macht ja er und nicht die Regierung die Gesetze!

Umstritten ist die Frage, ob das Parlament auch ohne Gesetz durch einen *„schlichten Parlamentsbeschluß"* der Regierung Weisungen erteilen kann. Solche schlichten Parlamentsbeschlüsse gehören zu den Entschließungen im Sinne von § 89 GOBT (lesen!). Den schlichten Parlamentsbeschlüssen wird eine Bindungswirkung rechtlicher Art abgesprochen[2]. Dem ist zuzustimmen, da sonst das beschriebene Verhältnis zwischen Parlament und Regierung grundlegend verändert würde.

b) Der Bundestag wird von den *Abgeordneten* gebildet. Wie viele diese sind, sagt das GG im Gegensatz zu vielen anderen Verfassungen nicht. Dies ergibt sich aus §§ 1 und 53 BWahlG (unbedingt lesen!): Der Bundestag besteht aus 518 Abgeordneten; 496 im Bundesgebiet gewählt, 22 vom Abgeordnetenhaus in Berlin entsandt.

Eine Gliederung des Bundestags in Gruppen o. ä. wird vom GG nicht vorgenommen. Die politische Wirklichkeit ist, daß die Abgeordneten Mitglieder von Parteien sind. Dies wird durch Art. 21 (lesen!) indirekt bestätigt (Parteiendemokratie). Für die institutionelle Ordnung des Bundestages, wie sie in der Geschäftsordnung des Bundestages (GOBT) gem. Art. 40 I festgesetzt ist, spielen die Parteien jedoch keine Rolle. Der Bundestag unterteilt sich vielmehr in *Fraktionen*. Diese werden zwar weitgehend mit den Parteien

---

[2] *Versteyl* in: *v. Münch*, GG-Kommentar, Art. 42 Rdnr. 16; *Maunz/Dürig/Herzog* Art. 42 Rdnr. 14; a. A. *Sellmann*, Der schlichte Parlamentsbeschluß, 1967, S. 53, 68; *Stein*, Staatsrecht, S. 320, 321 = § 32 (2. Übungsfall).

übereinstimmen, da nach § 10 GOBT Fraktionen von den Angehörigen derselben Partei oder Angehörigen solcher Parteien, die aufgrund gleichgerichteter politischer Ziele in keinem Land miteinander in Wettbewerb stehen, gebildet werden[3]). Es ist aber nicht ausgeschlossen, daß die Mitglieder einer Partei verschiedene Fraktionen bilden, wie auch, daß sich Angehörige mehrerer Parteien zu einer Fraktion zusammenschließen. Zu letzterem ist die Zustimmung des Bundestages erforderlich. Immer muß eine Fraktion mindestens 26 Abgeordnete (= 5 % der Mitglieder des Bundestages) haben. Nach § 12 GOBT spielen die Fraktionen eine wichtige Rolle im Bundestag bei der Zusammensetzung des Ältestenrates, der Ausschüsse, der Regelung des Vorsitzes und der Zusammensetzung des Bundestagspräsidiums. Nach § 32 GOBT sind die Fraktionen bei der Worterteilung entsprechend ihrer Stärke zu berücksichtigen. Letzteres erklärt sich aus der besonderen politischen Funktion der Fraktionen: sie formulieren die unterschiedlichen Standpunkte, arbeiten Gegensätze heraus und finden Kompromisse. Dies wird vorbereitet durch Arbeitskreise der einzelnen Fraktionen. Einen Fraktionszwang in dem Sinne, daß die Abgeordneten an die in der Fraktion erarbeiteten Ansichten gebunden wären, gibt es nach dem GG nicht (Art. 38 — lesen!). Vor allem bedeutet dies, daß es keine rechtlichen Sanktionsmöglichkeiten gegen einen Abgeordneten gibt, der im Bundestag sich nicht der in der Fraktion erarbeiteten Auffassung anschließt. Eine ganz andere Frage ist es jedoch, ob sich eine Fraktion solche Einzelgänger wird auf die Dauer leisten können, was sich aufgrund des bestehenden Wahlsystems vor allem dahin auswirkt, daß der betreffende Abgeordnete von der Partei nicht mehr als Kandidat für die nächste Bundestagswahl aufgestellt wird. Letztlich entscheidend ist in solchen Fällen, wie groß die „Hausmacht" ist, über die der Abgeordnete verfügt.

Neben der politischen Gliederung des Bundestages in Fraktionen ist die weitere Gliederung nach Sachgebieten in die der *Ausschüsse* für die parlamentarische Arbeit wichtig. Die Ausschüsse spielen eine erhebliche Rolle sowohl im Gesetzgebungsverfahren als in der praktischen Zusammenarbeit zwischen Parlament und Regierung. Das GG selbst verlangt in Art. 45 a und 45 c die Errichtung der Ausschüsse für Auswärtiges, für Verteidigung und des Petitionsausschusses. Über diese hinausgehend hat der Bundestag eine Reihe weiterer Ausschüsse eingerichtet, in denen die parlamentarische Kleinarbeit geleistet wird (z. B. Innenausschuß, Rechtsausschuß).

c) Auch wenn der Bundestag das Zentrum des demokratischen Willensbildungsprozesses darstellt, so besitzt er doch keine umfassende Kompetenz

---

[3] Daß mit der zweiten Möglichkeit auf die besonderen Verhältnisse der Fraktionsgemeinschaft der CDU/CSU abgestellt worden ist, liegt wohl auf der Hand.

zur Behandlung aller Fragen. Aus der Idee des Verfassungsstaates folgt, daß auch das Parlament rechtlichen Eingrenzungen unterliegt. Dies besagt in der Praxis zweierlei:

(1) Als Bundesorgan kann der Bundestag sich nur mit solchen Angelegenheiten befassen, für die eine Bundeszuständigkeit in Abgrenzung zu den Länderzuständigkeiten besteht (sog. *Verbandskompetenz*).

(2) Der Bundestag muß im Rahmen der Bundeszuständigkeit das nach der Verfassung zuständige Organ sein (sog. *Organkompetenz*). Die Organkompetenz ergibt sich entweder ausdrücklich aus dem GG[4]) oder aus seiner allgemeinen politischen Stellung als Zentrum des demokratischen Prozesses. Im letzteren Fall kann die Verfassung aber ausdrücklich Kompetenzen anderer Organe vorsehen. Hier stellt sich dann die Frage, ob der Bundestag sich gleichwohl mit einer solchen Angelegenheit befassen kann. Unzweifelhaft ist hierbei, daß der Bundestag die verfassungsmäßig begründete Organkompetenz eines anderen obersten Bundesorgans durch seine Aktionen nicht beschneiden darf. Er kann also nicht etwa durch einfaches Gesetz verfassungsmäßige Zuständigkeiten des BVerfG, des Bundespräsidenten, der Bundesregierung usw. an sich ziehen. Gewiß ist auch, daß der Bundestag sich mit der Tätigkeit der Regierung in Diskussionen, einfachen Parlamentsbeschlüssen und Anfragen an die Bundesregierung[5]) befassen kann. Dies wird bestätigt durch die Richtlinien für die Fragestunde, nach denen Fragen zulässig sind aus „Bereichen, für die die Bundesregierung unmittelbar oder mittelbar verantwortlich ist"[6]).

Auch in einem schlichten Parlamentsbeschluß könnte die Bundesregierung nicht aufgefordert werden, in die verfassungsmäßig garantierten Rechte eines anderen obersten Bundesorgans einzugreifen. Nur soweit der Bundesregierung Einwirkungsrechte zustehen, kann sich der Bundestag einer Angelegenheit annehmen. Im Ausgangsfall I gehen die Befugnisse des Bundestages daher nicht weiter als die der Bundesregierung. Der Beschluß hat daher ausschließlich politische Bedeutung.

d) Wir hatten gesagt, daß dem Bundestag eine wichtige Aufgabe bei der *Kontrolle der Regierung* zufällt. Wir wollen uns nun den einzelnen Kontrollmitteln kurz zuwenden. Nach Art. 42 *verhandelt* der Bundestag *öffentlich*. Dies ist wichtig, um den Konsensfindungsprozeß transparent zu gestalten. Allerdings kann der Bundestag auf Antrag eines Zehntels der Mitglieder oder auf Antrag der Bundesregierung mit ²/₃-Mehrheit die Öffentlichkeit ausschließen. Die öffentliche Kontrolle des Bundestages und damit ein wichtiges Element der Integration zwischen den Bürgern und dem Staat kann beseitigt

---

4) Z. B. Art. 63; 67; 76; 77.
5) Lies §§ 105—111 GOBT!
6) Anlage III zur GOBT Ziff. I 2.

werden, wenn nicht wenigstens ein Drittel der Abgeordneten plus einem widerspricht.

Jeder Abgeordnete des Deutschen Bundestages kann in der Fragestunde *mündliche Anfragen* an die Bundesregierung richten[7]. *Kleine Anfragen* müssen nach § 110 GOBT von so vielen Mitgliedern des Bundestages, wie einer Fraktionsstärke entsprechen, gestellt werden. Mit diesen Anfragen wird ebenso wie mit den mündlichen Anfragen eines einzelnen Abgeordneten Auskunft über bestimmte Tätigkeiten oder bestimmte Tatsachen verlangt. Von den mündlichen Anfragen unterscheiden sie sich durch das größere Gewicht. Das parlamentarische Mittel, um eine Grundsatzdiskussion oder eine große politische Debatte zu entfachen, sind die *Großen Anfragen* nach § 105 GOBT, die ebenfalls von Mitgliedern des Bundestages in Fraktionsstärke gestellt werden müssen. Nach § 108 GOBT ist die Bundesregierung nicht verpflichtet, die Anfragen zu beantworten. Bei den Großen Anfragen haben es Mitglieder des Bundestages in Fraktionsstärke jedoch in der Hand, die Behandlung des Gegenstandes der Großen Anfrage zur Beratung auf die Tagesordnung zu setzen. Es besteht nach § 110 II GOBT die Möglichkeit, aus einer Kleinen Anfrage eine Große zu machen, wenn die Beantwortung nicht zufriedenstellt oder nicht rechtzeitig erfolgt.

Nach Art. 44 kann ein Viertel der Mitglieder des Bundestages die Einsetzung eines *Untersuchungsausschusses* verlangen. Wie Art. 44 zeigt, ist es Aufgabe dieser Untersuchungsausschüsse, Beweise zu erheben. Die Kompetenzen der Untersuchungsausschüsse sind weitreichend.

Dieses System der Kontrollrechte mit den verschiedenen Anforderungen an die Zahl der Auslösenden trägt der Tatsache Rechnung, daß im parlamentarischen Regierungssystem normalerweise die Parlamentsmehrheit die Regierung unterstützt. Damit fällt die wichtige Aufgabe der Kontrolle der parlamentarischen *Opposition* zu. Alle die beschriebenen Mittel sind wichtige Instrumente in der Hand der Opposition, die Tätigkeit der Regierung zu kontrollieren und möglichen Machtmißbrauch öffentlich anzuprangern. Hierbei hat sich allerdings die Institution des Untersuchungsausschusses als zweischneidiges Schwert erwiesen. In seiner Einsetzung ist er durchaus ein Mittel der Kontrolle durch die Opposition. Da sich nach § 60 GOBT (lesen!) die Zusammensetzung nach dem Stärkeverhältnis der Fraktionen richtet, bedeutet dies, daß die Regierungsparteien im Untersuchungsausschuß die Mehrheit besitzen. Sie können daher sowohl in der Auswahl des Gegenstandes, bei der Tätigkeit des Untersuchungsausschusses sowie in den Einzelheiten der Durchführung bestimmenden Einfluß nehmen. Der Opposition bleibt dann nichts ande-

---

[7] Lies hierzu Anlage 3 der Richtlinien für die Fragestunde, GOBT!

res übrig, als einen Minderheitenbericht zu verfassen, sie hat jedoch nicht das Recht, selbst Beweise zu erheben[8]).

e) Nach Art. 39 wird der Bundestag auf vier Jahre gewählt und bleibt bis zum Zusammentritt des neuen Bundestages im Amt (Wahlperiode). Wie oft er innerhalb der Wahlperiode zusammentritt, bestimmt der Bundestag selbst (Art. 39 III). Der Ältestenrat des Bundestages legt den Arbeitsplan und die Termine für die Plenarwochen fest[9]).

Eine nur aus den Besonderheiten der geschichtlichen Entwicklung des englischen Parlaments verständliche Einrichtung ist der *Grundsatz der Diskontinuität* des Parlaments. Er besagt im englischen Recht, daß jedes Parlament gleichsam ein neues Gremium darstellt und alle Beschlüsse des vorangegangenen aufheben kann. Mit diesem Inhalt versteht sich der Satz „the Parliament cannot bind its successors" eigentlich von selbst. Die Diskontinuität kommt im deutschen Recht in der Lex-posterior-Regel zur Geltung, d. h., daß das jeweils spätere Gesetz dem früheren vorgeht. Der Grundsatz der Diskontinuität hat jedoch zwei wichtige Auswirkungen. Die erste ist mehr formaler Natur. Jeder Bundestag wird als eine selbständige Einheit individueller Natur für seine Wahlperiode angesehen. So spricht man vom 1., 2., 3., 4. usw. Deutschen Bundestag. (Seit 1976: 8. Deutscher Bundestag.)

Die zweite Auswirkung des Diskontinuitätsgrundsatzes findet sich in § 126 GOBT, wonach mit Beendigung der Wahlperiode oder der Auflösung des Bundestages alle Vorlagen, Anträge und Anfragen als erledigt gelten. Im Ausgangsfall II handelt es sich nicht mehr um Gesetzesvorlagen nach Art. 76 (lesen!), sondern um Gesetzesbeschlüsse nach Art. 77 (lesen!). Hätte es sich um Vorlagen gehandelt, so wäre das Projekt beim Bundestag im Gesetzgebungsverfahren steckengeblieben und müßte formal in einem neuen Bundestag neu eingebracht werden. Der Sinn leuchtet auf den ersten Blick nicht ein, weil vor allem große Gesetzgebungsverfahren, die nicht innerhalb einer Legislaturperiode erledigt werden können, dadurch behindert werden, daß das Gesetzgebungswerk formal beim nächsten Bundestag neu eingebracht werden muß. Dieser Formalismus führt dazu, daß die Gesetzgebung manchmal als „kurzatmig" erscheint. Hinter dem Grundsatz der Diskontinuität stecken jedoch nicht bloß traditionelle Gründe. Vielmehr ist es die Überlegung, daß der alte Bundestag mit Ablauf der Wahlperiode oder seiner Auflösung seine Legitimationsbasis verliert, daß also seine gesamten Tätigkeiten, die nicht zu einem Abschluß

---

8) Die Enquete-Kommission Verfassungsreform schlägt daher vor, daß auf Antrag von zwei Mitgliedern eines Untersuchungsausschusses Beweise zu erheben sind (BT-Drucksache 7/5924, S. 52).
9) Vgl. §§ 6, 24, 25 GOBT.

gekommen sind, nur als Entwürfe zu werten sind. Aus dieser Regelung spricht viel staatsmännische Klugheit. Sie ermöglicht es, bei wechselnden Mehrheiten nach einer Wahl auf elegante Art und Weise nur diejenigen Vorhaben wiederaufzugreifen, die eine Aussicht auf Verwirklichung bieten. Müßte ein neuer Bundestag dort fortfahren, wo ein alter aufgehört hat, so könnte dies zu einem Formalismus im umgekehrten Sinne führen, nämlich, daß nunmehr alle steckengebliebenen Entwürfe im Bundestag formell zur Abstimmung gestellt werden müßten und damit die Tätigkeit des Bundestages mit Vorhaben belastet würde, für die kein ausreichender politischer Wille mehr vorhanden ist. Diese Überlegungen führen im Ausgangsfall II dazu, daß diejenigen Beschlüsse, denen der Bundesrat zustimmt, verkündet werden müssen. Diejenigen aber, die er ablehnt, müßten im Vermittlungsausschuß oder im neuen Bundestag verhandelt werden, würden also den neuen Bundestag belasten. Auch hätte ein solches Gesetz „zwei Väter": den alten und den neuen Bundestag. Zur *Vertiefung* sei empfohlen *Scheuner* DÖV 1965, S. 510—513 und *Leinemann* JZ 1973, S. 618—623. Zur Auswirkung der Diskontinuität auf Verfahren vor dem BVerfG vgl. *Jekewitz* DÖV 1976, S. 657—662.

2. Abgeordnete

Ausgangsfälle:

(I) Der über die Landesliste der A-Partei in den Bundestag gewählte Abgeordnete Wechselbalg kann der politischen Linie seiner Partei in einer Grundsatzfrage nicht folgen. Er verläßt daraufhin die A-Partei und tritt der C-Partei bei. Verliert er mit dem Parteiwechsel sein Bundestagsmandat?

(II) Der Abgeordnete A bezichtigt in einer Bundestagsrede den Bundeskanzler „dunkler Machenschaften". Dieser erhebt Klage vor dem LG Bonn auf Widerruf.

Die Rechtsstellung der Abgeordneten des Bundestages ist vom GG nur in wenigen, aber markanten Artikeln geregelt: Art. 38 I S. 2, 46—48 (zunächst lesen!).

a) Wenn man Art. 38 I S. 2 liest, so könnte man den Eindruck gewinnen, als sei hier ein besonders krasser Fall des Widerspruches zwischen der Verfassung und der Verfassungswirklichkeit: Jeder weiß, daß das hier normierte *freie Mandat* durch die Einbindung des Abgeordneten in die Partei faktisch erheblich eingeschränkt wird[10]). Man hat diese Bestimmung, die eine lange

---

10) *Leibholz* spricht daher davon, daß das freie Mandat in einen unaufhebbaren Widerspruch zur Wirklichkeit des modernen Parteienstaates tritt. G. *Leibholz*, Der Strukturwandel der modernen Demokratie, in: Strukturprobleme der modernen Demokratie 1967, S. 112; vgl. auch BVerfGE 2, 1 (72).

deutsche Verfassungstradition besitzt[11]), als ein „fossiles Relikt aus einer verfassungsgeschichtlichen Steinzeit" bezeichnet[12]). In der Tat scheint der Satz, daß die Abgeordneten Vertreter des ganzen Volkes seien, angesichts der Wirklichkeit der modernen Parteiendemokratie fraglich. Es kommt daher darauf an, wie man diese Vorschrift versteht. Ihre Bedeutung als Abkehr vom imperativen Mandat haben wir schon angesprochen (oben S. 53). Darüber hinaus ist in Art. 38 ein Grundsatz der Ausrichtung der Tätigkeit des Abgeordneten aufgestellt. Ihm wird nachdrücklich zum Bewußtsein gebracht, daß er nicht zur Durchsetzung eigener Interessen sein Mandat erhalten hat, sondern dazu, im Hinblick auf das Wohl des ganzen Volkes die von ihm vertretenen Interessen seines Wahlkreises, Gruppe o. ä. hinreichend zur Geltung zu bringen. Es gehört zu den Grundüberzeugungen der Demokratie, daß die Fragen des Allgemeinwohls verschiedener Deutung und Bewertung unterliegen. Der Abgeordnete ist Vertreter des ganzen Volkes, aber: was er für das gesamte Volk am besten hält, hat er ausschließlich mit seinem Gewissen abzumachen. Art. 38 schließt damit vor allem aus, daß Partei oder Fraktion gegen ihn rechtliche Sanktionsmaßnahmen ergreifen. Auch wenn ein Abgeordneter sich der „Fraktionsdisziplin" unterwirft, so hat er dies nur vor seinem Gewissen zu verantworten. Damit erwartet das GG vom Abgeordneten ein gehöriges Maß an Selbständigkeit und Durchsetzungsvermögen auch seiner eigenen Partei gegenüber.

Im Zusammenhang mit dem Partei- oder Fraktionswechsel von Bundestagsabgeordneten ist die Frage aufgeworfen worden, ob ein *Mandatsverlust bei Parteiwechsel* eingeführt werden könne. Daß er nach der bestehenden Verfassungslage nicht eintritt, ist allgemeine Auffassung; im Ausgangsfall I bleibt Wechselbalg Mitglied des Bundestages. Die h. L. vertritt die Ansicht, daß ein derartiger Mandatsverlust mit Art. 38 I S. 2 nicht vereinbar wäre, also vor allem nicht durch eine Änderung des § 46 BWahlG (lesen!) eingeführt werden könne[13]). Eine Mindermeinung[14]) ist gegenteiliger Auffassung. Sie stützt sich im wesentlichen auf die dominierende Rolle der Parteien bei der Formulierung der politischen Programme und der Auswahl der Kandidaten, so daß letztlich

---

[11] Paulskirchen-Verfassung von 1849, § 96: „Die Mitglieder beider Häuser können durch Instruktionen nicht gebunden werden." Reichsverfassung von 1871, Art. 29: „Die Mitglieder des Reichstages sind Vertreter des gesamten Volkes und an Aufträge und Instruktionen nicht gebunden." Ähnlich Art. 21 WRV.

[12] *Morstein-Marx* AöR N. F. Bd. 11 (1926), S. 430.

[13] *Schröder* DVBl. 1971, 132—135 und ZRP 1971, 97—99; *Tsatsos* DÖV 1971, 253—256; *Toews* AöR 96 (1971), S. 357 ff.; *Badura* in: BK Art. 38 Rdnr. 80; *Trautmann* JZ 1970, 405—407; *Maunz/Dürig/Herzog* Art. 38 Rdnr. 12; *v. Münch* GG-Kommentar Art. 38 Rdnr. 64.

[14] *Kriele* ZRP 1969, 241 ff. und ZRP 1971, 99—101; *Säcker* DVBl. 1970, 567—572 und DVBl. 1971, 642—644; *Siegfried* ZRP 1971, 9—14.

der Wähler nicht Personen, sondern Parteien und deren Zielen in der Wahl seine Zustimmung gäbe. Die Abgeordneten seien daher Vertreter des Volkes i. S. der von der Partei formulierten politischen Ziele. Im Falle eines Parteiwechsels würde die Wählerentscheidung für eine bestimmte politische Richtung verändert. Dies gelte zumindest für Listenmandate (vgl. unten 3.). Bei Direktmandaten stünde die Person des Abgeordneten u. U. schon eher im Vordergrund. Hier setzt die Kritik der h. L. ein, die vor allem darauf hinweisen kann, daß dies zur Einführung eines Zwei-Klassen-Status der Abgeordneten führen würde. Bei den Listenkandidaten würde eine solche Regelung sehr in die Nähe eines vom GG abgelehnten imperativen Mandats kommen. In der Betonung des repräsentativen Elements im GG kommt zugleich zum Ausdruck, daß die Legitimation der Abgeordneten durch das Volk in den alle vier Jahre stattfindenden Wahlen erfolgt und den einzelnen Abgeordneten für die gesamte Wahlperiode trägt.

Wird eine Partei vom BVerfG wegen ihrer verfassungswidrigen Ziele verboten (lies: Art. 21), so verlieren allerdings die Abgeordneten in dieser Partei ihr Mandat[15]).

b) Art. 46 und 47 enthalten bemerkenswerte Absicherungen des *Status der Abgeordneten*. Nach Art. 46 I darf ein Abgeordneter nicht für Äußerungen[16]) oder Abstimmungen im Bundestag oder seinen Ausschüssen gerichtlich oder dienstlich verfolgt oder sonst außerhalb des Bundestages zur Verantwortung gezogen werden *(Indemnität)*. In Art. 46 I ist „zu keiner Zeit" besonders hervorzuheben, d. h., auch nach Beendigung der parlamentarischen Tätigkeit darf der Abgeordnete nicht für seine parlamentarische Tätigkeit gerichtlich oder dienstlich zur Rechenschaft gezogen werden. Im Ausgangsfall II ist eine Klage daher unzulässig.

Nach Art. 46 II kann ein Abgeordneter wegen einer mit Strafe bedrohten Handlung nur mit Genehmigung des Bundestages zur Verantwortung gezogen oder verhaftet werden, es sei denn, er wird auf frischer Tat ertappt. Diese *„Immunität"* schützt den Abgeordneten vor allen Strafverfolgungen in seinem persönlichen Bereich. Im Ausgangsfall II könnte höchstens eine strafrechtliche Verfolgung wegen Beleidigung in Betracht kommen, aber nur nach Aufhebung der Immunität durch den Bundestag. Nach Art. 47 hat der Abgeordnete ein umfassendes *Zeugnisverweigerungsrecht*, indem er die Auskunft darüber verweigern kann, welche Personen ihm Informationen gegeben haben oder welchen er Tatsachen anvertraut hat.

---

15) BVerfGE 2, 72 ff. — SRP-Verbot; *Badura* BK Art. 21 Rdnr. 82; *Henke*, Das Recht der politischen Parteien, 1972, S. 139.
16) Eine Ausnahme gilt nur für verleumderische Beleidigungen — Art. 46 I. In diesem Fall ist jedoch Art. 46 II zu beachten!

Diese den Status des Abgeordneten beschreibenden Normen der Verfassung sind historisch als Schutz der Abgeordneten gegen Angriffe der Monarchie entstanden. Der Schutz sollte bewirken, daß die Funktionsfähigkeit des Parlaments nicht durch Eingriffe der Monarchie gestört wurde. Diese Bedeutung wird heute dadurch ergänzt, daß diese Bestimmungen die Freiheit des parlamentarischen Willensbildungsprozesses garantieren. In ihrer Informationsbeschaffung und in ihren Äußerungen werden die Abgeordneten geschützt, denn nur dann sind eine freie Meinungsbildung und eine wirksame Kontrolle durch das Parlament möglich. Die Immunität des Abgeordneten wird nicht dem einzelnen Abgeordneten als Privileg gewährt, sondern um die Funktionsfähigkeit des Parlaments zu erhalten. Anderenfalls könnten nämlich vor wichtigen Abstimmungen oder Debatten einzelne Abgeordnete strafrechtlichen Verfolgungen berechtigt oder unberechtigt ausgesetzt sein, wodurch der parlamentarische Willensbildungsprozeß gestört würde. Die Rechte nach Art. 46 sind daher unverzichtbar und stehen nicht zur Disposition des einzelnen Abgeordneten. Die Klage gegen A ist unzulässig, auch wenn er zum Rechtsstreit bereit ist.

c) Abgeordneter zu sein, ist kein Beruf. Auch wenn die Abgeordneten in einem besonderen öffentlich-rechtlichen Verhältnis zum Staate stehen, so sind sie dennoch nicht Beamte, sondern Träger eines *besonderen öffentlichen Amtes*. Im 19. Jahrhundert galt es als mit der Würde eines Abgeordneten unvereinbar, sich für die Ausübung durch Geld entschädigen zu lassen[17]). Die Folge war, daß sich nur solche Personen um ein Abgeordnetenmandat bewerben konnten, die aufgrund ihrer sozialen Herkunft so gestellt waren, daß sie sowohl während ihrer Abgeordnetentätigkeit als auch danach beruflich gesichert waren. Damit kamen nur wenige soziale Schichten für die Übernahme eines Abgeordnetenmandates in Betracht. Im Jahre 1906 hat der Reichstag dann die Gewährung einer Entschädigung an die Abgeordneten eingeführt. Hierdurch sollte erreicht werden, daß die Abgeordneten bei ihrer Beschlußfassung die notwendige Unabhängigkeit besaßen und nicht aus finanziellen Gründen Rücksicht nahmen. Alle hehren Grundsätze über ein freies Mandat bleiben wirkungslos, wenn ein Abgeordneter finanziell von einer bestimmten Gruppe abhängig ist. „Wes Brot ich eß', des Lied ich sing'." Mit der Zunahme der Belastungen durch die Übernahme eines Abgeordnetenmandats, die es nicht mehr erlaubten, daß der Abgeordnete nebenher noch einen Beruf ausübt, nahm die Aufwandsentschädigung immer mehr den Charakter einer Besoldung oder eines Gehaltes an[18]). Den letzten Schritt, das Abgeordnetenmandat als

---

17) BVerfGE 4, 144 und 149.
18) BVerfGE 32, 164 unter Hinweis auf BVerfGE 4, 144 (151).

bezahltes Amt zu verstehen, tat das BVerfG mit der Entscheidung vom 5. 11. 1975, nach der die Abgeordnetendiäten steuerpflichtig sind[19]). Zugleich folgt aus diesem Verständnis, daß die Abgeordneten nicht aufgrund sog. Beraterverträge von dritter Seite abhängig werden dürfen. Der Bundestag hat dies geregelt in den „Verhaltensregeln für Mitglieder des Deutschen Bundestages von 1972" (= Anlage I GOBT).

d) Zur *Vertiefung* und zur Diskussion über die Entwicklung der Rspr. des BVerfG: *Häberle* NJW 1976, S. 537—543.

3. Wahlsystem

Im Gegensatz zu Art. 22 WRV, der das Verhältniswahlsystem festlegte, enthält das GG keine Aussage über die Art des Wahlsystems. Dieses ergibt sich aus dem BWahlG. Zum besseren Verständnis unseres Wahlsystems ist es erforderlich, sich mit den wichtigsten Wahlsystemen vertraut zu machen. Beim *Mehrheitswahlsystem* wird nach dem „Majorz" entschieden, zugleich wird das Wahlgebiet in so viele Wahlkreise eingeteilt, wie das Parlament Sitze hat. Jeder Wahlkreis entsendet dann einen Kandidaten in das Parlament. Gewählt ist im Wahlkreis derjenige Kandidat, der entweder dort die absolute Mehrheit (so in Frankreich) oder die relative Mehrheit (so in Großbritannien) erringt. Durch die unterschiedliche Größe der Wahlkreise, beim relativen Mehrheitswahlrecht auch durch die Unterschiedlichkeit der möglichen Mehrheiten, kann die Stimmenzahl, mit der die einzelnen Abgeordneten in das Parlament gewählt wurden, sehr stark variieren. Beim *Verhältniswahlrecht* nach dem „Proporz" erstrebt man, daß hinter jedem Abgeordneten etwa die gleiche Anzahl von Wählern steht, daß also derjenige, der eine bestimmte Mindestzahl von Stimmen erreicht, in das Parlament gelangt. Man kann dies dadurch erreichen, daß man die Gesamtzahl der bei einer Wahl abgegebenen Stimmen durch die Anzahl der zu vergebenden Plätze im Parlament dividiert. Dadurch erhält man dann einen festen Wahlquotienten, der zur Verteilung der Sitze im Parlament herangezogen werden kann. Der belgische Mathematiker d'Hondt entwickelte ein Verfahren, bei dem ein beweglicher Wahlquotient eingesetzt wird. Das d'Hondtsche System, dem das BWahlG folgt, geht davon aus, daß vor der Wahl die Kandidaten nach verschiedenen Listen aufgestellt werden. Im BWahlG handelt es sich normalerweise um Kandidatenlisten der Parteien, auf denen die Partei auch die Reihenfolge der Kandidaten nach den Listenplätzen festlegt. Der Wähler gibt der Liste einer Partei seine Stimme. Die auf die einzelnen Listen entfallenden Stimmen werden

---

[19]) BVerfGE 40, 296 ff.

durch 1, 2, 3, 4, 5 usw. dividiert, nach den dabei erzielten Höchstzahlen werden die zur Verfügung stehenden Sitze verteilt.

Ein solches Wahlverfahren hat den großen Nachteil, daß der Wähler auf die Reihenfolge der Listenplätze keinen Einfluß hat.

Beispiel: 7 Sitze zu vergeben, 3 Listen, Stimmen wie folgt:

A-Partei	B-Partei	C-Partei	
11 000	4 000	8 000	: 1
5 500	2 000	4 000	: 2
3 606	1 333	2 660	: 3
2 750	1 000	2 000	: 4
2 200	800	1 600	: 5

= A 4 Sitze; B 1 Sitz, C 2 Sitze

Das BWahlG versucht, die durch das Verhältniswahlsystem entstehende Tendenz zur Entpersonalisierung durch eine Kombination der beiden Systeme zu vermeiden. Man spricht von einem *personalisierten Verhältniswahlrecht*. Die Hälfte der 496 im Bundesgebiet zu wählenden Abgeordneten, also 248, werden nach dem Mehrheitswahlsystem in 248 Wahlkreisen gewählt (sog. *Direktmandate*). Die verbleibenden 248 Sitze werden nach dem Verhältniswahlsystem über Landeslisten ermittelt. Dies geschieht in der Weise, daß nach Maßgabe der auf die Landeslisten der verschiedenen Parteien abgegebenen Stimmen die 496 Mandate verteilt werden. Von den nach dem d'Hondtschen Verfahren ermittelten, auf die einzelnen Landeslisten entfallenden Sitzen im Bundestag werden die Direktmandate abgezogen; die Differenz zwischen diesen Direktmandaten und den nach dem Verhältniswahlsystem auf die Liste entfallenden Sitzen wird durch sog. *Listenmandate* aufgefüllt. Entfallen beispielsweise auf eine Liste nach dem d'Hondtschen Verfahren 40 der 496 Sitze und sind im Bereich der Landesliste von der betreffenden Partei insgesamt 25 Direktmandate errungen worden, so entfallen noch 15 Listenmandate auf die Liste, d. h., die ersten 15 Personen, die auf der Liste genannt sind und kein Direktmandat haben, erhalten einen Sitz im Bundestag. Eine Partei, die keine Direktmandate erringen konnte, also in keinem der Wahlkreise eine ausreichende Mehrheit erreicht, erhält dann nur Listenmandate. Sollte eine Partei mehr Direktmandate erhalten als ihr nach dem Verhältniswahlrecht zustehen, so wird die Zahl der Bundestagsabgeordneten über die 496 hinaus um diese sog. *Überhangmandate* vermehrt. Durch das System der Landeslisten konkurrieren bundesweit auch Listen derselben Partei miteinander. Dadurch wird sichergestellt, daß nach Maßgabe der Stimmen eine angemessene regionale Verteilung im Bundesgebiet erreicht wird und, da die Listen von den Landesverbänden aufgestellt werden, ein hinreichender Bezug zu den örtlichen Verbänden erhalten bleibt. Würde es demgegenüber Bundeslisten der einzelnen Parteien geben, so würde eine starke Tendenz zur Zentralisierung einsetzen.

Damit enthält das BWahlG ein letztlich auf das Verhältniswahlsystem ausgerichtetes Wahlsystem. Ein solches Wahlsystem trägt die Gefahr der Zersplitterung in sich, da selbst kleine Gruppen die Chance haben, einen oder mehrere Mandate zu erringen. Dies kann zu so vielen Parteien führen, daß keine regierungsfähige Mehrheit zustande kommt. Aus diesem Grunde sieht § 6 IV BWahlG vor, daß nur Parteien berücksichtigt werden, die mindestens 5 v. H. der im Bundesgebiet abgegebenen gültigen Zweitstimmen erhalten oder in mindestens drei Wahlkreisen Direktmandate errungen haben[20].

Zur *Vertiefung* empfiehlt es sich, daß der Student die Ergebnisse der letzten Bundestagswahlen unter dem Gesichtspunkt des Wahlsystems analysiert. Zur Literatur empfiehlt sich: *Schütt*, Wahlsystemdiskussion und parlamentarische Demokratie, Diss. Hamburg 1973; *Frowein* AöR 99 (1974), S. 72—110.

4. Parteien

Ausgangsfälle:

(I) In einer deutschen Großstadt (angenommen München) wird eine „Stadtpartei" (SP) gegründet, die sich ausschließlich der kommunalen Belange annimmt. Die Satzung der SP sieht vor, daß Mitglieder aus der Partei auszuschließen sind, wenn der Parteivorstand das Verbleiben der Betreffenden als für die Partei nachteilig ansieht. Ein Rechtsmittel gibt es nach der Satzung nicht. Das Mitglied der SP, Meyer, ist der Auffassung, daß die Satzung gegen § 10 IV PartG verstößt. Hat er Recht? Wie wäre es in Bremen?

(II) Nach einer Wahl erhält die A-Partei 35 % und die B-Partei 16 % der Sitze im Bundestag. Die Parteivorsitzenden beider Parteien schließen eine Koalitionsvereinbarung, nach der die B-Partei den Außenminister stellt. Nach seiner Wahl schlägt der Bundeskanzler, der der A-Partei angehört, dem Bundespräsidenten einen Parteifreund zur Ernennung zum Außenminister vor. Kann die B-Partei die Einhaltung der Koalitionsvereinbarung gerichtlich erzwingen?

Art. 21 verankert die Parteien in der Verfassungsordnung. Zu Beginn ihrer Geschichte wurden die Parteien von den staatlichen Stellen verfolgt; in einem langen und zähen Ringen erkämpften sie sich staatliche Anerkennung. Im GG erhalten sie erstmals in der deutschen Verfassungsgeschichte eine verfassungsmäßige Verankerung. Damit zieht das GG die Konsequenzen aus der politischen Wirklichkeit[21]. Art. 21, eine „Grundnorm für das politische Leben in

---

20) Vgl. zur 5%-Klausel unten (S. 100).
21) In der WRV erscheinen die Parteien nur beiläufig in Art. 130: „Die Beamten sind Diener der Gesamtheit, nicht einer Partei."

der Bundesrepublik überhaupt"[22]), wird ergänzt durch das Parteiengesetz (PartG) vom 24. Juli 1967. Schon die Tatsache, daß das Gesetz erst 1967 nach 18 Jahren lebendiger politischer Wirklichkeit in Kraft getreten ist, zeigt, daß der Status der politischen Parteien wesentlich durch die Rechtsprechung des BVerfG konkretisiert wurde.

a) Die *verfassungsmäßige Funktion* der Parteien ist in Art. 21 I wie folgt umschrieben: „Die Parteien wirken bei der politischen Willensbildung des Volkes mit." Diese Formulierung erscheint auf den ersten Blick sehr eigenartig: so, als würden die Parteien der Bevölkerung bei der Bildung ihrer politischen Überzeugungen helfend zur Seite stehen. Es ist sicher eine wichtige Aufgabe der Parteien, in Diskussionen, Vorträgen usw. zur politischen Meinungsbildung der Bevölkerung beizutragen, aber dies trifft nicht den Kern von Art. 21. Unter der „Willensbildung" versteht das GG auch die Umsetzung des Willens in politisches Handeln, d. h. vor allem, in staatliches Handeln. Die Parteien sind diejenigen Organisationen, mit denen gesellschaftliche Kräfte Einfluß auf die Gestaltung der Staatsgeschäfte nehmen wollen. Man muß daher die Formulierung des Art. 21 I S. 1 so verstehen, daß das Volk, d. h. die verschiedenen, z. T. einander widerstrebenden gesellschaftlichen Kräfte mit Hilfe der Parteien, d. h. einer bestimmten Organisationsform, Einfluß auf das politische Handeln des Staates nehmen. Der Volkswille kann in der Wirklichkeit des modernen demokratischen Staates nur in den Parteien als politischen Handlungseinheiten erscheinen[23]. Als „Zwischenglieder zwischen dem einzelnen und dem Staat"[24] beeinflussen sie die Entscheidungen der Verfassungsorgane und wirken auf die Bildung des Staatswillens ein[25]).

Die Parteien formulieren zu Grundsatzfragen und Alltagsproblemen ihre Standpunkte. Dadurch haben all diejenigen Staatsbürger, die diesen Standpunkt teilen, die Möglichkeit, sich im „Sammelbecken" der Parteien wiederzufinden. Erst in dieser Zusammenfassung und Integration von Einzelstandpunkten und deren konträren Gegenüberstellung durch andere Parteien wird in einer modernen Massengesellschaft politisches Handeln möglich (Clearing-Funktion der Parteien). Art. 21 garantiert den Parteien, daß sie ihre Rolle in diesem Willensbildungsprozeß mitspielen können, zugleich sagt er aber auch, daß sie nicht das Monopol der Willensbildung besitzen („wirken ... *mit*"). Neben den Parteien sind hier vor allem Presse, Rundfunk, Fernsehen, Wirtschaftsverbände usw. zu nennen.

---

22) *v. Münch* GG-Kommentar Art. 21 Rdnr. 1.
23) BVerfGE 2, 11; 11, 273; 24, 264.
24) BVerfGE 20, 101.
25) BVerfGE 3, 26; 5, 134; 14, 133; 20, 99.

Das wichtigste Ziel einer Partei ist es, die Mehrheit im Parlament zu erringen. Dazu muß sie geeignete Persönlichkeiten aufstellen und dem Wähler präsentieren (Auswahlfunktion)[26].

b) Der *Begriff der politischen Partei* ist im GG nicht definiert. Er findet sich jedoch in § 2 PartG: „Parteien sind Vereinigungen von Bürgern, die dauernd oder für längere Zeit für den Bereich des Bundes oder eines Landes auf die politische Willensbildung Einfluß nehmen und an der Vertretung des Volkes im Deutschen Bundestag oder einem Landtag mitwirken wollen, wenn sie nach dem Gesamtbild der tatsächlichen Verhältnisse, insbesondere nach Umfang und Festigkeit ihrer Organisationen, nach der Zahl ihrer Mitglieder und nach ihrem Hervortreten in der Öffentlichkeit eine ausreichende Gewähr für die Ernsthaftigkeit dieser Zielsetzung bieten."

Diese Definition der Partei ist vom BVerfG akzeptiert worden[27]. Aus der Regelung des § 2 PartG ergeben sich eine Reihe von Problemen. Das Ziel, an der Willensbildung teilzunehmen, äußert sich vor allem in der *Beteiligung an Wahlen*. Daher verliert nach § 2 II PartG eine Vereinigung ihre Rechtsstellung als Partei, wenn sie sechs Jahre lang weder an einer Bundestagswahl noch einer Landtagswahl teilgenommen hat. Andererseits ist eine Vereinigung, die sich nur zu einer bestimmten Wahl als Wahlblock oder Wahlkartell gebildet hat, keine Partei, weil ihr das Merkmal der Dauerhaftigkeit fehlt. Vereinigungen ohne hinreichende *Organisation* sind keine Parteien i. S. dieser Definition. In einer umstrittenen Entscheidung hat das BVerfG[28] Parteien, die nur auf kommunaler Ebene sich an den Wahlen beteiligen (sog. *Rathaus-Parteien*), vom Parteienbegriff ausgenommen und ihnen damit den verfassungsrechtlichen Schutz des Art. 21 versagt[29]. Das BVerfG stützt seine Argumentation auf das sehr zweifelhafte Argument, auf der kommunalen Ebene finde keine „politische Willensbildung" statt. Wegen des örtlich und sachlich begrenzten Zuständigkeitskreises der Gemeinden und Städte würden keine politischen Entscheidungen fallen, sondern in erster Linie würden Verwaltungsaufgaben erledigt[30]. Im Ausgangsfall I hat Meyer daher nicht recht; das PartG findet auf die SP keine Anwendung. Anders wäre es dagegen im Bundesland Bremen.

c) Die Gründung der Parteien ist frei (Art. 21 I S. 2). Der *Rechtsform* nach sind Parteien überwiegend nichtrechtsfähige Vereine bürgerlichen Rechts. Ver-

---

26) Eine fast lehrbuchartige Beschreibung der Tätigkeit der Parteien findet sich in § 1 II PartG — lesen!
27) BVerfGE 24, 260 (264, 265).
28) BVerfGE 6, 367 (373); ebenso *Maunz/Dürig/Herzog* Art. 21 Rdnr. 20; *v. Mangoldt/Klein* Art. 21 Anm. III 2; *Hesse* § 5 II 6 a; *v. Münch* GG-Kommentar Art. 21 Rdnr. 10.
29) Sie stehen aber unter dem Schutz des Art. 9.
30) BVerfGE 2, 76 — vgl. auch E 11, 266 (276).

eine bürgerlichen Rechts sind sie, weil es sich um Vereinigungen von Bürgern handelt, zwar mit einer auf den Staat ausgerichteten Zielsetzung, aber in ihrer Basis der Gesellschaft verbunden. Die Nichtrechtsfähigkeit ist eine historisch bedingte Besonderheit. Rechtsfähige Vereine unterliegen der Registrierung und Kontrolle durch staatliche Behörden. Zu einer Zeit, als die Parteien staatlich nicht geduldet oder vielleicht gerade akzeptiert wurden, konnten die Parteien sich als nichtrechtsfähige Vereine der unmittelbaren Aufsicht durch den Staat entziehen. Nachdem der Status der Parteien nicht nur in Art. 21 verankert worden ist, sondern ihre Tätigkeit vom PartG (§ 1 I) als eine öffentliche Aufgabe bezeichnet und sie selbst als „verfassungsrechtlich notwendiger Bestandteil der freiheitlichen demokratischen Grundordnung" anerkannt werden, haben sie eine *verfassungsrechtliche Stellung* erhalten. Darunter sind diejenigen öffentlich-rechtlichen Regeln zu verstehen, die den Parteien unabhängig von ihrer jeweiligen rechtlichen Organisationsform zustehen. Dies sind außer den Grundsätzen (s. d—g) die aktive und passive Legitimation vor den Gerichten nach § 3 PartG sowie die Möglichkeit, vor dem BVerfG in einem Organstreit nach Art. 93 I Nr. 1 aufzutreten[31]).

Umstritten ist die Einordnung der *Koalitionsvereinbarungen*. Dies sind Absprachen der im Parlament vertretenen politischen Parteien über eine gemeinschaftliche Politik[32]). Sie werden als bürgerlich-rechtliche Verträge[33]), verwaltungsrechtliche Verträge[34]), verfassungsrechtliche Verträge[35]) oder lediglich als politische Absprachen[36]) gewertet. Da Rechte aus Koalitionsvereinbarungen nicht gerichtlich geltend gemacht werden können und sie ihrem Inhalt nach eng mit der Parteiendemokratie verbundene Formen der politischen Willensbildung sind, ist ihrer Bewertung als politischen Absprachen zuzustimmen. Eine über die Regelung der Verfassung hinausgehende Verrechtlichung des politischen Willensbildungsprozesses erscheint problematisch. Im Ausgangsfall II ist eine Gerichtsentscheidung sicher das falsche Mittel zur Lösung des Problems, das nur politisch beigelegt werden kann. Diese Bewertung wird der besonderen Stellung der politischen Parteien im politischen Willensbildungsprozeß zwischen bürgerlichem und öffentlichem Recht gerecht. Nebenbei ist zu bemerken, daß im Fall II der Bundeskanzler nicht Partner der Koalitionsvereinbarung ist, sondern daß diese zwischen den Parteien geschlossen wurde.

---

31) BVerfGE 24, 260 (263); 27, 152 (157) m. w. Nachw.
32) *Friauf* AöR 88 (1963), 257 ff.; *Kewenig* AöR 90 (1965), 182 ff.; *Sasse* JZ 1961, 719—729.
33) *Henke* in BK Art. 21 Rdnr. 21.
34) BGHZE 29, 187 ff. = JZ 1959, 499—501.
35) *Sasse*, a. a. O.; *Friauf*, a. a. O.
36) *Schüle*, Koalitionsvereinbarungen im Lichte des Verfassungsrechts, 1964, S. 52 ff.; *Hesse* § 5 II 6 c, cc.

d) Die *innere Ordnung* der Parteien muß demokratischen Grundsätzen entsprechen (Art. 21 I S. 3). Mit dieser Vorschrift enthält das GG in der Tat ein Demokratisierungsgebot[37]) für einen primär gesellschaftlichen Bereich. Wegen der besonderen verfassungsrechtlichen Inkorporation der Parteien kann man in dieser Vorschrift eine sich aus dem verfassungsrechtlichen Status ergebende Ausnahmevorschrift sehen. Der verfassungsrechtliche Gehalt der innerparteilichen Demokratie ist jedoch noch nicht klargestellt. Die Vorschrift beruht offenbar auf der einfachen Überlegung, daß ein demokratisches Staatswesen nicht funktionieren kann, wenn die an der Formung des politischen Willens wesentlich beteiligten Parteien so organisiert wären, daß in ihrem Rahmen keine freie Meinungs- und Willensbildung garantiert wären. Diese Vorschrift richtet sich gegen Parteien, die nach dem Führerprinzip aufgebaut sind[38]). Die Schwierigkeiten der weiteren Auslegung ergeben sich daraus, daß erstens unklar ist, ob und ggf. wie sich staatliche und innerparteiliche Demokratie voneinander unterscheiden, und zweitens es der Klärung bedarf, wer ggf. zu überwachen hat, daß die innere Ordnung einer Partei demokratischen Grundsätzen entspricht. Es könnte möglicherweise zu Konflikten mit der Gründungsfreiheit führen, wenn diese Überwachung Aufgabe einer staatlichen Stelle wäre. Da nach dem GG nur das BVerfG eine Partei verbieten kann (vgl. g), fällt auch die Kontrolle der inneren Ordnung nur in die Zuständigkeit des BVerfG. Damit unterstützt Art. 21 I S. 3 als sog. innere Parteifreiheit die in Art. 21 I S. 2 verankerte äußere Parteifreiheit.

Das PartG hat sich in seinem 2. Abschnitt (§ 6—16) der Regelung der inneren Ordnung angenommen. Ob mit diesen Regelungen allen Forderungen der innerparteilichen Demokratie nach Art. 21 schon hinreichend Rechnung getragen worden ist oder ob es sich bei ihnen nur um eine Kodifizierung des im wesentlichen geltenden, in vielem unbefriedigenden Zustandes gehandelt hat, kann hier im einzelnen nicht nachgeprüft werden. Einige Fragen zur Verdeutlichung der Problematik seien jedoch hervorgehoben.

Wir hatten gesehen, daß es Aufgabe der Parteien ist, die unterschiedlichen politischen Standpunkte herauszuarbeiten und personelle Alternativen zu bieten. Parteien verkörpern also eine bestimmte politische Richtung. Dies wird sich daher bei einer organisierten Partei darin äußern müssen, daß sie all diejenigen, die einer anderen politischen Richtung zugehören, nicht in ihren Reihen dulden kann. Somit müssen *Beitritt* und *Ausschluß* aus einer Partei als neuralgische Punkte angesehen werden. § 10 PartG sieht vor, daß jede Partei ohne Angabe von Gründen den Beitritt einer Person ablehnen kann, wohin-

---

37) Vgl. oben Kap. 5, 3; *Blank* DVBl. 1976, 565.
38) Vgl. *Maunz/Dürig/Herzog* Art. 21 Rdnr. 55, 60.

gegen der Ausschluß nur erfolgen kann, wenn ein Mitglied vorsätzlich gegen die Satzung oder erheblich gegen Grundsätze und Ordnung der Partei verstößt und ihr damit schweren Schaden zufügt. Dadurch findet eine Einschränkung demokratischer Grundsätze statt, über deren Berechtigung die Meinungen auseinandergehen. Die einen[39]) sehen in dieser Regelung einen Verstoß gegen die demokratischen Prinzipien, andere[40]) halten eine solche Regelung in einem Mehrparteiensystem für verfassungsrechtlich nicht zu beanstanden[41]). Nach allgemeiner Ansicht wäre eine absolute Aufnahmesperre für eine Partei mit Art. 21 GG nicht vereinbar.

Eine wichtige Auswirkung des demokratischen Prinzips ist, daß die Mitglieder grundsätzlich gleichberechtigt sind, also auch innerhalb der Parteien darf es kein Mehrklassenwahlrecht oder für bestimmte Personen vorbehaltene Posten geben. In der politischen Wirklichkeit bereitet die Durchführung dieses Grundsatzes einige Schwierigkeiten, denn in den heutigen Parteien ist deutlich der Kreis der Parteimitglieder von dem der Parteifunktionäre zu unterscheiden. Zwar müssen sich Parteifunktionäre in ihrer Stellung durch Wahlen von Zeit zu Zeit bestätigen lassen[42]), und sicher haben die Parteimitglieder den entscheidenden Einfluß auf die Zusammensetzung des Vorstandes, doch damit ist nicht sichergestellt, daß alle Entscheidungen, die eine Partei trifft, auch wirklich durch die Mitglieder legitimiert sind. Da Parteikongresse nicht ständig, sondern nur gelegentlich abgehalten werden können, reduziert sich die Beschlußfassung der Mitglieder auf die Aufstellung von Satzungen und Programmen sowie auf die Wahlen. Str. ist auch, in welchem Maße die Wahlsysteme innerhalb einer Partei durch das Demokratieprinzip festgelegt sind[43]).

Zur Schlichtung und Entscheidung von Streitigkeiten eines Mitgliedes mit der Partei sind nach § 14 PartG Parteischiedsgerichte einzurichten, gegen die der Rechtsweg zu den ordentlichen Gerichten gegeben ist[44]).

e) § 5 PartG normiert den wesentlichen Inhalt der *Chancengleichheit der Parteien*. Die Einzelheiten dieses verfassungsrechtlichen Status sind besonders umstritten (sehr examensträchtig!).

Im Prinzip wurde die Chancengleichheit schon früh allgemein anerkannt[45]).

---

39) *Stein* § 11 IV 3 a.
40) *Henke*, Das Recht der politischen Parteien, S. 89 ff.
41) Zum ganzen s. auch *Knöpfle*, Staat Bd. 9 (1970), 321 ff.; *Magiera* DÖV 1973, 761—768.
42) Vgl. BVerfGE 2, 40.
43) Lies zum sog. Blockwahlsystem BGH NJW 1974, 183—185; *Naujoks* DVBl. 1975, 244—248.
44) Vgl. OLG Frankfurt NJW 1970, 2250—2252; *Henke*, Das Recht der politischen Parteien, S. 94 ff.; *Lenz/Sasse* JZ 1962, 233—241; 432—433; *v. Münch* JuS 1964, 68—72.
45) *Lipphardt*, Die Gleichheit der politischen Parteien vor der öffentlichen Gewalt, 1975; *Hegels*, Die Chancengleichheit der Parteien im deutschen und ausländischen Recht, München 1967; *Jülich*, Chancengleichheit der Parteien, 1967.

Sie wird hergeleitet z. T. sehr formal aus einer Kombination der Vorschriften der Art. 21, 38 I und 3. Unter Berücksichtigung der Auslegung, die Art. 3 gegeben wurde[46]), überzeugt dies wenig. Andere leiten dieses Prinzip aus der Gründungsfreiheit her, die insoweit Ausfluß des Demokratieprinzips ist, als nach dem Demokratieprinzip auch die Minderheit einmal die Chance haben muß, die Mehrheit zu werden. Dies verlangt, daß im politischen Meinungsbildungsprozeß den Parteien die gleichen Chancen eingeräumt werden müssen. Wieder andere leiten das Prinzip aus dem Mehrparteienprinzip als elementaren Bestandteil der Demokratie ab. Es wird dann argumentiert, daß, da das Mehrparteienprinzip verfassungsrechtlich verankert ist, die staatlichen Stellen verpflichtet seien, für eine Aufrechterhaltung dieses Systems Sorge zu tragen und das tatsächliche Entstehen einer Einheitspartei zu verhindern haben. Die Entscheidung, welcher der angegebenen Gründe maßgebend ist, kann man nicht immer auf sich beruhen lassen[47]), denn in der Behandlung der Einzelfragen macht es durchaus einen Unterschied, ob die Gleichheit im wesentlichen aus Art. 3 hergeleitet, als Willkürverbot oder als Verpflichtung zur Aufrechterhaltung eines Mehrparteiensystems verstanden wird. Die Rechtsprechung des BVerfG[48]) verfolgt eher eine Tendenz der Ableitung aus Art. 3. Eine abgestufte Chancengleichheit hält sie daher inhaltlich für verfassungsgemäß. Dies schlägt sich in § 5 PartG so nieder, daß der Umfang der Gewährung staatlicher Vergünstigungen nach der Bedeutung der Parteien abgestuft werden darf. Der Ansicht, die die Chancengleichheit aus dem Demokratieprinzip ableitet, erscheint eine abgestufte Gleichheit der Parteien bedenklich[49]).

Wichtigster Anwendungsbereich der Chancengleichheit der Parteien ist die Zurverfügungstellung öffentlicher Einrichtungen im Wahlkampf: Vermietung von Stadthallen zur Durchführung von Parteitagen und Wahlveranstaltungen[50]), Aufstellung von Wahlplakaten auf den Straßen, Benutzung der Straßen für Wahlveranstaltungen[51]) und Sendezeiten in Rundfunk und Fernsehen[52]). Str. ist die Frage, ob private Zeitungen verpflichtet sind, Wahlanzeigen der Parteien unter Berücksichtigung der Chancengleichheit abzudrucken[53]).

---

46) Vgl. unten Kap. 13, 1.
47) *v. Münch* GG-Kommentar Art. 21 Rdnr. 25.
48) Vgl. BVerfGE 20, 118; BVerwG DÖV 1975, 203.
49) So *v. Münch*, GG-Kommentar Art. 21 Rdnr. 27.
50) OVG Saarlouis JZ 1970, 283—286; *Pappermann* JZ 1970, 286—287 und NJW 1971, 210—213; *Ossenbühl* DVBl. 1973, 289—300; *Schwarze* JuS 1972, 715—719; BVerwGE 32, 333 ff.; VG Berlin JR 1972, 172—173.
51) Vgl. BVerwG DÖV 1975, 200 ff., 204 f., 208.
52) BVerfGE 7, 99 ff.; 14, 121 ff.; OVG Hamburg NJW 1974, 1523—1526; *Konow* DÖV 1968, 73—80; BayVerfGH DVBl. 1971, 73—75; BVerfGE 34, 160 ff.
53) Bejahend *Lange* DÖV 1973, 476—484; *Häberle/Scheuing* JuS 1970, 524—529; *Schwarze* DVBl. 1976, 557—564.

Dürfen sie solche Anzeigen ablehnen? Dürfen sie unterschiedliche Anzeigengebühren berechnen? Diese Fragen werden überwiegend verneint, wobei der Chancengleichheit „Drittwirkung" zugestanden, sie als Schutzgesetz i. S. von § 823 II BGB gesehen oder mit § 826 BGB argumentiert wird. Je nach Ansatz unterscheiden sich die Ergebnisse in Einzelfragen (examensträchtig!)[54].

f) Die Parteien müssen über die Herkunft ihrer Mittel öffentlich Rechenschaft geben (Art. 21 I S. 4). Diese Pflicht zur öffentlichen Rechenschaftslegung über die *Parteienfinanzierung* ist in §§ 23 ff. PartG konkretisiert. Parteien können die zur Durchführung ihrer Aufgaben notwendigen Einnahmen durch Mitgliedsbeiträge, durch Spenden und durch staatliche Zahlungen erhalten. Mitgliedsbeiträge werfen keine verfassungsrechtlichen Probleme auf. Bei *Spenden* von dritter Seite besteht die Gefahr, daß die Partei vom Spendengeber abhängig wird. Eine Partei, die weitgehend auf die Spenden bestimmter Personen oder gesellschaftlicher Gruppierungen angewiesen ist, kann sich diesen gegenüber nicht gleichgültig verhalten. Daß solche Spenden gegeben werden, ist weder verboten noch staatlich unerwünscht[55], es soll jedoch sichergestellt sein, daß die finanziellen Verhältnisse einer Partei offengelegt werden. Dies gilt nach dem PartG jedoch nicht für Spenden, die 20 000 DM nicht übersteigen. Diese Ausnahme ist nicht unproblematisch. Das BVerfG[56] hat die Vorschrift des § 25 PartG für verfassungsgemäß gehalten, da bei einer jährlichen Spende von weniger als 20 000 DM in der Regel ein politischer Einfluß nicht bestehe. Die ursprünglich im Gesetz vorhandene Obergrenze von 200 000 DM für juristische Personen hat das BVerfG für verfassungswidrig erklärt, weil die Differenzierung zwischen natürlichen und juristischen Personen nicht gerechtfertigt sei. Problematisch ist die Vorschrift deshalb, weil sie durchaus Umgehungsmöglichkeiten bietet, z. B. indem eine Spende auf verschiedene Personen aufgeteilt wird.

Die nunmehr in § 18 ff. PartG geregelte *Gewährung staatlicher Zuschüsse* kann die Parteien zwar vor privater Einflußnahme schützen, wirft auf der anderen Seite jedoch erhebliche Probleme der Chancengleichheit der Parteien auf. Zunächst hatten sich die im Bundestag vertretenen Perteien aus dem Bundeshaushalt selbst Zuschüsse für ihre gesamte Tätigkeit gewährt. Dies wurde mit der politischen Meinungs- und Willensbildung durch die Parteien begründet. Das BVerfG hat diese Praxis für verfassungswidrig erklärt[57]. Das wichtigste Argument war, daß das GG zwischen der politischen Willensbildung des Volkes (Art. 21) einerseits und der Bildung des staatlichen Willens durch

---

54) Zur Problematik der Drittwirkung von Grundrechten vgl. Kap. 2, 3 e.
55) Spenden an politische Parteien sind steuerlich abzugsfähig, § 10 b Abs. 2 EStG.
56) BVerfGE 24, 356 ff.
57) BVerfGE 20, 56 ff.

die staatlichen Organe (Art. 20 II) andererseits unterscheide. Das Volk selbst nähme an der Bildung des staatlichen Willens nur durch Wahlen und Abstimmungen teil. Außerhalb dieses Teilnahmeaktes gäbe es zwar auch vielfältige Willensbildungsprozesse, diese müßten jedoch vom Volk auf die staatlichen Organe und nicht umgekehrt gehen. Daraus folgerte das Gericht, daß der Prozeß der Meinungs- und Willensbildung des Volkes grundsätzlich staatsfrei bleiben müsse und auf ihn auch nicht durch Gewährung staatlicher Zuschüsse Einfluß genommen werden dürfe. In einer weiteren Entscheidung[58] hat das BVerfG seine Argumentation geändert und darauf abgestellt, daß die Parteien zwar zwischen Staat und Gesellschaft angesiedelt seien, daß sie aber bei der Durchführung der Wahlen unmittelbar staatliche öffentliche Aufgaben übernähmen. Insoweit hätten sie einen Anspruch auf Wahlkampfkostenerstattung. Dieser ist im PartG (4. Abschn. — lesen!) dahingehend konkretisiert, daß Parteien, die einen Mindeststimmenanteil erwerben, eine Wahlkampfkostenpauschale von gegenwärtig 3,50 DM je Wahlberechtigten erhalten. Mit dem Mindeststimmenanteil sollen nicht ernstzunehmende Parteien, insbesondere solche, die nur gegründet werden, um eine Wahlkampfkostenerstattung zu erhalten, von der Erstattung ausgenommen werden. Der Gesetzgeber hatte ursprünglich den Mindeststimmenanteil auf 2,5 % der im Wahlgebiet abgegebenen gültigen Stimmen angesetzt. Aufgrund des Urteils des BVerfG, das diesen Prozentsatz als zu hoch wertete, wurde die Grenze nun auf 0,5 % der Stimmen gesenkt. Anderen Bedenken gegen die gesetzliche Regelung hat das BVerfG jedoch nicht Rechnung getragen; so hat es die häufig kritisierte Ausrichtung der Wahlkampfkostenerstattung am Erfolg der vorangegangenen Wahl hingenommen. Durch dieses Verfahren werden die Startchancen der Parteien für die neue Wahl ungleich, da die Sieger der letzten Wahl über die meisten Gelder verfügen können[59]. In einem anderen Zusammenhang, im Hinblick auf Rundfunksendezeiten, hatte das BVerfG[60] dieses durchaus gesehen: „Eine schematische Anknüpfung an die Ergebnisse der vorhergehenden Parlamentswahlen würde einer Aufrechterhaltung des status quo Vorschub leisten und auf eine Vorgabe beim Wahlwettbewerb hinauslaufen, der mit dem Grundsatz der gleichen Wettbewerbschancen nicht zu vereinbaren wäre." Bei der Wahlkampfkostenerstattung gilt dieses Argument dann nicht, ... daß diese „unfaire, möglicherweise verfassungswidrige Regelung"[61] deshalb geduldet werden muß, solange kein besseres System gefunden wird.

---

58) BVerfGE 24, 335.
59) Dies wird verstärkt durch das System der Abschlagszahlungen nach § 20 PartG — unbedingt lesen!
60) BVerfGE 14, 137.
61) *v. Münch* GG-Kommentar Art. 21 Rdnr. 29.

Den Ausschluß von Einzelbewerbern bei der Wahlkampfkostenerstattung im PartG hat das BVerfG für verfassungswidrig erklärt[62]).

g) Parteien unterliegen nicht nur bei ihrer Gründung einem besonderen Status, auch die Auflösung der Parteien durch staatliche Maßnahmen unterliegt einer besonderen Regelung (Art. 21 II). Damit stehen die Parteien unter einem besonderen Schutz der Verfassung (sog. *Parteienprivileg*). Das Verfahren des Art. 21 II ist bisher in zwei Fällen angewandt worden: Verbot der SRP (Sozialistische Reichspartei) und der KPD[63].

Die Einleitung eines Verbotsverfahrens geschieht nicht durch das BVerfG selbst, sondern nach § 43 BVerfGG sind antragsberechtigt: Bundestag, Bundesrat und Bundesregierung (bzw. bei einer auf ein Bundesland beschränkten Partei: Landesregierung). Ob eine dieser Stellen einen entsprechenden Antrag stellt, liegt im Ermessen der Antragsberechtigten. Damit kann das Verbotsverfahren nicht nur ein Mittel der streitbaren Demokratie zur Abwehr von Verfassungsfeinden, sondern auch ein Mittel im politischen Meinungskampf werden. Die wenigen bisher durchgeführten Verfahren zeigen ebenso wie die Tatsache, daß die ähnlichen Zielen wie die KPD verpflichtete DKP nicht zum Gegenstand eines Verbotsverfahrens gemacht wurde, die besondere Problematik von Parteiverboten überhaupt. Das Verbot einer politischen Partei wegen verfassungswidriger Ziele beseitigt nicht die Anhängerschaft einer solchen Partei, sondern verhindert nur deren organisierte Beteiligung an der Bildung des Volkswillens. Die Auffassungen sind nach wie vor vorhanden, nur werden sie durch polizeistaatliche Maßnahmen in ihrer offenen Artikulation behindert. Dies ist im Grunde undemokratisch: Demokratie verlangt Auseinandersetzung in Argument und Gegenargument, den freien und offenen Meinungsaustausch. Demokratie setzt damit zugleich den mündigen Bürger voraus. Das Verbot einer politischen Partei entspringt dem Mißtrauen in den Wähler und in seine Mündigkeit. Angesichts der Erfahrungen der deutschen Geschichte erscheint es verständlich, daß der Parlamentarische Rat 1949 demagogischen Volksverführungen wie der des Nationalsozialismus einen Riegel vorschieben wollte. Auch hier kommt das besondere Demokratieverständnis des GG wieder zum Tragen, das anders als eine Demokratie Rousseauscher Prägung auch eine Bindung des Volkswillens an unaufgebbare Werte annimmt. Trotz aller Bedenken, die gegen das System der Parteiverbote erhoben werden können, muß man daher feststellen, daß die Möglichkeit des Verbots einer Partei in bestimmten Situationen unerläßlich sein kann, es kommt jedoch entscheidend auf die politische und gerichtliche Praxis an.

---

62) BVerfG DÖV 1977, 96—100 = NJW 1976, 1193—1197; BVerwG NJW 1974, 514—515; BVerwGE 44, 187.
63) BVerfGE 2, 1 ff. und 5, 85 ff.

Fraglich ist, ob das Parteienprivileg die Wirkung entfaltet, daß alle nicht verbotenen Parteien als verfassungsgemäß behandelt werden müssen, daß also insbesondere staatliche Institutionen die Angehörigen einer Partei nicht als „Verfassungsfeinde" behandeln dürfen, obgleich — vielleicht aus Zweckmäßigkeitsgründen — noch kein Verbotsantrag gestellt worden ist oder gestellt werden wird. Zur Beantwortung der Frage sind mehrere Aspekte zu berücksichtigen. Das Verbot einer Partei durch das BVerfG wirkt konstitutiv. Das BVerfG bestätigt folglich nicht bloß eine schon sich aus der Verfassung ergebende Rechtsfolge.

Daraus folgt zwingend, daß die besonderen Rechtsfolgen, die an das Verbot einer Partei geknüpft werden, erst nach dem Urteil des BVerfG eintreten[64]). Dies bedeutet aber auch, daß die Partei grundsätzlich den verfassungsrechtlich garantierten Status bis zu einem Urteil des BVerfG genießt. Daraus läßt sich jedoch nicht ableiten, daß staatliche Stellen die Partei oder ihre Mitglieder nicht als verfassungsfeindlich ansehen und dementsprechend Überwachungs- oder Schutzmaßnahmen gegen sie ergreifen dürfen (sehr str.!). Wäre es anders, so könnten notwendige Beweise für ein Verbot u. U. nicht erlangt werden. Da es aber keine Verpflichtung zur Stellung eines Verbotsantrages gibt, gewinnt das Verfahren nach Art. 21 II eher politische als rechtliche Bedeutung, wohingegen die staatlichen Überwachungsmaßnahmen primär rechtlich orientiert sind. Die Lösung des Problems liegt m. E. nicht in der Frage des Parteienprivilegs, sondern es handelt sich um das allgemeinere Problem der Gleichheit, soweit es den einzelnen Bürger betrifft, und der Chancengleichheit im Hinblick auf die Partei. Das Parteienprivileg betrifft nur die Fragen des Organisationsrechtes und des besonderen verfassungsrechtlichen Status einer Partei.

h) Zur *Vertiefung* werden in diesem Abschnitt keine weiteren Werke genannt, sondern wird dringend empfohlen, die angegebenen Urteile durchzuarbeiten und die angesprochenen Fragen an Hand der Zitate eingehend zu durchdenken (examensträchtig!).

Arbeitsgemeinschaften können die Frage der Neuzulassung einer nach Art. 21 II verbotenen Partei erörtern. Hierzu vgl. auch *Lorenz* AöR 101 (1976), S. 1 ff.

5. Verbände

Verbände sind Vereinigungen von gesellschaftlichen Gruppen zur Vertretung gemeinsamer Interessen auf wirtschaftlichem, kulturellem, sozialem usw. Gebiet. Sie vertreten organisierte Individualinteressen (Gruppeninteressen). Das Verhältnis der Verbände zu den Parteien und zum Staat ist ein sehr

---

64) Z. B. Auflösung der Organisation, Strafbarkeit der Tätigkeit für die verbotene Partei.

vielschichtiges. Parteien versuchen nach ihrer Zielsetzung, aus der Vielzahl von Einzelinteressen, die auch von den Verbänden vertreten werden, Standpunkte herauszukristallisieren, die „mehrheitsfähig" sind. Sie filtern und reduzieren die Ansprüche der einzelnen. Demgegenüber heben die Verbände diese Einzelinteressen in aller Klarheit und Deutlichkeit hervor. In ihnen ist häufig der Sachverstand zur Lösung konkreter, praktischer Probleme besonders gut ausgebildet. Vor allem bei Gesetzgebungsvorhaben können mögliche Auswirkungen einer Gesetzesänderung von ihnen am ehesten beurteilt werden. Staat wie Parteien können daher auf eine enge Zusammenarbeit mit den Verbänden nicht verzichten. Von den Verbänden gehen auch häufig Initiativen zur Gesetzgebung oder zur politischen Gestaltung aus. Aufgabe sowohl der Parteien wie des Staates ist es dann, die von den Verbänden vertretenen Individualinteressen gegeneinander abzuwägen und im Hinblick auf das Gemeinwohl zur Durchführung zu bringen. Der Status der Verbände ist im GG nicht geregelt. Dennoch spielen sie eine erhebliche politische Rolle durch die sog. Lobby. Die „Lobby" — eigentlich die Vorhalle des Parlaments, in dem die Verbandsvertreter sich in historischen Zeiten aufhielten — versucht unmittelbar bei den staatlichen Stellen, die Einzelinteressen deutlich zu machen. In Anlage 1a zur GOBT ist eine Registrierung der Verbandsvertreter vorgesehen. Dies soll vor allem der Transparenz der Einflußnahme dienen. Das System der Lobbyisten ist weder etwa Ehrenrühriges noch etwas Schädliches für den Staat, sondern etwas im Prinzip Notwendiges und Nützliches. Gefahren bestehen allerdings dann, wenn nur bestimmte Verbände Gehör finden, wenn also eine einseitige Ausrichtung auf die Interessen einzelner Verbände erfolgt. Daher wird vor Gesetzgebungsvorhaben den beteiligten und interessierten Verbänden Gelegenheit zur Stellungnahme gegeben. In den Ausschußberatungen finden häufig öffentliche Anhörungen (Hearings) statt, bei denen auch die Verbände in Rede und Gegenrede ihre Auffassung darlegen können. Die Ausgewogenheit und Ausgeglichenheit der Darlegungsmöglichkeiten der Verbandsinteressen ist ein wichtiger Bestandteil der Demokratie. Daher wird[65] die Forderung nach einer verfassungsrechtlichen Verankerung erhoben.

Kapitel 7: DEMOKRATISCHE GRUNDRECHTE

Das Demokratieprinzip ist nicht nur in den beschriebenen Regelungen des staatlichen Handelns verankert, sondern es wird durch die Absicherung der

---

[65] Lies auch Enquete-Kommission Verfassungsreform BT-Drucks. 7/5924, S. 119—120.

politischen Handlungsrechte des einzelnen Staatsbürgers ergänzt. Diese Funktion erfüllen vor allem diejenigen Grundrechte, die die Freiheit des politischen Meinungs- und Willensbildungsprozesses garantieren sowie die unter dem status activus zusammengefaßten Grundrechte.

1. Meinungsfreiheit

Ausgangsfälle:

(I) Bei einer Straßenbahntariferhöhung veranstalten Schüler und Studenten einen Sitzstreik auf den Gleisen der Bahn. Können sie sich für diese Form des Protestes auf Art. 5 I berufen?
(II) Der Hamburger Zeitungsverleger A. Spr. ließ 1961 allen Zeitungshändlern, die die Zeitschrift „Blinkfüer", die auch das DDR-Rundfunk- u. Fernsehprogramm enthielt, verkauften, in einem Rundschreiben ankündigen, daß sie nicht mehr mit den Erzeugnissen des Verlagshauses A. Spr. beliefert würden.
(III) Der Redakteur X der B-Zeitung möchte einen Beitrag veröffentlichen, der sich kritisch mit den politischen Aktivitäten seines Verlegers beschäftigt. Kann X sich auf die Pressefreiheit berufen, wenn der Verleger die Veröffentlichung in seinen Blättern untersagt?

Die in Art. 5 I garantierten Rechte auf freie Meinungsäußerung, Informations- und Pressefreiheit sind vom BVerfG als für eine freiheitlich-demokratische Staatsordnung schlechthin konstituierend bezeichnet worden[1]). Erst diese Grundrechte ermöglichen die für eine Demokratie unerläßliche ständige geistige Auseinandersetzung und den Kampf der Meinungen, der ihr Lebenselement ist. Wir hatten schon mehrfach die besondere Bedeutung der Vorformung des politischen Willens durch die öffentliche Meinung hervorgehoben. Art. 5 meint nicht nur die individuelle Meinungsfreiheit (vgl. dazu Kapitel 11, 5), sondern auch die öffentliche Meinungsfreiheit als die grundrechtliche Absicherung des Prozesses, in dem sich die öffentliche Meinung bilden kann. Hieraus hat Helmut Ridder[2]) einen besonderen Schutz der öffentlichen Meinungsfreiheit abgeleitet. Dieser Auslegung von Art. 5 ist das BVerfG gefolgt und hat der öffentlichen Meinungsfreiheit einen über die individuelle Meinungsfreiheit hinausgehenden Bestandsschutz gegeben. Außerdem läßt es im Hinblick auf die Besonderheiten der öffentlichen Auseinandersetzung über politische Dinge andere Maßstäbe als bei privaten Auseinandersetzungen gelten. Art. 5 garantiert als einzelne Elemente: Meinungsäußerungsfreiheit, Meinungsverbreitungsfreiheit, Informationsfreiheit, Pressefreiheit, Berichterstattungsfreiheit in Rundfunk und Film sowie Zensurverbot.

---

1) BVerfGE 7, 208; 12, 260; 20, 174; 25, 265; 27, 81.
2) Meinungsfreiheit in: Die Grundrechte II, 1954, S. 243, 249.

a) Die *Meinungsfreiheit* ist geprägt von den drei Begriffen „Meinung", „äußern" und „verbreiten". Die h. Auslegung dieser Vorschrift hat einen eigenen *Meinungsbegriff* entwickelt, den sie vor allem gegenüber der Tatsachenbehauptung abgrenzt. Meinungen sind danach Stellungnahmen, Wertungen, wertende Urteile, Werturteile, Beurteilungen, Einschätzungen, wertende Ansichten, Anschauungen oder Auffassungen u. ä.[3]).

Nach der h. A. ist nur die Übermittlung solcher subjektiven Meinungen geschützt, nicht dagegen die Übermittlung von Tatsachenbehauptungen. Dem wird entgegengehalten, daß die Abgrenzung zwischen Meinungen und Tatsachenmitteilungen fließend sei und daß schon allein die Auswahl von Tatsachen eine Meinungsäußerung darstellen könne[4]). Dieser Kritik ist beizupflichten. Sinn und Zweck der öffentlichen Meinungsfreiheit ist es, die Bildung der öffentlichen Meinung zu ermöglichen. Dazu gehört auch die Kritik an oder die Bewertung von Tatsachen. Ein Grundrecht auf Meinungsfreiheit, das nicht auch die Mitteilung von Tatsachen, auf die sich die Meinung bezieht, schützt, würde weitgehend leerlaufen. Unter den Begriff der Meinungsäußerung fallen daher alle Äußerungen, die der Bildung von Meinungen dienen (Hesse). Die h. A. behält insoweit Bedeutung, als bei Tatsachenmitteilungen eine Unterscheidung in „wahr" und „falsch" getroffen werden kann, dies jedoch nicht auf Meinungen zutrifft. Unstr. gewährt Art. 5 kein Recht, falsche Tatsachen zu verbreiten, obgleich gerade mit solchen Mitteln häufig „Meinungen" gemacht werden[5]).

Im Meinungsbildungsprozeß genießen alle Ansichten die gleiche Freiheit. Auch belanglose und neben der Sache liegende Äußerungen sind durch Art. 5 geschützt. Über den Wert einer Meinung zu urteilen, steht ausschließlich den am Meinungsbildungsprozeß Beteiligten und nicht einer außerhalb dieses Prozesses befindlichen Institution zu. Daher fallen unter den Schutz von Art. 5 nicht ausschließlich Stellungnahmen von grundsätzlicher Art, die in der Absicht abgegeben werden, die politische Richtung zu bestimmen[6]), sondern der gesamte Meinungsbildungsprozeß.

b) Die Auslegung der *Begriffe „äußern"* und *„verbreiten"* ist umstritten. Unter dem „Äußern" wird das Herausbringen von Meinungen aus dem eigenen Einflußkreis[7]) bzw. die Kundgabe ganz allgemein[8]) verstanden. Als „Ver-

---

3) *v. Mangoldt/Klein* Art. 5 Anm. III 1; *Hamann/Lenz* Art. 5 Anm. B 1.
4) *v. Münch* GG-Kommentar Art. 5 Rdnr. 6; *Maunz/Dürig/Herzog* Art. 5 Rdnr. 50 ff.; *Hesse* VerfR § 12; *Stein* StaatsR § 10 II 2.
5) Vgl. BVerfGE 12, 130 — Schmid-Beschluß.
6) So allerdings *v. Mangoldt/Klein* Art. 5 Anm. III 1.
7) *Maunz/Dürig/Herzog* Art. 5 Rdnr. 56.
8) *v. Mangoldt/Klein* Art. 5 Anm. III 1; *Hamann/Lenz* Art. 5 Anm. B 1; *Stein*, § 10 II 2.

breiten" wird die Kontaktaufnahme mit anderen[9]) definiert bzw. daß die Meinung einem zahlenmäßig nicht bestimmten Personenkreis zugänglich gemacht wird[10]). Stein (a. a. O.) versteht unter dem Verbreiten das Recht der Werbung für die eigene Meinung, also darauf hinzuwirken, daß andere die eigene Meinung übernehmen (Verbreiten = Verbreitern). Wiederum andere[11]) verstehen unter dem Äußern die Weitergabe der eigenen Meinung und unter dem Verbreiten die der fremden Meinung. Demgegenüber erscheint es richtiger, zwischen den Begriffen des Äußerns und Verbreitens keinen wesentlichen Unterschied zu sehen[12]). Aus der Verwendung zweier, in ihrer Bedeutung sehr ähnlicher Begriffe ist zu schließen, daß die Verfassung jegliche Form der Beeinträchtigung des freien Meinungsbildungsprozesses verhindern will. Diese Auslegung wird dadurch bestätigt, daß das GG als Formen der Verbreitung die in „Wort, Schrift und Bild" aufführt, also die nach dem Stande des Jahres 1949 wichtigsten Medien der Weitergabe von Meinungen[13]).

Der Sitzstreik im Fall I fällt grundsätzlich in den Schutzbereich des Art. 5, da er eine neue Form der Meinungsäußerung darstellt. Auch Demonstrationen fallen unter den Begriff der Meinungsäußerung und sind als Demonstrationsfreiheit durch Art. 5 grundrechtlich geschützt[14]).

c) Der besondere Schutz der öffentlichen Meinungsfreiheit kommt beim sog. *Boykottaufruf* zum Tragen, wenn er als Mittel des geistigen Meinungskampfes in einer die Öffentlichkeit wesentlich berührenden Frage erfolgt, wenn ihm also keine private oder wirtschaftliche Auseinandersetzung, sondern die Sorge um politische, wirtschaftliche, soziale oder kulturelle Belange der Allgemeinheit zugrunde liegt[15]). Dies versteht sich eigentlich von selbst, da die Freiheit der geistigen Auseinandersetzung nach der Rechtsprechung des BVerfG eine unabdingbare Voraussetzung für das Funktionieren der freiheitlichen Demokratie ist, weil nur sie die öffentliche Diskussion über die Gegenstände von allgemeinem Interesse und staatspolitischer Bedeutung gewährleistet[16]). Es ist nach diesen Grundsätzen durch Art. 5 geschützt, wenn beispielsweise durch Flugblätter aufgefordert wird, einen Film nicht zu besuchen, weil dessen Regisseur im Dritten Reich Propagandafilme gedreht hat[17]). Nicht gerechtfertigt wird damit jedoch, daß die geistige Auseinandersetzung den

---

9) *Maunz/Dürig/Herzog* Art. 5 Rdnr. 57/58.
10) So *v. Mangoldt/Klein* Art. 5 Anm. IV 1; *Hamann/Lenz* Art. 5 Anm. B 3.
11) Vgl. dazu *Wernicke* in BK Erl. 1 c zu Art. 5; *v. Münch* GG-Kommentar Art. 5 Rdnr. 11.
12) So *v. Münch* GG-Kommentar Art. 5 Rdnr. 11; *Ridder*, Grundrechte II, S. 274.
13) Diese Aufzählung in Art. 5 I ist nicht abschließend — allg. A.
14) Beachte jedoch die Konkurrenzen zu Art. 8 — Versammlungsfreiheit! Vgl. unten S. 89 ff.
15) BVerfGE 25, 264.
16) So BVerfGE 25, 264; auch E 5, 205; 7, 212, 219; 20, 174.
17) BVerfGE 7, 198 ff. — Lüth-Urteil (Veit-Harlan-Fall).

Raum der Argumente verläßt und unter Einsatz wirtschaftlicher Machtstellung geführt wird[18]), wie dies im Ausgangsfall II der Fall war.

d) Mit der Meinungsfreiheit eng verbunden ist die sog. *Informationsfreiheit*. Diese ist erstmals im GG ausdrücklich erwähnt und damit von einem bloßen Bestandteil der Meinungsfreiheit i. S. einer Meinungsbildungsfreiheit abgehoben worden. Die Informationsfreiheit umfaßt das Recht, sich selbst aktiv Informationen zu verschaffen. Sie ist damit Grundlage der Meinungsfreiheit. Geprägt ist die Aufnahme der Informationsfreiheit in das GG durch die besonderen Erfahrungen während der nationalsozialistischen Zeit mit ihrer staatlichen Meinungslenkung, den Abhörverboten für ausländische Rundfunksender sowie den Literatur- und Kunstverboten[19]). In diesem Sinne ist auch der Zusatz zu verstehen, daß die Informationsfreiheit nur aus „allgemein zugänglichen Quellen" gegeben ist. Allgemein zugänglich ist eine Informationsquelle dann, wenn sie „technisch geeignet und bestimmt ist, der Allgemeinheit, d. h. einem individuell nicht bestimmbaren Personenkreis, Informationen zu verschaffen"[20]). Damit soll niemand vom allgemeinen „Meinungsbildungsmarkt" ausgeschlossen werden dürfen. Aus Art. 5 läßt sich aber nicht ein Recht herleiten, am Meinungsbildungsmarkt beteiligt zu werden. Hier ist auf die allgemeine Problematik der Grundrechte hinzuweisen (vgl. oben Kap. 2, 3). Als Abwehrrecht verhindert Art. 5 Eingriffe des Staates in einen bestehenden Meinungsbildungsmarkt, gewährt jedoch nicht dem einzelnen Staatsbürger einen Anspruch darauf, daß der Staat ihn in den Stand setzt, am Meinungsbildungsmarkt teilzunehmen. Aus diesem Grunde gibt es keinen Anspruch auf kostenlose Verteilung von Zeitungen, auf Verteilung von Rundfunk- und Fernsehgeräten usw.

Bedeutsam ist die Abgrenzung zu den *nicht allgemein zugänglichen Quellen*. Zu diesen zählen vor allem Vorgänge im internen Bereich von Behörden oder Unternehmen. Art. 5 gewährt hier keinen Anspruch auf Akteneinsicht oder Auskunftserteilung[21]).

e) Art. 5 I gewährleistet ausdrücklich die *Pressefreiheit*. Damit erkennt die Verfassung die Bedeutung der Presse als ein für die Meinungsbildung elementares Institut an. Die Pressefreiheit garantiert nach h. M. nicht nur das Recht, seine Meinung in einer bestimmten Form zu verbreiten, sondern auch die Existenz einer freien Presse als solcher (institutionelle Garantie). Nach der Rechtsprechung des BVerfG ist eine freie, nicht von der öffentlichen Gewalt

---

18) BVerfGE 25, 256 (263 ff.). — Blinkfüer-Fall.
19) BVerfGE 27, 80.
20) BVerfGE 27, 83; 27, 108; 33, 65.
21) OVG Münster DÖV 1959, 391; BVerwG DVBl. 1966, 575—576; *Krieger*, Das Recht des Bürgers auf behördliche Auskunft, 1972.

gelenkte, keiner Zensur unterworfene Presse ein Wesenselement des freiheitlichen Staates, insbesondere ist eine freie, regelmäßig erscheinende politische Presse für die moderne Demokratie unentbehrlich[22]). Der Presse fällt im politischen Meinungsbildungsprozeß eine wichtige Informationspflicht als quasi-öffentliche Aufgabe zu. Doch die Presse informiert nicht nur, sie wirkt auch meinungsbildend. Vor allem die politische Presse ist auch dann, wenn sie sich selbst als „überparteilich" bezeichnet, meist nicht politisch richtungslos. Die einzelnen Zeitungen haben eine bestimmte politische Grundhaltung und wirken dadurch auf Leser gleicher politischer Grundhaltung anziehend. Durch ihre Berichterstattung wirken sie dann innerhalb bestimmter politischer Richtungen meinungsbildend, indem sie die verschiedenen Gesichtspunkte ausdiskutieren, etwa durch Leserbriefe. An der Vorformung des politischen Willens beteiligt sich auch auf vielfältige Weise die Presse. Dazu gehört auch, daß die Presse die Ausübung der Macht durch die Regierenden kontrolliert und sie sich kritisch mit einzelnen Vorgängen und Affären befaßt. Die Garantie der Pressefreiheit in Art. 5 I versieht diese Funktion der Presse in der modernen Demokratie mit einem erhöhten (Art. 19 II) verfassungsgemäßen Schutz: Wo es keine freie Presse gibt, gibt es auch keine Demokratie!

Eine freie Presse ist in erster Linie eine unzensierte Presse. Nach Art. 5 findet eine *Zensur* nicht statt. Man unterscheidet die Vorzensur von der Nachzensur. Unter einer Vorzensur versteht man, daß die Presseberichte vor Veröffentlichung einem staatlichen Zensor vorgelegt werden müssen, der über ihre Freigabe entscheidet. Eine Nachzensur ist gegeben, wenn wegen Presseveröffentlichungen bestimmte Maßnahmen ergriffen werden (z. B. strafrechtliche Verfolgung, zivilrechtliche Maßnahmen). Nach Art. 5 ist nur die Vorzensur verboten[23]). Problematisch erscheint in diesem Zusammenhang die heute geübte Praxis der Verhinderung von Presseveröffentlichungen durch einstweilige Verfügungen.

Der Inhalt der Pressefreiheit umfaßt alle mit der Pressearbeit zusammenhängenden Tätigkeiten. Daher läßt sich aus Art. 5 auch ein Schutz des *Redaktionsgeheimnisses* herleiten[24]). Fraglich ist, ob es auch eine *innere Pressefreiheit* gibt. Dies ist die Frage nach dem Grundrechtsträger der Pressefreiheit. Ist dies im Fall III der Redakteur oder der Verleger? Die Frage hat eminente praktische Bedeutung wegen der zunehmenden Pressekonzentration gewonnen, bei der immer weniger Verleger den Zeitungsmarkt beherrschen und es zu „Meinungsbildungsmonopolen" kommen kann. Wird der Verleger als der einzige Träger des Rechtes auf Pressefreiheit angesehen, so kann dies zur Reduzierung

---

22) BVerfGE 20, 174; 36, 314.
23) BVerfGE 27, 102; 33, 71.
24) BVerfGE 20, 176; 36, 204.

des Meinungspluralismus führen und den Sinn der Gewährung der Pressefreiheit geradezu in sein Gegenteil verkehren. Wegen dieses Aspektes wird man nicht denjenigen zustimmen können, die ausschließlich den Verleger als Inhaber der Pressefreiheit ansehen[25]). Nicht überzeugend ist auch die Ansicht, daß ausschließlich die Redakteure Träger der Pressefreiheit seien, so daß das GG innere Pressefreiheit fordere[26]). Das GG verhält sich zur Frage der inneren Pressefreiheit nicht unbeteiligt und gleichgültig[27]). Man wird vielmehr mit der h. A.[28]) Verleger und Redakteure gemeinschaftlich als Träger der Pressefreiheit ansehen müssen. Der Verleger muß das Recht der Grundsatzbestimmung, d. h. die Festlegung der grundsätzlichen politischen Richtung seines Blattes, haben, innerhalb dessen Rahmen muß jedoch der einzelne Redakteur einen Spielraum besitzen. Einzelanweisungen des Verlegers an den Redakteur sind nur unter besonderen Umständen zulässig. Zur Regelung dieser Problematik wird die Abfassung von Redaktionsstatuten gefordert, in denen die gegenseitigen Rechte und Pflichten festgelegt sind.

f) Alle aufgeführten Rechte finden ihre *Schranken* in den Vorschriften der allgemeinen Gesetze, den gesetzlichen Bestimmungen zum Schutz der Jugend und dem Recht der persönlichen Ehre (Art. 5 II). Damit unterliegen die aufgezeigten grundrechtlichen Positionen nicht im eigentlichen Sinne einem Gesetzesvorbehalt, sondern gesetzlichen Schranken anderer Art. Während Begriff und Sinn des Jugend- und Ehrenschutzes wohl eindeutig sind, bereitet die Klärung des *Begriffs der allgemeinen Gesetze* Schwierigkeiten. So gibt es dann auch verschiedene Auslegungen:

(1) allgemeine Gesetze sind solche, die allgemeine und nicht besondere Rechtsgüter schützen,

(2) allgemeine Gesetze dienen dem Schutz von Rechtsgütern, die höherrangig als die Meinungsfreiheit sind,

(3) allgemeine Gesetze sind solche, die sich nicht gegen die Meinungsfreiheit als solche richten[29]).

Das BVerfG hat sich keiner dieser verschiedenen Auslegungen ausdrücklich angeschlossen, sondern einen eigenen Weg gewählt. Es betrachtet Art. 5 als Garantie eines Rechtsguts, so wie andere Rechtsgüter durch andere Verfassungsnormen und Gesetze geschützt werden. Auch hier geht das BVerfG nicht von einer einfachen, für alle Situationen gleichen Regel aus. Vielmehr versucht

---

[25] So aber *Forsthoff*, Der Verfassungsschutz der Zeitungspresse, 1969; *Werner Weber*, Innere Pressefreiheit als Verfassungsproblem, Berlin 1973.
[26] *Ziegler* DÖV 1971, 654—659.
[27] So allerdings *Mayer-Maly* DB 1971, 335—340.
[28] *v. Münch* GG-Kommentar Art. 5 Rdnr. 28; *Mallmann*, 49. Dt. Juristentag Bd. II N 20.
[29] Vgl. *v. Münch* GG-Kommentar Art. 5 Rdnr. 47.

es, die verschiedenen Rechtsgüter aufeinander nach dem Prinzip der praktischen Konkordanz abzustimmen. Es fragt daher, welches Rechtsgut durch ein Gesetz geschützt ist. Es nimmt dann eine Güterabwägung zwischen diesem Rechtsgut und der Bedeutung der Meinungsfreiheit vor. Hierbei wandert sein Blick zwischen den beiden Rechtsgütern hin und her (Schaukeltheorie)[30].

g) Zur *Vertiefung* müssen folgende Entscheidungen sorgfältig durchgearbeitet werden: BVerfGE 7, 198 (203 ff.) — Lüth-Urteil; 25, 256 (263 ff.) — Blinkfüer; 30, 173 (188—197) — Mephisto.

Dies geschieht am besten in Arbeitsgemeinschaften. Zur aktuellen Pressediskussion lies: *Hoffmann-Riem/Plander,* Rechtsfragen der Pressereform, Baden-Baden, 1977, S. 30—58.

2. Versammlungsfreiheit

Ausgangsfälle:

(I) Wie Fall I zu 1. Ist der Sitzstreik auf den Gleisen der Bahn durch Art. 8 geschützt?
(II) Der Rentner A malt sich ein großes Schild mit dem Text „Weg mit der Regierung! Ein betrogener Rentner" und stellt sich mit diesem Schild auf einen belebten Platz in seiner Stadt. Schon bald bleiben viele Passanten stehen, und es kommt zu erregten Diskussionen mit A und untereinander. Schließlich wird die Menge so groß, daß der Straßenverkehr ernsthaft behindert wird. Kann der Polizist P deshalb die Menge auflösen und die Versammlung verbieten?

Art. 8 garantiert allen Deutschen die Versammlungsfreiheit. Art. 8 führt gleichsam Art. 5 fort, indem er eine „kollektive Meinungsfreiheit" gewährt. Meinungsbildung findet wesentlich auch in der lebendigen Diskussion innerhalb einer Gruppe statt. Daher bedarf die Meinungsfreiheit der Ergänzung durch das Recht, mit anderen zusammenzukommen und zu diskutieren[31]. Daß dieses Recht nur den Deutschen gewährt ist (= Bürgerrecht), erklärt sich aus der besonderen Beziehung zum politischen Meinungsbildungsprozeß. Das Versammlungsrecht wird als Teil des status activus gesehen. Da politische Rechte nur den Staatsbürgern vorbehalten sind, rechtfertigt sich auch die Ausgestaltung des Versammlungsrechts als Bürgerrecht und nicht als Menschenrecht[32].

Versammlungen unter freiem Himmel bedürfen besonderer Regelungen (Art. 8 II), weil bei ihnen sehr leicht ein Konflikt mit anderen Rechtsgütern

---

30) Zum ganzen s. BVerfGE 7, 208, 209; 26, 205; 28, 185, 293; 33, 66; 10, 122 ff.; 12, 124; 20, 176; 21, 281; 25, 55; 27, 80, 109; 28, 47, 63; 34, 401; 35, 309; 39, 367.
31) Beachte, daß das Recht, sich ohne Anmeldung oder Erlaubnis zu versammeln, nur dann gegeben ist, wenn es sich um eine friedliche Versammlung und um eine Versammlung ohne Waffen handelt.
32) Zur Kritik hieran vgl. *v. Münch* GG-Kommentar Art. 8 Rdnr. 38.

eintreten kann; in den Ausgangsfällen stehen sich die Interessen der Verkehrsteilnehmer, möglichst schnell ihr Ziel zu erreichen, und diejenigen der Protestierenden bzw. Diskutierenden gegenüber. Der Gesetzesvorbehalt nach Art. 8 II ist durch das *Versammlungsgesetz* und durch die Bannmeilengesetze ausgefüllt worden.[33])

Der wesentlichste Inhalt des VersG ist die Pflicht der rechtzeitigen Anmeldung von Versammlungen unter freiem Himmel. Die Probleme um das Versammlungsrecht werden zunehmend vor allem durch Aktionen wie im Ausgangsfall I diskutiert. Mit solchen Aktionen soll in Hauptverkehrszeiten der öffentliche Verkehr zum Erliegen gebracht werden, um besonders nachdrücklich den Protest zur Geltung zu bringen. In einem solchen Fall wird das eine Recht ausgenutzt, um ein anderes Rechtsgut auszuschließen. Im System der Grundrechte ist jedoch eine Konkordanz der verschiedenen Rechte anzustreben. Solange derartige Demonstrationen auch so gestaltet werden können, daß sie in gleicher Weise erfolgreich sind, ohne den Verkehr zum Erliegen zu bringen, sind Demonstrationen mit der Absicht der Verkehrsbehinderung durch Art. 8 nicht gedeckt. Hinzunehmen sind allerdings Verkehrsbehinderungen, die als Nebenwirkung solcher Demonstrationen auftreten. Auch um die gegenseitigen Beeinträchtigungen möglichst durch geeignete Vorkehrungen (Absperrungen, Umleitungen usw.) gering zu halten, verlangt das VersG die rechtzeitige Anmeldung. Damit schließt das Recht zur öffentlichen Versammlung Vorgänge wie religiöse Prozessionen, parteipolitische Aufmärsche bis hin zu Protestmärschen ein. Man kann daher aus der Kombination der Meinungs- und Versammlungsfreiheit die sog. *Demonstrationsfreiheit* als Grundrecht ableiten.

Eine Versammlung ist nur gegeben, wenn ein gemeinsamer Zweck zugrunde liegt, der die einzelnen zur Gruppe zusammenschließt und den sie durch die Zusammenkunft verwirklichen. Dadurch unterscheiden sich die Versammlungen von den sog. *Ansammlungen*, wie z. B. einem Menschenauflauf aus Neugier bei einem Unglücksfall. Solche Ansammlungen stehen nicht unter dem Schutz des Art. 8[34]).

Das VersG verlangt zwar immer eine vorherige Anmeldung, unter dem Gesichtspunkt der Güterabwägung kann es jedoch nicht sog. *Spontanversammlungen* verbieten. Darunter versteht man solche Versammlungen, die plötzlich und ohne vorherige Planung aufgrund besonderer, die Allgemeinheit interessierender und bewegender Ereignisse zusammenkommen[34a]). Im Ausgangs-

---

33) VersG vom 24. Juli 1953 (BGBl. I, S. 684).
34) Allg. A., z. B. *v. Mangoldt/Klein*, Art. 8 Anm. III 1; *Maunz/Dürig/Herzog* Art. 8, Rdnr. 41.
34a) *Ossenbühl*, Der Staat Bd. 10 (1971), S. 53—83.

fall II steht daher auch die Versammlung um A unter dem Schutz von Art. 8. P könnte jedoch nach § 15 II VersG die nicht gemeldete Versammlung auflösen, allerdings hat er den besonderen Rang des Grundrechts zu achten. Bloße Beeinträchtigungen der Bequemlichkeit der Verkehrsteilnehmer rechtfertigen nicht die Auflösung. Diese ist erst dann zulässig, wenn höherrangige Rechtsgüter, etwa Menschenleben, gefährdet werden. Der besondere Bezug der Versammlungsfreiheit zur politischen Meinungsbildung wird auch darin deutlich, daß kommerzielle Versammlungen nicht den Schutz des Art. 8 genießen.

3. Vereinigungsfreiheit

Art. 9 GG gewährt allen Deutschen das Recht, Vereine und Gesellschaften zu bilden. Dies ist sozusagen die letzte Stufe im öffentlichen Meinungsbildungsprozeß, der vom individuellen Austausch von Meinungen über Versammlungen bis zur organisierten Zusammenfassung führt. Hieraus erklärt sich die Beschränkung des Grundrechts auf ein Bürgerrecht. In Art. 9 I kommt ein wesentliches Prinzip freiheitlicher Staatsgestaltung zum Ausdruck[35]). Die Gründung von Verbänden zur Vertretung von Gruppeninteressen fällt hierunter ebenso wie der oft zitierte Taubenzüchterverein. In unserem Zusammenhang interessiert vornehmlich die Funktion von Vereinigungen im Prozeß der Vorformung politischen Willens.

Die Vereinigungsfreiheit umfaßt nicht nur das Recht, Vereine und Gesellschaften zu bilden i. S. von „gründen", sondern sie garantiert zugleich das gemeinschaftliche Handeln von Menschen in Vereinen (Betätigungsfreiheit). Art. 9 I gibt auch das Recht, Vereinigungen fernzubleiben (negative Vereinigungsfreiheit). Dies trifft allerdings nur für private Vereine zu. Die Zwangsmitgliedschaft in einer öffentlich-rechtlichen Körperschaft, die als Teil der mittelbaren Staatsverwaltung hoheitliche Aufgaben wahrnimmt, fällt nicht in den Schutzbereich von Art. 9[36]).

Zur *Vertiefung* vgl. *Schwäble*, Das Grundrecht der Versammlungsfreiheit, Berlin 1975; *Frowein* NJW 1969, 1081—1086; *Heinze* DVBl. 1970, 716—724; *Erichsen* VerwArch 64 (1973), 197 und rechtsvergleichend: *Bleckmann/Buschbek*, Demonstration und Straßenverkehr, Köln, 1970.

Arbeitsgemeinschaften können das Problem der Verweigerung von ASTA-Beiträgen durch Studenten erarbeiten. Vgl. hierzu OVG Hamburg DVBl. 1972, 339 mit Anm. Grabitz; *v. Mutius* VerwArch. 63 (1972), 453; OVG Hamburg DÖV 1975, 359 (examensträchtige Problematik!).

---

35) BVerfGE 38, 303.
36) BVerfGE 10, 102, 361 f.; 11, 126; 12, 323; 15, 239.

4. Staatsbürgerliche Rechte

Ausgangsfall:

Der Jurastudent Rot ist Mitglied einer politischen Vereinigung, die sich für eine revolutionäre Änderung der Verfassungsordnung der Bundesrepublik einsetzt. Rot hat an mehreren Demonstrationen teilgenommen und Flugblätter unterzeichnet. Nach Bestehen seiner Examina mit „gut" begehrt er Anstellung als Richter, die verweigert wird.

Art. 33 GG, der zu den materiellen Grundrechten gehört, enthält einige bemerkenswerte staatsbürgerliche Grundrechte. Der Student sollte die Vorschrift sehr sorgfältig durchlesen. Die in unserem Zusammenhang wichtigsten Prinzipien dieser Norm sind einerseits das Recht auf gleichen Zugang zu öffentlichen Ämtern und andererseits die Verankerung der hergebrachten Grundsätze des Berufsbeamtentums. Wir können hier zwar nicht auf die Einzelheiten eingehen, doch im Zusammenhang des Demokratieprinzips sind zwei Aspekte hervorzuheben:

Der erste Aspekt betrifft die Zulassung sog. Radikaler zum öffentlichen Dienst. Mit der Behauptung, es gäbe Berufsverbote in der Bundesrepublik, wird die vom sog. *Radikalenerlaß*[37]) getroffene Regelung, nach der Angehörige einer Partei mit verfassungswidrigen Zielen nicht zum öffentlichen Dienst zugelassen werden, angegriffen. Hier müssen wir zur Übersichtlichkeit die verschiedenen Argumentationsebenen unterscheiden. Zu der Argumentation aus Art. 21 II, daß, solange eine Partei nicht vom BVerfG wegen Verfassungswidrigkeit verboten sei, das Parteienprivileg jede Behandlung der Mitglieder einer solchen Partei als Verfassungsfeinde verbiete, ist oben (S. 81 f.) schon Stellung genommen worden. Das zweite Argument stützt sich auf Art. 33 II, wonach jeder Deutsche nach seiner eigenen Befähigung und fachlichen Leistung gleichen Zugang zu jedem öffentlichen Amt besitzt. Niemand hat bis jetzt jedoch daraus gefolgert, daß jeder, der geeignet und befähigt ist, in den öffentlichen Dienst zu treten, auch einen Anspruch besäße, vom Staat beschäftigt zu werden. Es bedarf keiner weiteren Begründung, daß Art. 33 II nur insoweit ein Recht auf Zugang zu einem öffentlichen Amte gewährt, als es sich um die Besetzung freier Stellen handelt. Art. 33 II besagt also nur, daß bei der Besetzung freier öffentlicher Stellen nur die Kriterien der Eignung, Befähigung und fachlichen Leistung ausschlaggebend sein dürfen. Das BVerfG

---

[37]) Hierbei handelt es sich um einen Beschluß der BReg. — Bull. BReg. Nr. 15 v. 3. 2. 1972, S. 142; konkretisiert durch „acht Verfahrensgrundsätze" — Kabinettsbeschluß v. 19. 5. 1976 — unbedingt lesen!

betont in diesem Zusammenhang eine Treuepflicht des Beamten als Bestandteil der hergebrachten Grundsätze des Berufsbeamtentums (vgl. auch Art. 33 IV). Diese Treuepflicht ist durch die Beamtengesetze dahingehend konkretisiert worden, daß der Beamte jederzeit die Gewähr geben muß, für die freiheitlich-demokratische Grundordnung einzutreten. Nur dann sei er „geeignet" i. S. von Art. 33 II. Man hat eingewandt, daß dies im Widerspruch zu Art. 3 III stehe, wonach niemand wegen seiner politischen Anschauung benachteiligt oder bevorzugt werden darf. Art. 3 III hätte dann auch den Sinn, im öffentlichen Dienst die politische Meinungsvielfalt sicherzustellen. Die Einstellung von Beschäftigten im öffentlichen Dienst ist eine Ermessensentscheidung der einstellenden Behörde. Diese darf niemanden willkürlich ausschließen. Sie muß sich vielmehr darum bemühen, den besten unter den Bewerbern herauszufinden. Da es also keinen Anspruch auf Anstellung im öffentlichen Dienst, sondern nur einen solchen auf sachgerechte Auswahl gibt, stellt sich die Frage, nach welchen Kriterien die einstellende Behörde die Eignung und Befähigung eines Bewerbers zu bemessen hat. Daß die Fällung eines derart umfassenden und weiten Gesamturteils kaum voll nachprüfbar sein wird, versteht sich von selbst. Der sog. Radikalenerlaß in seiner rein negativen Formulierung hat in der Tat das Problem auf eine falsche Ebene gehoben, da er den Anschein erweckt, als würden einzelne Bewerber wegen politischer Anschauungen nicht berücksichtigt. Auch die tatsächliche „Ablehnungspraxis" beweist, daß die Problematik der Berufsverbote in der öffentlichen Diskussion überzogen dargestellt wird. Doch damit haben wir die Frage nach den Kriterien noch nicht beantwortet. Hierzu wollen wir auf den zweiten Aspekt von Art. 33 eingehen. Es ist heute eine deutliche Tendenz festzustellen, die Beamtenschaft zu „politisieren". In einer parteienstaatlichen Demokratie, in der die Regierung sich auf eine Parteienmehrheit stützt, wird die Regierung darauf achten, daß der staatliche Organisationsapparat ihre politischen Absichten möglichst wirkungsvoll in die Tat umsetzt. Sie wird daher dafür Sorge tragen, daß die entscheidenden Posten in einer Verwaltung mit Personen ihres Vertrauens besetzt sind. Die früher und z. T. heute noch in einigen Ländern bestehende absolute Loyalität der Beamtenschaft ist durch die Einführung sog. politischer Beamter ins Wanken gekommen. Unter politischen Beamten versteht man solche Spitzenstellungen der Verwaltungshierarchie, die die Regierung mit Personen ihres Vertrauens besetzt und deren jeweiligen Amtsinhaber sie jederzeit ohne Angabe von Gründen in den einstweiligen Ruhestand versetzen kann (vgl. § 36 BBG). Die Tendenz ist deutlich spürbar, auch unterhalb der Verwaltungsspitzen die Auswahl der Beamten nach den Gesichtspunkten der Parteipolitik zu betreiben. Hierdurch tritt vor allem bei lang andauernder Regierung einer Partei eine Identifizierung des Staatsapparates mit einer parteipolitischen Richtung ein. Die Praxis der „Politisierung" über den Kreis der politischen Beamten hinaus wird als verfassungswidrig angesehen[38]).

Zu den hergebrachten Grundsätzen des Berufsbeamtentums gehört demgegenüber die Loyalität des Beamtentums, und hieraus läßt sich die Verpflichtung des öffentlichen Dienstes zur loyalen Durchführung der Regierungspolitik ableiten. Damit ist auch ein Kriterium für die Beurteilung der sog. Berufsverbote gefunden, die in engem Zusammenhang mit den Versuchen der sog. APO stehen, innerhalb des Staates durch einen „langen Marsch durch die Institutionen" die politischen Verhältnisse zu ändern, nachdem sie weder auf den demokratisch vorgesehenen Wegen noch durch außerparlamentarische Aktionen eine hinreichende Anhängerschaft gefunden hat. Solche Bewerber wollen die Beschäftigung im öffentlichen Dienst nicht um der Beschäftigung willen, sondern um — unter Verletzung des Grundsatzes der Loyalität — eine politische Ausrichtung des öffentlichen Dienstes in ihrem Sinne zu erreichen, um von daher die erstrebte Veränderung zu bewirken. Die Beschäftigung solcher Bewerber, bei denen diese Absicht nachgewiesen werden kann, würde in der Tat den in der Verfassung vorgegebenen Kriterien nicht entsprechen. Sie sind nicht als Beamte geeignet. Im Ausgangsfall kommt es daher wesentlich auf die Motive des Rot an. Die bloße Mitgliedschaft in der Vereinigung und die Teilnahme an Demonstrationen können seine Nichtaufnahme nicht rechtfertigen, da es sich hierbei um grundrechtlich geschützte Aktivitäten handelt. Erst die Absicht des Mißbrauchs dieser Grundrechte sollte zur Nichtbeschäftigung führen. Am saubersten wäre es, Art. 33 II zu den nach Art. 18 verwirkbaren Grundrechten zu erklären.

Zur *Vertiefung* lies BAG NJW 1976, 1708! Zur Treuepflicht unbedingt lesen BVerfGE 39, 334 (352 ff.).

5. Wahlgrundrechte

Ausgangsfälle:

(I) A werden die Unterlagen für die Briefwahl verweigert, da er nicht mit ärztlichem Attest belegt habe, daß er nicht das Wahllokal aufsuchen könne (vgl. § 22 I 3 BWahlO).

(II) Dem in einem Wahlkreis erfolgreichen Einzelbewerber B wird die Erstattung seiner Wahlkampfkosten abgelehnt (vgl. oben S. 79).

(III) Der Prokurist P einer deutschen Firma nimmt für drei Jahre einen Auslandsposten wahr. Während dieser Zeit findet eine Bundestagswahl statt, an der teilzunehmen ihm versagt ist (§ 12 I 2 BWahlG). P findet es ungerecht, daß sein Freund B, der als Soldat für dieselbe Zeit im selben Land eine Auslandsverwendung findet, wahlberechtigt ist (§ 12 II BWahlG).

---

[38]) *Matthey* in: *v. Münch* GG-Kommentar Art. 33 Rdnr. 16.

(IV) B schließt sich einer Partei an, die ihn auf ihrer Landesliste in einem recht ungünstigen Listenplatz Nr. 18 aufstellt. Auf die Liste entfallen nach der Wahl 17 Sitze. Aus Verärgerung verläßt B die Partei. Da verstirbt ein Abgeordneter dieser Liste. Rückt B oder Nr. 19 nach? Kann die Partei einen anderen benennen als B, wenn die Liste mit Platz 18 zu Ende gewesen wäre?

(V) Bei der Bundestagswahl 1961 hatte die Größe der Wahlkreise in einzelnen Fällen nicht mehr den Vorschriften von § 3 II BWahlG entsprochen. Lag damit zugleich auch ein Verfassungsverstoß vor?

Zu den materiellen Grundrechten gehören auch die sog. Wahlrechtsgrundsätze nach Art. 38 I 1, bei deren Verletzung der einzelne Staatsbürger Verfassungsbeschwerde erheben kann (Art. 93 I 4 a).

a) Das Verfahren der Verfassungsbeschwerde ist gegen das *Wahlprüfungsverfahren* abzugrenzen. Nach Art. 41 ist die Wahlprüfung Sache des Bundestages, gegen dessen Entscheidung in Wahlprüfungsangelegenheiten die Beschwerde zum BVerfG zulässig ist. Das Wahlprüfungsgesetz von 1951 (Sartorius Nr. 32) hat das Verfahren näher ausgestaltet. Das Wahlprüfungsverfahren ist ein Sonderverfahren, das auch den Rechtsbehelf der Verfassungsbeschwerde ausschließt[39]), soweit es eingreift (§ 49 BWahlG). Die Wahlprüfung bezieht sich aber nur auf solche Entscheidungen und Maßnahmen, die unmittelbar das Wahlverfahren betreffen. Ihre Aufgabe ist die Kontrolle der Korrektheit des Wahlverfahrens mit dem Ziel, die richtige Zusammensetzung des Bundestages zu gewährleisten[40]). Soweit das subjektive Wahlrecht eines einzelnen Wählers betroffen ist, bleiben die übrigen Rechtsschutzmöglichkeiten bestehen. Damit ergibt sich folgendes Rechtsschutzsystem:

Entscheidungen und Maßnahmen, die sich unmittelbar auf das Wahlverfahren beziehen — also auf das objektive Wahlrecht — (= die Regelungen im BWahlG plus BWahlO), können nur mit den im BWahlG und in der BWahlO vorgesehenen Rechtsbehelfen sowie im Wahlprüfungsverfahren nach Art. 41 GG überprüft werden. Im Ausgangsfall (I) gibt es für A die Möglichkeit des Einspruchs und der Beschwerde nach §§ 28, 19 BWahlO (lesen!), die er im Wahlprüfungsverfahren fortführen kann, sobald der Bundestag zusammengetreten ist. Gegen dessen Entscheidung ist die Beschwerde zum BVerfG gegeben. Wird nicht spätestens auf den Einspruch dem Antrag des A entsprochen, so hat er nicht mehr Aussicht auf Erfolg: Nur, wenn seine Nichtbeteiligung rein rechnerisch die Zusammensetzung des Bundestages beeinflußt haben kann, erfolgt eine Aufhebung. Der Sinn ist, daß die Wahl nicht durch Entscheidungen von Gerichten soll gestört werden können und daß etwaige Verfahrensfehler hinzunehmen sind, solange sie nicht die Zusammensetzung

---

39) BVerfGE 14, 155; 28, 219; 34, 94.
40) BVerfGE 22, 280.

des Bundestages verändern. Hier muß also das Recht des einzelnen im Hinblick auf die Bedeutung der Wahl für das Staatsganze zurücktreten.

Entscheidungen und Maßnahmen, die lediglich mittelbar die Wahl betreffen (Ausgangsfall II), sind im Verwaltungsrechtsweg oder ggf. unmittelbar mit der Verfassungsbeschwerde anfechtbar.

Im Verfahren vor dem BVerfG muß eine Verletzung der sich aus Art. 38 ergebenden Grundrechte des Wählers geltend gemacht werden.

Die fünf Wahlrechtsgrundsätze sind:

Allgemeinheit – Unmittelbarkeit – Freiheit – Gleichheit und Geheimheit der Wahl (auswendig merken! Etwa: AFGUG).

b) Der *Grundsatz der Allgemeinheit* der Wahl besagt sehr formal, daß alle Staatsbürger an der Wahl teilnehmen und niemand unberechtigt ausgeschlossen werden darf. Mit diesem Prinzip wäre es unvereinbar, bestimmte Bevölkerungsgruppen aus politischen, wirtschaftlichen oder sozialen Gründen von der Ausübung des Wahlrechts auszuschließen[41]. Alle Staatsbürger dürfen wählen und gewählt werden. Hierbei gibt es jedoch einige Einschränkungen, die z. T. nicht unproblematisch sind.

Art. 38 sagt nicht, wer die Abgeordneten des Deutschen Bundestages wählt. Nach § 1 BWahlG sind dies die „wahlberechtigten Deutschen". Wer wahlberechtigter Deutscher ist, bestimmt § 12 BWahlG (lesen!). Die Begrenzung der Wahlberechtigung auf diejenigen, die das 18. Lebensjahr vollendet haben (§ 12 I 1 BWahlG), ergibt sich aus Art. 38 II. Problematisch erscheint manchen die Beschränkung des Wahlrechts auf *Deutsche* i. S. des Art. 116 I. Doch diese Bedenken können schnell ausgeräumt werden. Die Abgeordneten des Deutschen Bundestages repräsentieren die Gesamtheit des Staatsvolkes. Wer zum Staatsvolk gehört, bestimmt Art. 116. Daneben gibt es noch zwei Plausibilitätsargumente: zum einen hätten es die Ausländerbehörden dann in der Hand, über Maßnahmen des Ausländergesetzes Einfluß auf das Wahlvolk zu nehmen; zum andern ist ein Ausländer nicht so sehr mit dem Staatsvolk verbunden, daß er durch seine Wahlentscheidung mit Einfluß auf die Geschicke des Volkes nehmen dürfte. Er kann sich seinen eigenen Entscheidungen dadurch entziehen, daß er sich in sein Heimatland zurückzieht[41a].

Problematischer ist die Behandlung des Wahlrechts für Deutsche, die im Ausland wohnen, sog. *Auslandsdeutsche*, wie im Ausgangsfall III bei P und B. Das BVerfG hat den Ausschluß des P vom Wahlrecht als verfassungsgemäß bestätigt, da es zu den „traditionellen Begrenzungen der Allgemeinheit der Wahl gehört, daß der Wähler im Wahlgebiet seßhaft ist"[42]. Diese Begründung

---

41) BVerfGE 15, 166; 36, 141.
41 a) Vgl. *Birkenheier*, Wahlrecht für Ausländer, Berlin 1976.
42) BVerfGE 36, 141 f.

ist nicht überzeugend, zumal sich in anderen Staaten die Ausübung des Wahlrechts von den im Ausland lebenden Staatsangehörigen als durchaus unproblematisch erwiesen hat[43]). Der Ausschluß des P ist um so weniger verständlich, als B wahlberechtigt bleibt. Das BVerfG hat diese Regelung mit dem Argument, daß Angehörige des öffentlichen Dienstes durch die in ihrem Dienstverhältnis verwurzelte, besonders geartete Beziehung zur Bundesrepublik Deutschland sich von anderen Auslandsdeutschen unterscheiden, akzeptiert[44]).

c) Der *Grundsatz der Unmittelbarkeit* der Wahl besagt, daß der Wähler unmittelbar die Abgeordneten wählt, d. h., daß zwischen die Stimmabgabe durch den Wähler und die Bestimmung der im Bundestag einrückenden Abgeordneten nicht die Entscheidung anderer Personen oder Gremien treten darf. Ein solches Zwischentreten wäre etwa ein Wahlmännersystem, wie es bei der Wahl des amerikanischen Präsidenten angewandt wird. Hier wählt das Volk die Wahlmänner und diese den Präsidenten. Obgleich es ein Wahlmännersystem in der Bundesrepublik nicht gibt, wirft die Anwendung des Grundsatzes der Unmittelbarkeit dennoch Fragen auf. Das verfassungsrechtliche Problem betrifft den Einfluß der Parteien bei der Aufstellung von Listenkandidaten. Die Parteien bestimmen die Kandidaten und deren Listenplätze. Der Wähler hat hierauf keinen Einfluß. Er muß die Liste hinnehmen, wie sie ist[45]). Seine Wahlentscheidung betrifft folglich dann auch die Liste in ihrer konkreten Gestalt, so daß die Parteien nicht nachträglich auf Reihenfolge und Zusammensetzung der Listenvorschläge Einfluß nehmen dürfen. Dies gilt auch dann, wenn Kandidaten nachrücken, weil Abgeordnete aus dem Bundestag ausscheiden. Ist die Liste erschöpft, so bleibt der Sitz unbesetzt (§ 48 I 3 BWahlG). Im Ausgangsfall IV rückt B nicht nach (§ 48 I 2 BWahlG). Diese Regelung des BWahlG ist nicht unumstritten. In ihr kommt die Betonung der parteienstaatlichen Demokratie zum Ausdruck. Der Gesetzgeber hat anerkannt, daß der Wähler mit der Abgabe der Zweitstimme für eine Parteiliste das Programm und die führenden Persönlichkeiten dieser Partei wählt. Er anerkennt auch das Interesse einer Partei, nur solche Personen in das Parlament zu entsenden, die das Vertrauen der Partei genießen. Weiter ist der Gesetzgeber aber nicht gegangen, insbesondere verliert ein Abgeordneter nicht sein Mandat, wenn er seine Partei verläßt oder von ihr ausgeschlossen wird

---

[43]) Zu den Gründen der mangelnden Betroffenheit der Auslandsdeutschen, der Gefahr von Interessenkonflikten und der Absicht der Vermeidung von Wahlkämpfen im Ausland, s. *v. Münch* GG-Kommentar Art. 38 Rdnr. 11 — unbedingt lesen!
[44]) BVerfGE 36, 139 ff.; BVerwG Urt. v. 2. 7. 76 = NJW 1976, 1648—1651 = EuGRZ 1976, 438.
[45]) Zu Reformvorschlägen lies BT-Drucks. 7/5924, S. 14—20.

(s. oben S. 66 f.). Dies wird gewissermaßen als Trostpflaster dadurch ein wenig ausgeglichen, daß sie niemanden entsenden muß, der die Partei schon verlassen hat. Diese Lösung des Problems ist verfassungsrechtlich nicht zu beanstanden[46]).

d) Der *Grundsatz der Freiheit* der Wahl erscheint auf den ersten Blick nicht großer Erläuterung zu bedürfen. Eine Wahl ohne Freiheit ist keine Wahl. Daß die staatlichen Stellen in keiner Weise auf die Wahlentscheidung des einzelnen lenkend Einfluß nehmen dürfen, versteht sich daher von selbst. Wer frei ist zu wählen, ist es auch, nicht zu wählen. Eine Wahlpflicht verstieße gegen diesen Grundsatz. Die Wahlbeeinflussung durch staatliche Maßnahmen (Regierungspropaganda), nichtstaatliche Organisationen oder Einzelpersonen kann die Freiheit des einzelnen Wählers beeinträchtigen. Die Parteien genießen bei der Bildung des politischen Willens kein Monopol der Wahlwerbung. Wahlanzeigen von privater Seite, Aufrufe von Schriftstellern und bekannten Persönlichkeiten, die Bekenntnisse von Schlagerstars, Hirtenbriefe der katholischen Kirche, Rundschreiben von Arbeitgeberverbänden und Gewerkschaften u. dgl. mehr sind daher an sich mit dem Grundsatz der freien Wahl vereinbar. Werden jedoch bestehende wirtschaftliche Machtverhältnisse oder sonstige, vom Beeinflußten als zwingend empfundene Lagen ausgenutzt, so kann dies eine Beeinträchtigung der Wahlfreiheit darstellen. Zur Wahlfreiheit gehört auch das Bekenntnis zu einer Partei und die passive Wahlfreiheit. Daher dürfen private Arbeitgeber nicht wegen der öffentlichen Unterstützung oder der Kandidatur für eine Partei Arbeitsverhältnisse aufkündigen, solange nicht aus anderen Gründen das Arbeitsverhältnis gestört ist.

Der Grundsatz der Wahlfreiheit gilt vor der Wahl, bei der Wahl und nach der Wahl. Er ist nicht zu verwechseln mit einem Recht auf „freie Wahl". Der einzelne Wähler kann nur nach Maßgabe des bestehenden Wahlrechts die aufgestellten Kandidaten wählen. Hält er sich nicht daran, so wird seine Stimme als ungültig behandelt.

e) Der *Grundsatz der Geheimheit* der Wahl besagt, daß jeder Wahlberechtigte für sich behalten kann, „wie er wählen will, wählt oder gewählt hat"[47]). Seinem Wesen nach muß der Grundsatz der Geheimheit sowohl dem Staat wie Privaten gegenüber gelten. Dem Staat ist es verboten, irgendeine Befragung über eine Stimmabgabe durchzuführen oder sogar im Falle der Nichtbeantwortung gewisse Konsequenzen daraus zu ziehen[48]). Der Grundsatz der Ge-

---

[46] Wie hier *v. Münch* GG-Kommentar Art. 38 Rdnr. 26; *Badura* BK-Anhang zu Art. 38 Rdnr. 15; *Hamann/Lenz* Art. 38 Anm. B 3; a.A.: *v. Mangoldt/Klein* Art. 38 Anm. III 2 d; *Seifert*, Bundeswahlrecht Kommentar 3. Aufl. 1976, § 48 BWG, Rdnr. 7; teilweise übereinstimmend: *Stein* StaatsR, § 8 II 3; a.A. *Frowein* AöR 99 (1974), 103.
[47] *Seifert*, Bundeswahlrecht, Art. 38 Rdnr. 33.
[48] Vgl. BVerwG NJW 1976, 259.

heimheit bedeutet nicht, daß der Wähler selbst seine Stimmabgabe immer geheimhalten muß. Er kann also seine Stimmabgabe bekanntgeben, soweit dies auf seinem freiwilligen Entschluß beruht. Der Grundsatz der Geheimheit der Wahl schützt ihn vor einem nicht gewünschten Bekanntgebenmüssen. Die Offenbarung der Stimmabgabe während des Wahlaktes kann andere Wähler, die sich im Wahllokal aufhalten, jedoch beeinflussen oder doch unter den moralischen Druck setzen, auch ihre Stimmabgabe zu offenbaren. Während der Wahlhandlung gilt daher der Grundsatz der Geheimheit auch in dem Sinne, daß der Wähler selbst nicht auf die Wahrung des Geheimnisses verzichten kann[49]).

Der Grundsatz der Geheimheit der Wahl erfährt drei Durchbrechungen:

(1) Bei der Briefwahl (§ 36 BWahlG — lesen!) ist die Geheimheit der Stimmabgabe während des Wahlvorganges anderen Wählern gegenüber nicht mehr sichergestellt. Niemand kann garantieren, daß der Briefwähler unbeobachtet den Briefwahlschein ausfüllt und absendet. Dennoch hat das BVerfG die Briefwahl für zulässig erachtet[50]).

(2) Behinderte Wähler können sich bei der Wahl einer Vertrauensperson bedienen (§ 53 BWahlO). Auch dies hat das BVerfG für zulässig erachtet, denn nur so können behinderte Wähler ihr Wahlrecht überhaupt ausüben[51]).

(3) Wahlvorschläge von Einzelbewerbern und von neugegründeten oder solchen Parteien, die nicht mit mindestens fünf Abgeordneten im Bundestag (oder Landtag) vertreten waren (vgl. § 18 II BWahlG), müssen von mindestens 200 Wahlberechtigten des Wahlkreises persönlich und handschriftlich unterzeichnet sein (§ 20 II 2, III BWahlG). Dieses sog. Unterschriftenquorum ist als eine zur Durchführung der Wahlvorbereitungen notwendige Ausnahme anerkannt worden[52]).

f) Die meisten Probleme wirft der *Grundsatz der Gleichheit* der Wahl auf. Seine historische Stoßrichtung ist eindeutig: er richtet sich gegen ein Mehrklassenwahlrecht, bei dem Angehörige bestimmter Gruppen aufgrund eines besonderen Bildungsstandes oder besonderer Vermögensverhältnisse mehrere Stimmen besaßen. Damit verlangt der Grundsatz der Gleichheit der Wahl, daß jede Stimme jedes Wählers grundsätzlich den gleichen *Zählwert* besitzt. Problematisch ist, ob sich diese Gedanken auch auf den sog. *Erfolgswert*

---

49) *v. Mangoldt/Klein* Art. 38 Anm. III 2 g; *Maunz/Dürig/Herzog* Art. 38 Rdnr. 54; *Seifert*, Bundeswahlrecht Art. 38 Rdnr. 36; *v. Münch* GG-Kommentar Art. 38 Rdnr. 50.
50) BVerfGE 21, 200 ff.; aus der Literatur lies: *v. Mangoldt/Klein* Art. 38 Anm. III 2 g; *Maunz/Dürig/Herzog* Art. 38 Rdnr. 54; *Hamann/Lenz* Art. 38 Anm. B 6; *Seifert*, Bundeswahlrecht Art. 38 Rdnr. 37; *Klüber* DÖV 1958, 249—251; *Monz* ZRP 1972, 229—231.
51) BVerfGE 21, 206.
52) BVerfGE 3, 32, 396; 4, 386; 5, 82; 6, 131; 12, 35.

Stimmen übertragen lassen. Was ist nun mit dem Erfolgswert gemeint? Nehmen wir an, in einem Mehrheitswahlsystem erhält in einem Wahlkreis A 51 % und B 49 % der Stimmen. Die Wähler, die den Kandidaten A gewählt haben, haben mit ihrer Stimme Erfolg, die Stimmen der Wähler des Kandidaten B fallen völlig unter den Tisch. Bei einer ähnlichen Verteilung der Wählerstimmen würden in einem Verhältniswahlsystem auch die Wähler für Liste B zum Zuge kommen. Auch deren Stimmen hätten dann Erfolg. Erfolgswert ist daher der Wert der einzelnen Stimme für die Zusammensetzung des Parlaments. Würde der Grundsatz der Wahlgleichheit auch die Gleichheit des Erfolgswertes verlangen, so wäre das Wahlsystem i. S. eines Verhältniswahlsystems verfassungsrechtlich festgelegt; denn nur bei der Verhältniswahl wird der gleiche Erfolgswert — wenn auch nicht vollkommen, so doch annähernd — erreicht. Aus historischer Sicht hat das BVerfG den Grundsatz der Wahlgleichheit im wesentlichen als ein Verbot der Differenzierung nach Bildung, Religion, Vermögen, Klasse, Rasse oder Geschlecht ausgelegt. Da die Erfolgswerte der einzelnen Stimmen bei einem Mehrheitswahlsystem „nicht aus Gründen, die in der Person des einzelnen Wählers liegen, verschieden bemessen werden"[53]), ist auch ein Mehrheitswahlsystem mit dem Grundsatz der Gleichheit der Wahl ebenso vereinbar, wie ein reines Verhältniswahlsystem oder das System der personalisierten Verhältniswahl. Der Gesetzgeber hat in der Frage des Wahlsystems einen relativ großen Spielraum, bleibt jedoch an die Grenzen gebunden, die ihm der Grundsatz der Gleichheit der Wahl zieht. Mit diesen hat sich das BVerfG im Zusammenhang mit der 5%-Klausel und der Wahlkreiseinteilung befaßt.

Nach § 6 IV BWahlG werden bei der Verteilung der Sitze nur Parteien berücksichtigt, die eine *Sperrklausel* von 5 % der im Wahlgebiet abgegebenen gültigen Zweitstimmen erhalten haben (über sonstige Möglichkeiten lies § 6 BWahlG). Diese 5%-Klausel macht die Stimmen der Wähler, die eine unter der 5%-Marke bleibende Partei gewählt haben, wirkungslos (über die Gründe vgl. oben S. 71). Unter Abwägung des Grundsatzes der Wahlgleichheit und des Ziels regierungsfähiger Mehrheiten hat das BVerfG letzterem die größere Bedeutung beigemessen und die Sperrklausel als verfassungsrechtlich hinnehmbare Ausnahme bezeichnet[54]). Der Grundsatz der Gleichheit i. S. der Gleichheit des Erfolgswertes wirkt sich bei einem Mehrheitswahlsystem insoweit aus, als die *Wahlkreise* so zugeschnitten sein müssen, daß sie etwa die gleiche Anzahl von Wahlberechtigten umfassen (§ 3 II BWahlG). Werden die Wahl-

---

53) Vgl. BVerfGE 1, 244; 6, 91, 111; 7, 70; 11, 362; 13, 129, 246; 16, 139; 24, 340; 34, 100.
54) BVerfGE 1, 248, 256; st. Rspr. z. B. 24, 341; über die Ausnahme nationaler Minderheiten von der Sperrklausel vgl. BVerfGE 5, 83; die Höhe der Sperrklausel gerade bei 5 % und nicht bei 4 oder 6 % läßt sich nur historisch begründen; BVerfGE 1, 256 ff.

kreise für die dem Mehrheitswahlrecht unterliegenden Erststimmen nicht innerhalb einer bestimmten Bandbreite ausgeglichen, so kann der Fall eintreten, daß nicht wegen der systemimmanenten Besonderheiten des Mehrheitswahlrechts, sondern wegen der Zuschneidung der Wahlkreise eine Ungleichheit der Stimmen eintritt. Dies hat das BVerfG mit Ausgangsfall IV bestätigt[55]). Dennoch hat es nicht die Bundestagswahl von 1961 aufgehoben. Über seine Motive kann man nur spekulieren. Die Entscheidung des BVerfG ist zwei Jahre nach der Bundestagswahl ergangen. Die Aufhebung der Wahl hätte schwierige staatspolitische Folgen gehabt, da alle in der Zwischenzeit erfolgten staatlichen Akte, u. a. ein Regierungswechsel, die unter Beteiligung des Bundestages zustande gekommen waren, mit dem Makel einer fehlerhaften Zusammensetzung des Bundestages behaftet gewesen wären.

Vermutlich in der Sorge, derartige Folgen zu vermeiden, hat das BVerfG zusätzlich zur Verfassungswidrigkeit die *Evidenz* der falschen Wahlkreiseinteilung gefordert und nur eine evident verfassungswidrige Wahlkreiseinteilung als gegen den Grundsatz der Gleichheit verstoßend bezeichnet. Diese „Evidenztheorie" ist häufig kritisiert worden[56]). Verfassungsrechtlich läßt sie sich auch nicht halten. Das Problem liegt darin, daß das BVerfG die Verfassungswidrigkeit mit der Nichtigkeit ex tunc gleichsetzt. Bei einer flexibleren Haltung der Rechtsfolgen der Verfassungswidrigkeit hätte das BVerfG dem berechtigten Anliegen der staatspolitischen Bedenken hinreichend Rechnung tragen können, ohne zu einer fragwürdigen Evidenztheorie greifen zu müssen.

Zur *Vertiefung* genügen die gemachten Angaben. Arbeitsgemeinschaften sollten die Rechtsprechung des BVerfG in Wahlfragen erarbeiten. Eine gute Anleitung hierbei ist *Frowein* AöR 99 (1974), 72—110.

---

55) BVerfGE 16, 140.
56) Vgl. *Frowein* DÖV 1963, 857 ff., insbes. 860; ders. AöR 99 (1974), 86; *Schwarz* DÖV 1962, 375.

Teil IV
RECHTSSTAAT

Kapitel 8: RECHTSSTAATSPRINZIP

Das Rechtsstaatsprinzip ist das traditionsreichste der fünf Staatszielbestimmungen. Wie bei allen Einrichtungen, die eine lange Geschichte haben, hat seine Bedeutung viele Änderungen durchgemacht und ist sein Inhalt auch bis in die feinsten Verästelungen ausgeformt. Das Rechtsstaatsprinzip ist zugleich auch der konkreteste Verfassungsgrundsatz. Wir müssen uns hier auf die wichtigsten Elemente des Prinzips beschränken. Den Einzelheiten wird der Student bei der Grundlage des allgemeinen Verwaltungsrechts wiederbegegnen[1]).

1. Der bürgerliche Rechtsstaat

Idee und Begriff des Rechtsstaatsprinzips bleiben ohne die historische Perspektive verschwommen. Man kann zwar durchaus ganz allgemein als Rechtsstaat einen Staat bezeichnen, in dem das Recht gilt und dessen Maßnahmen an der Gerechtigkeit ausgerichtet sind. Dadurch unterscheidet er sich von dem reinen *Machtstaat,* in dem staatliche Willkür herrscht, d. h. in dem die staatlichen Maßnahmen keinen rechtlichen Bindungen unterworfen sind. In diesem sehr allgemeinen Sinne nähert sich die Idee des Rechtsstaates derjenigen des Verfassungsstaates. Für die geschichtliche Entwicklung ist aber die Abgrenzung des Rechtsstaates von der Idee des Wohlfahrtsstaates und der des Sicherheitsstaates von größerem Gewicht. In einem *Wohlfahrtsstaat* macht es sich der Staat zur Aufgabe, sich umfassend des Wohlergehens seiner Bürger anzunehmen. Die Folge ist eine Ausdehnung des staatlichen Apparates und die Zurückdrängung des eigenverantworteten Lebensbereichs jedes einzelnen Bürgers. Das genaue Gegenteil ist der *Sicherheitsstaat,* bei dem sich die staatliche Aktivität auf ein Mindestmaß beschränkt und nur für die Aufrecht-

---

1) S. *Püttner* Kap. 3, 3.

erhaltung gesellschaftlicher Gewaltlosigkeit sorgt (Nachtwächterstaat). Der Rechtsstaat steht zwischen diesen beiden, indem er einerseits weder die umfassende Fürsorge für den einzelnen übernimmt, noch andererseits den gesellschaftlichen Vorgängen unbeteiligt gegenübersteht, sondern lenkend in diese eingreift. Richtschnur ist für ihn hierbei die Rechtsidee, nach der im Einzelfall dessen Besonderheiten (= materiale Gerechtigkeit) ebenso wie die allgemeinen Interessen an einer gleichmäßigen Behandlung (= Rechtssicherheit) zu beachten sind. Gerechtigkeit und Rechtssicherheit können häufig miteinander in Konflikt geraten. Lösungen für solche Konflikte machen den Kern der Rechtsstaatsidee aus, die im wesentlichen ein Produkt des frühen 19. Jahrhunderts ist. An ihrer Formulierung haben vor allem Immanuel Kant, Robert v. Mohl und Friedrich J. Stahl maßgeblich mitgewirkt[2]). Für die liberale Staatsidee war die *Trennung von Staat und Gesellschaft* beherrschend. Im Dualismus Staat – Gesellschaft besaß der Staat das Gewaltanwendungsmonopol und war auf die Verwirklichung des Gemeinwohls ausgerichtet. Unter dem Staat wurde die soziale Wirklichkeit des Staatsapparates mit den Behörden verstanden. Die Gesellschaft stand ihm als ein im wesentlichen gewaltfreier privater Bereich gegenüber, in dem jeder nach der größtmöglichen Verwirklichung seines privaten Vorteils strebte. Die bürgerliche Gesellschaft nahm nur über Wahlen und die Beamtenschaft am Staat teil. Mit diesem Bild eines Dualismus von Staat und Gesellschaft war eine anschauliche Formel gefunden. Aufgabe des Staates war es, die Grundsätze des Rechtes zu sichern. Zugleich wurde die staatliche Gewalt zugunsten der Freiheit des einzelnen beschränkt. Was Recht war, bestimmte im Gesetzgebungsverfahren das Bürgertum, das sich durch das Dreiklassen-Wahlrecht den maßgeblichen Einfluß auf die Zusammensetzung der Parlamente gesichert hatte. Soweit der Staat in den gesellschaftlichen Bereich regelnd eingreifen wollte, bedurfte er einer gesetzlichen Grundlage, d. h. somit letztlich der Zustimmung des sich als den gesellschaftlichen Bereich tragend verstehenden Bürgertums. (Gesetz = Eingriff in Freiheit und Eigentum der Bürger.)

---

2) *I. Kant*, Klassiker der Politik Bd. 1 (Hrsg. O. H. von der Gablentz), Köln und Opladen 1965, S. 175 ff.; *R. v. Mohl*, Die Polizeiwissenschaft nach den Grundsätzen des Rechtsstaates I, 3. Aufl. 1866; *Friedrich J. Stahl*, Die Philosophie des Rechts Bd. 2 (3. Aufl. 1856), § 36.

Diese Konstruktion war so einprägsam, daß sie selbst heute als unausrottbar bezeichnet werden kann. Mit ihr wird immer wieder operiert, obgleich es heute keine eigenständige soziale Gruppe als staatstragende Macht gibt. Heute geht die Staatsgewalt vom gesamten Volke aus.

Dieser kurze Hinweis auf die grundsätzliche Problematik muß als Einführung ausreichen. Der Student sollte zur *Vertiefung* lesen: *Denninger*, StaatsR 1, S. 93—101. Zur Problematik vgl. die Aufsatzsammlung Staat und Gesellschaft, Hrsg. *Böckenförde*, Darmstadt 1976; und *Scheuner*, Die neuere Entwicklung des Rechtsstaates in Deutschland, in: Hundert Jahre deutsches Rechtsleben, Bd. II, Karlsruhe, 1960, S. 229—262; an Hand des Beitrages von Scheuner kann in Arbeitsgemeinschaften die Entwicklung zur formalen Rechtsstaatsidee nachverfolgt werden; *W. Schmidt* AöR 101 (1976), S. 24—45.

2. Ausprägung der Rechtsstaatsidee im GG

Das Rechtsstaatsprinzip ist eines der elementaren Prinzipien des GG[3]. Doch damit ist der Inhalt der Rechtsstaatsidee des GG noch nicht präzisiert. Schon ein nur kurzer Blick auf das GG zeigt, daß das GG sich nicht mit einem formellen Rechtsstaatsbegriff begnügt. Unter einem *formellen Rechtsstaat* versteht man im wesentlichen die vom liberalen Staatsverständnis vorgenommene Verengung des Rechtsstaates auf einen Gesetzesstaat, also einen Staat, in dem jede staatliche Machtäußerung auf Gesetze zurückgeführt werden muß. Dem formellen Begriff des Rechtsstaates hat man den *materiellen Rechtsstaatsbegriff* gegenübergestellt. Darunter versteht man einen auf die Idee der Gerechtigkeit bezogenen Staat (Gerechtigkeitsstaat). Manche unterscheiden vom materiellen Rechtsstaat den *materialen Rechtsstaat* als einen Staat, der durch die in den Grundrechten zum Ausdruck gekommenen Wertentscheidungen geprägt ist. Das BVerfG ist diesen Theorien nicht gefolgt, sondern hat aus der Spannung zwischen der materialen Einzelfall-Gerechtigkeit und der generellen Rechtssicherheit die konkrete Rechtsstaatsidee des GG abgeleitet.

Nach der h. A. setzt sich der Rechtsstaatsbegriff des GG aus folgenden Elementen zusammen (auswendig lernen!):

(1) Vorrang der Verfassung
(2) Prinzip der Gesetzmäßigkeit der Verwaltung
(3) Gewaltentrennung
(4) Rechtsschutz durch unabhängige Gerichte
(5) Prinzip der Rechtssicherheit
(6) Geltung der Grundrechte zum Schutz der individuellen Freiheit

---

3) BVerfGE 20, 331.

Über den Vorrang der Verfassung haben wir das Notwendige schon gesagt und auch auf die Widersprüche zum demokratischen Prinzip hingewiesen (oben Kap. 1, 1), so daß wir uns hier auf die Behandlung der übrigen Punkte beschränken können.

Kapitel 9: RECHTSSTAATLICHE ANFORDERUNGEN AN STAATLICHES HANDELN

1. Gesetzmäßigkeitsprinzip

Ausgangsfälle:

(I) Die Polizeibehörde erhält davon Kenntnis, daß A beim Besuch eines ausländischen Staatsoberhauptes gegen dieses demonstrieren will. Um Störungen des Staatsbesuches zu verhindern, möchte sie A vorübergehend in Gewahrsam nehmen.
(II) Aufgrund der Wirtschaftslage gerät die Firma des P in größere Schwierigkeiten, die auch die Sicherheit der 40 Arbeitsplätze gefährden. Die Gemeinde beabsichtigt daher, ein ihr gehörendes Grundstück zu verkaufen und aus dem Erlös P einen Zuschuß zur Überwindung der Krise zu gewähren.

Das Gesetzmäßigkeitsprinzip ist in Art. 20 III mit der Formulierung, daß die vollziehende Gewalt und die Rechtsprechung an Gesetz und Recht gebunden sind, im GG verankert. Es setzt sich seinerseits aus den beiden Prinzipien des Vorrangs des Gesetzes und des Vorbehalts des Gesetzes zusammen.

a) Unter dem *Vorrang des Gesetzes* versteht man, daß Verwaltung und Rechtsprechung in ihrer Tätigkeit an die Beachtung der Gesetze gebunden sind. In der Sichtweise des Gesetzmäßigkeitsprinzips besagt dies, daß in einem Konfliktfall zwischen einer Entscheidung des Gesetzgebers (= Gesetz) und einer Maßnahme der Verwaltung (= Verwaltungsakt) bzw. der Rechtsprechung (= Urteil) das Gesetz einen höheren Rang hat und daher vorgeht. Damit ist das Prinzip des Vorrangs des Gesetzes eine notwendige Ergänzung des gleich zu behandelnden Gewaltenteilungsprinzips. Zugleich kommt in diesem Satz zum Ausdruck, daß ein Parlamentsgesetz den „Rang und das Prädikat einer demokratischen Mehrheitsentscheidung"[1]) besitzt wie kein anderer Staatsakt. Insofern wird über den Vorrang des Gesetzes die Legitimation staatlichen Handelns i. S. demokratischer Prinzipien gesichert.

---

1) *Ipsen* VVDStRL Bd. 10 (1952), 75.

b) Unter dem *Vorbehalt des Gesetzes* versteht man, daß Verwaltung und Rechtsprechung nur auf der Grundlage eines Gesetzes tätig werden dürfen, daß also ihre Tätigkeit unter dem Vorbehalt einer entsprechenden gesetzlichen Regelung steht. Im Wortlaut des Art. 20 III ist der Grundsatz des Vorbehaltes des Gesetzes nicht zu erkennen. Er gehört jedoch nach allg. A. zu den Grundlagen des Rechtsstaatsprinzips. Ob der Vorbehalt des Gesetzes jedoch allgemein oder nur in bestimmten Fällen gilt, ist sehr str. Im liberalen Staatsverständnis bedeutete der Vorbehalt des Gesetzes, daß der Staat zu Eingriffen in Freiheit und/oder Eigentum eines Bürgers (sog. *Eingriffsverwaltung*) einer Ermächtigungsgrundlage in Gesetzesform bedurfte. Im Ausgangsfall I kann nach dieser (unstr.) Bedeutung des Gesetzesvorbehaltes A nur beim Vorhandensein einer entsprechenden gesetzlichen Ermächtigung in Gewahrsam genommen werden. Soweit es sich nicht um Eingriffe in Freiheit und Eigentum handelte, durften die staatlichen Stellen „frei schalten und walten". Dies bezog sich zum einen auf den internen Behördenbereich, der als Folge der Trennung von Staat und Gesellschaft nicht dem Vorbehalt des Gesetzes unterlag, in dem vielmehr nach hierarchischen Prinzipien mit Weisungen und Erlassen regiert wurde. Zum anderen waren staatliche Aktionen, die nicht Eingriffe der Verwaltung darstellten, ausgenommen, vor allem also der Fall, daß die Verwaltung der Gesellschaft Leistungen zukommen ließ: staatliche finanzielle Unterstützungen für private Theater, Gewährung einer Unterstützung für bedürftige Bürger, Subventionierung von Wirtschaftsbetrieben und landwirtschaftlichen Betrieben usw. (sog. *Leistungsverwaltung*). Nach auch heute noch h. A. unterliegen Verwaltungsakte, die ausschließlich den Empfänger begünstigen (ohne durch die Begünstigung des einen eine Benachteiligung des andern zu bewirken), nicht dem Vorbehalt des Gesetzes. Eine zunehmende Mindermeinung weist demgegenüber darauf hin, daß auch die Leistungsverwaltung staatliches Handeln ist und daher unter dem Gesetzmäßigkeitsprinzip stehe[2]).

Das BVerfG hat sich bisher ausdrücklich nur zur Geltung des Vorbehaltes des Gesetzes für die Eingriffsverwaltung bekannt[3]). In neueren Entscheidungen[4]) hat es jedoch zu erkennen gegeben, daß es eine Ausdehnung des Vorbehaltes des Gesetzes auf den Bereich der Leistungsverwaltung unter bestimmten Umständen für angebracht hält. Die Frage ist gegenwärtig noch als offen zu bezeichnen (daher sehr examensträchtig!). Die neuere Auffassung verdient im Grundsatz Zustimmung, da auch die Leistungsverwaltung staatliches Handeln

---

[2]) *Jesch*, Gesetz und Verwaltung, Tübingen (2. Aufl.) 1968, S. 175 ff.; *Imboden*, Das Gesetz als Garantie rechtsstaatlicher Verwaltung, in: Staat und Recht, Basel 1971, S. 12 ff.
[3]) BVerfGE 9, 147, 149; 8, 325; 13, 160; 20, 157 f.
[4]) BVerfGE 38, 126.

ist und folglich den allgemeinen staatlichen Zwecken, insbesondere dem Gemeinwohl, dient. Die leistende Verwaltung bleibt an die Beachtung der Schranken staatlicher Gewalt gebunden, d. h., sie darf nicht gegen Vorschriften in Gesetzen oder in der Verfassung verstoßen. Insbesondere wäre es mit den Grundrechten nicht vereinbar, wenn staatliche Leistungen unter Mißachtung der durch Art. 3 geforderten Gleichbehandlung vergeben würden. Zugleich bedeutet es auch, daß die Verwaltung nicht berechtigt ist, Geschenke zu verteilen, sondern die Mittel, über die sie verfügen kann, nur für staatliche Zwecke ausgeben darf.

Das Gemeinwohl ist aber keine abstrakte und vorgegebene Größe, sondern inhaltlich weitgehend unbestimmt und unterliegt primär der Ausfüllung und Bestimmung durch den demokratisch-legitimierten Gesetzgeber (vgl. oben S. 26 f.). Im Ausgangsfall II wird diese Problematik an einem einfachen Beispiel aufgezeigt. In der Realität sind die Fälle viel komplizierter. Es entspricht h. A., daß die Verwaltung allein nicht berechtigt ist, die Erhaltung der Arbeitsplätze als öffentlichen Zweck festzulegen und sich zu dessen Verfolgung Gelder zu besorgen. Bei finanziellen Zuwendungen staatlicher Stellen gibt es eine besondere Art von Gesetzesvorbehalt, die man als Haushaltsvorbehalt bezeichnen könnte. Die Verwaltung darf nur Ausgaben tätigen, wenn ihr das Parlament vorher im Haushaltsplan durch einen entsprechenden Titel die Ermächtigung dazu erteilt hat. Die Haushaltsausgaben sind notwendigerweise sehr knapp formuliert und lassen der Verwaltung einen großen Spielraum. Diese entscheidet, ob sie überhaupt von der Ermächtigung Gebrauch macht und unter welchen Bedingungen sie finanzielle Zuwendungen gibt. Auch wenn im Fall II generell Mittel zur Förderung der Wirtschaft zur Verfügung stünden, könnte die Verwaltung Zuwendungen verweigern, da die Erhaltung des Betriebes sich nicht lohne. Sie könnte einen verlorenen Zuschuß oder ein zinsverbilligtes Darlehen geben. Dieser große Spielraum erscheint fragwürdig, da er geeignet ist, die Entscheidung, was dem Gemeinwohl dient, letztlich eben doch auf die Verwaltung zu verlagern.

c) Die *Bindung der Rechtsprechung* an Gesetz und Recht bedeutet nicht, daß der Richter strikt nach dem Wortlaut der Gesetze zu entscheiden hätte. Vielmehr hat der Richter die Gesetze nach Sinn und Zweck auszulegen und für den Einzelfall zu konkretisieren. Dazu hat er sich aller anerkannten Methoden der Gesetzesauslegung zu bedienen, um eine gerechte Lösung des Einzelfalles zu erreichen. Der Richter ist dem Gesetz zu denkendem Gehorsam verpflichtet. Er darf jedoch nicht gegen ein Gesetz entscheiden. Kommt er zu dem Ergebnis, daß ein von ihm anzuwendendes Gesetz mit der Verfassung nicht übereinstimmt, so hat er es nach Art. 100 dem BVerfG vorzulegen (konkrete Normenkontrolle, oben S. 39 f.). Dies wird getragen von der Überlegung, daß die Gesetze des unter der Verfassung angetretenen Gesetzgebers die Vermutung der Verfassungsmäßigkeit für sich haben[5]) und es unerträglich wäre, wenn sich jeder Richter über Gesetze, die er für mit der Verfassung unvereinbar hält, einfach hinwegsetzen könnte. Für Gesetze, die vor dem Inkrafttreten des GG beschlossen wurden und die der Gesetzgeber nicht etwa durch eine Neuverkündung in seinen Willen aufgenommen hat, trifft diese Überlegung nicht zu, so daß die Vorlagepflicht nach Art. 100 und damit das „Verwerfungsmonopol" des BVerfG nur bei nachkonstitutionellen, formellen Gesetzen besteht (merken!). Deshalb muß der Richter ein Gesetz, das er für zwar nicht verfassungswidrig, jedoch unzweckmäßig, unpraktisch oder seinen persönlichen Gerechtigkeitsvorstellungen widersprechend empfindet, anwenden; denn nicht seine Vorstellungen von Recht und Gerechtigkeit, sondern die Konkretisierung durch das Gesetz sind maßgebend. Dieses ist der Inhalt des Grundsatzes der Gesetzmäßigkeit für die Gerichte. Nicht ausgeschlossen ist jedoch, daß der Richter vom Gesetz eröffnete weite Auslegungsmöglichkeiten (z. B. bei Generalklauseln) voll ausschöpft oder Richterrecht im Falle von Gesetzeslücken entwickelt[6]).

2. Prinzip der Rechtssicherheit

Ausgangsfälle:

(I) Der Landtag eines Bundeslandes beschließt, ein Gebiet zur Landschaftsschutzzone zu erheben. Im Gesetz- und Verordnungsblatt des Landes wird die zur Kennzeichnung des Gebietes dienende Landkarte, auf die der Beschluß verweist, nicht mitveröffentlicht.
(II) Wegen der erschreckend hohen Zahl der Verkehrstoten beschließt der Gesetzgeber, die Höchstgeschwindigkeit in Ortschaften auf 30 km/h, auf Landstraßen auf 50 km/h und auf Autobahnen auf 60 km/h festzusetzen. B ist der Auffassung, daß dies gegen elementare Rechtsstaatprinzipien verstoße.
(III) Der Landstreicher Lausig steht zum dreißigsten Male wegen Mundraubes vor Gericht. Der Richter ordnet eine psychiatrische Untersuchung über die Zurechnungsfähigkeit des L an. Der Psychiater möchte die Untersuchungsmethoden der Pneumoenzephalographie (schmerzhaft!) und der Lumbalpunktion (risikoreich!) anwenden.
(IV) Das Deutsche Reich hatte 1923 in einer Versorgungskrise mit Fleisch Zollvergünstigungen für den Import von Gefrierfleisch aus Südamerika bis 1933 vorgesehen. Daraufhin hatte eine Reihe von Gefrierfleisch-Importeuren unter Einsatz erheblicher Gelder Kühlhäuser gebaut, was angesichts der vorgesehenen zeitlichen Dauer der Zollvergünstigung wirtschaftlich sinnvoll war. Nach einer überraschenden Besserung der Versorgungslage wurde die Zollvergünstigung 1925 aufgehoben. Die Importeure hatten daraufhin einen Schadensersatzanspruch wegen

---

5) BVerfGE 17, 210 unter Hinweis auf E 1, 292; vgl. auch 4, 340; 6, 231.
6) Vgl. BVerfGE 3, 243; 13, 164, 328; 21, 82; 18, 237; 34, 286 f.

des Baus der Kühlhäuser gegen das Deutsche Reich erhoben (Gefrierfleischfall RGZ 139, S. 177 ff.).

(V) Nach der zum Zeitpunkt des Eintritts von S in die Bundeswehr geltenden Regelung konnte ein Berufssoldat, der ein Studium oder eine Fachausbildung auf Kosten der Bundeswehr erhalten hatte, aus der Bundeswehr ausscheiden, wenn er nach dem Studium eine Dienstzeit von gleicher Dauer abgeleistet hatte, ohne die Kosten des Studiums erstatten zu müssen. Durch eine Gesetzesänderung wurde 1968 die „Verweilzeit" in der Bundeswehr auf die dreifache Dauer des Studiums erweitert. S war 1960 eingetreten und hatte von 1963 bis 1967 auf Kosten der Bundeswehr Wirtschaftswissenschaften studiert. 1972 schied er aus. Die Bundeswehr verlangte daraufhin Rückerstattung der Studienkosten. Zu Recht?

Rechtsnormen richten sich an den Bürger, sagen ihm, wie er sich in bestimmten Situationen verhalten soll, drohen Strafen für bestimmte Verhaltensweisen an usw. Damit haben die Rechtsnormen[7]) auch die Aufgabe, das Verhalten der Bürger zu lenken. Staatliche Maßnahmen müssen daher vorhersehbar und meßbar sein. Der Bürger muß sich auch zukünftiger Akte sicher sein, sich auf das Recht verlassen und ihm vertrauen können. Andernfalls könnte er das Recht als Grundlage des Rechtsstaates nicht ernst nehmen.

Der Grundsatz der Vorhersehbarkeit und Meßbarkeit verlangt daher, daß alle staatlichen Maßnahmen

bestimmt (a),

tauglich (b) und

verhältnismäßig (c)

sind sowie das Vertrauen des Bürgers, das ihnen entgegengebracht wird, achten (d).

a) Bestimmtheitsgrundsatz

Soll der Bürger sich entsprechend der in der Rechtsnorm ausgedrückten Verhaltenserwartung verhalten, so muß diese so bestimmt sein, daß sie befolgt werden kann. Anderenfalls könnte auch der gesetzestreue Bürger in eine kafkaeske Situation[8]) kommen, daß er sich ständig um Gesetzestreue bemüht, jedoch nie die richtige Bedeutung herausfindet. Der Bestimmtheitsgrundsatz findet sich u. a. auch in den Art. 80 I, II; 101 I, II und 103 II sowie bei der verwaltungsrechtlichen Lehre vom Verwaltungsakt[9]) wieder. Ein Gesetz muß so klar sein, daß es verständlich ist. Unklare Gesetze können daher wegen Verstoßes gegen rechtsstaatliche Grundsätze nichtig sein[10]). Im Ausgangsfall I

---

7) Hier verstanden in dem allerweitesten Sinn als einseitige staatliche Anordnungen = Gesetze, Rechtsverordnungen, Verwaltungsakte.
8) Z. B. *Kafka*, Vor dem Gesetz.
9) *Püttner* Kap. 5, 8 b und c.
10) BVerfGE 1, 45; 25, 227.

ist es für den Bürger selbst unmöglich, die Grenzen der Landschaftsschutzzone festzustellen. Der Beschluß des Landtages ist überhaupt nicht rechtsstaatlich wirksam verkündet worden[11]). Solch eindeutige Fälle werden allerdings selten sein.

Gesetze, die sich weitgehend an Spezialisten wenden (z. B. AußensteuerG), können und müssen schon der Komplexität der geregelten Sachverhalte wegen mit weniger strengen Maßstäben gemessen werden als solche, die sich an jedermann wenden. Allerdings legt das BVerfG auch bei letzteren großzügige Maßstäbe an. So hat es die Verwendung unbestimmter Rechtsbegriffe in Gesetzen verfassungsrechtlich nicht beanstandet[12]). Immerhin fordert das Gericht, daß eine Vorschrift so abzufassen sei, daß sie den rechtsstaatlichen Grundsätzen der Normklarheit und Justiziabilität entspricht. Das BVerfG hat dennoch nur in einem einzigen Fall ein Gesetz wegen Unklarheit aufgehoben[13]). In allen anderen Fällen hat es Gesetze als hinreichend bestimmt genug angesehen, auch wenn diese erst aufgrund gerichtlicher Auseinandersetzungen — oft durch mehrere Instanzen — geklärt wurden. Dies ist nicht unproblematisch. Viele der neueren Gesetze sind in der Tat so kompliziert, daß selbst Fachleute sie kaum noch verstehen und sich unter ihnen über die Auslegung von Anfang an die gegensätzlichsten Meinungen bilden. Auf Kosten des Staatsbürgers, der das Prozeßrisiko trägt, wird dann in vielen gerichtlichen Verfahren eine Klärung des Gesetzesinhaltes erreicht, dessen klare Abfassung schon Aufgabe des Gesetzgebers gewesen wäre. Der Richter hat dann nicht mehr für die Anwendung im Einzelfall, sondern für die Auslegung im allgemeinen zu sorgen. Diese Einschaltung der Gerichtsbarkeit wäre an sich nicht zu beanstanden, wenn die Prozeßordnungen entsprechend ausgestaltet wären, wenn es z. B. das Institut der Musterprozesse gäbe. Da das gesamte Verfahren jedoch auf den individuellen Prozeß zugeschnitten ist, kann dies viele Unzuträglichkeiten mit sich bringen[14]).

Mögen diese Probleme bei den für eine Masse von Einzelfällen geltenden Gesetzen kaum zu vermeiden sein, bei Individualentscheidungen der Verwaltung (Verwaltungsakten) kommt der Bestimmtheitsgrundsatz voll zum Tragen[15].

---

11) Vgl. BVerwGE 17, 192 = NJW 1964, 512; NJW 1967, 1244; *Lerche*, Übermaß und Verfassungsrecht 1961, S. 67 ff.
12) BVerfGE 21, 79; 31, 264.
13) BVerfGE 17, 306 ff. — unbedingt lesen!
14) Vgl. zur Prüfung der Frage der Verfassungsmäßigkeit der Automatensteuer, *Wacke* DVBl. 1968, 537—544.
15) *Wolf-Bachof* VerwR I, § 50 II d; vgl. auch § 37 Abs. 1 VwVfG (Verwaltungsverfahrensgesetz vom 25. 5. 1976).

b) Grundsatz der Tauglichkeit

Die staatliche Machtausübung dient den Interessen der Allgemeinheit. Müssen Interessen der Allgemeinheit und des einzelnen gegeneinander abgewogen werden, so tritt die Freiheit des einzelnen nur in dem Maße zurück, wie dies für die Interessen der Allgemeinheit erforderlich ist. Gesetze, die dem angestrebten Zweck zugunsten der Allgemeinheit nicht nützen und zur Erreichung dieses Zwecks untauglich sind, belasten den Bürger unnötigerweise: „Der Grundsatz der Rechtsstaatlichkeit fordert, daß der einzelne Staatsbürger vor unnötigen Eingriffen der öffentlichen Gewalt bewahrt bleibt"[16]. Im Ausgangsfall II ist daher die erste Frage, ob die drastischen Geschwindigkeitsbegrenzungen überhaupt die Zahl der Verkehrstoten verringern werden. Hierauf eine zutreffende Antwort schon bei Erlaß des Gesetzes zu geben, bereitet dem Gesetzgeber ebensolche Schwierigkeiten wie den Gerichten. Das BVerfG ist daher in der Beurteilung der Tauglichkeit eines Gesetzes (vor allem bei wirtschaftslenkenden Gesetzen) sehr zurückhaltend gewesen und hat dem Gesetzgeber auch ein „Recht auf Irrtum" zugestanden, solange er sich in einem vertretbaren Rahmen gehalten hat[17]. Ein Gesetz ist nach dieser Rechtsprechung nur dann untauglich, wenn es zur Erreichung des Gesetzeszwecks „schlechthin ungeeignet" ist[18]. Im Fall II kann man dies nicht annehmen. Der Gesetzgeber kann immer nur von den zur Zeit der Gesetzgebung bestehenden Verhältnissen und seinem Erkenntnisstand über die mögliche zukünftige Entwicklung ausgehen. Das BVerfG stellt daher für die Frage der Zwecktauglichkeit eines Gesetzes nicht auf die tatsächliche spätere Entwicklung, sondern darauf ab, „ob der Gesetzgeber aus seiner Sicht davon ausgehen durfte, daß die Maßnahmen zur Erreichung des gesetzten Zieles geeignet waren". Im Ergebnis besitzt der Gesetzgeber damit einen recht weiten Spielraum, der auch vollkommen angebracht ist; denn solche zukunftsgestaltenden Entscheidungen bedürfen der hinreichenden demokratischen Legitimation und sind dementsprechend von den anderen Staatsgewalten zu respektieren. Aus diesem Grund kommt der Grundsatz der Tauglichkeit bei Verwaltungsakten auch sehr viel strenger zur Anwendung.

c) Grundsatz der Verhältnismäßigkeit

Das BVerfG leitet unmittelbar aus dem Rechtsstaatsprinzip den Grundsatz der Verhältnismäßigkeit als mit Verfassungsrang geltende Norm ab[19]. Dieser

---

16) BVerfGE 30, 250.
17) BVerfGE 30, 263.
18) BVerfGE 19, 126 f.; auch 16, 171; 17, 317 f.; *Kimminich* JZ 1971, 688 ff.
19) BVerfGE 6, 439; 16, 201 ff.; 17, 117; 19, 348; 20, 49; 35, 400; 38, 368.

Grundsatz reicht weiter als derjenige der Tauglichkeit, da er nicht nur eine objektive Tauglichkeit zur Zweckerreichung, sondern darüber hinausgehend verlangt, daß das an sich taugliche Mittel und der gewollte Zweck in einem vernünftigen Verhältnis zueinander stehen[20]. Dies ist (generell) einfach gesagt, (im Einzelfall) jedoch schwer getan. Sind die Geschwindigkeitsbegrenzungen im Ausgangsfall II in diesem Sinne verhältnismäßig oder nicht? Sind sie es etwa, wenn die Unfälle um 50 % zurückgehen, und nicht bei einem Rückgang von lediglich 10 %? Um weitere Kriterien zur Beantwortung derartiger komplexer Fragen zu gewinnen, differenziert man den Grundsatz der Verhältnismäßigkeit weiter in die Prinzipien der Angemessenheit und Erforderlichkeit.

(1) Grundsatz der Angemessenheit

Dieser Grundsatz besagt, daß Mittel und Zweck zueinander in Beziehung zu setzen und in ihrem Verhältnis zueinander zu bewerten sind. Dieses Prinzip wird auch als das der Verhältnismäßigkeit i. e. S. bezeichnet und soll verhindern, daß mit „Kanonen auf Spatzen geschossen" wird. Dieser Gedanke liegt vielen rechtlichen Vorschriften zugrunde, die der Student bereits kennt. So erfordert er z. B., daß im Strafrecht die angedrohte Strafe in einem gerechten Verhältnis zur Schwere der Tat und zum Verschulden des Täters stehen muß[21]. Wie Ausgangsfall III zeigt, gilt dies auch für die Ermittlungsmethoden. Auch wenn grundsätzlich die Behörden zur vollständigen Wahrheitsermittlung alle Mittel einsetzen müssen[22], so müssen doch die angewandten Methoden der Schwere der Tat angemessen sein. Im Fall III ist die Anwendung derart schmerzhafter und risikoreicher medizinischer Untersuchungen nicht gerechtfertigt. Der Grundsatz der Angemessenheit bietet jedoch nur ein grobes Raster. Das zeigt seine Anwendung auf den Fall II. Die durch die Geschwindigkeitsbegrenzungen verursachten Unbequemlichkeiten sind, auch wenn nur wenige Menschenleben erhalten bleiben, angemessen, wie es auch angemessen ist, wenn keine Limits beschlossen worden wären. Auch hier fällt die entscheidende Wertung letztlich auf den demokratischen Gesetzgeber zurück, der über einen weiten Spielraum verfügt.

(2) Prinzip des geringstmöglichen Eingriffs

Gesetzgeber oder Verwaltung dürfen sich nicht darauf beschränken, lediglich eine Maßnahme in Betracht zu ziehen, vielmehr müssen sie Alternativen

---

20) So BVerfGE 10, 117; 35, 401.
21) BVerfGE 34, 267.
22) BVerfGE 36, 186.

entwickeln und prüfen. Führt die Anwendung der vorstehenden Grundsätze dazu, daß mehrere gleichtaugliche und gleichangemessene Alternativen zur Erreichung eines gesetzlichen Zweckes zur Verfügung stehen, so kommt das Prinzip des geringstmöglichen Eingriffs zur Anwendung (auch *Übermaßverbot* genannt): Eine staatliche Maßnahme ist nur dann zulässig, wenn derselbe Zweck nicht gleich gut durch ein anderes Mittel erreicht werden kann, das den einzelnen schonender und milder belastet[23]). Im Ausgangsfall II ist zu prüfen, ob eine Verschärfung der Sicherheitsbestimmungen für Autos, eine Änderung der Verkehrsregelung usw. ebenfalls und ggf. mit welchen anderen Nachteilen eine Verringerung der Zahl der Verkehrstoten bewirken kann. Ist dies zu verneinen oder sind die Nachteile für den einzelnen noch größer, so ist der Beschluß rechtsstaatlich nicht zu beanstanden.

d) Vertrauensschutz

Aus dem Rechtsstaatsprinzip in der Gestalt der Rechtssicherheit hat das BVerfG den Grundsatz des Vertrauensschutzes abgeleitet. Es entspricht einem elementaren menschlichen Bedürfnis, Unsicherheit und Ungewißheit aus dem persönlichen Lebensbereich auszuklammern. Das Recht dient mit vielen seiner Institutionen diesem Bedürfnis, nicht zuletzt durch das verfassungsrechtliche Vertrauensschutzprinzip. Es besagt, daß sich der Bürger auf die staatlichen Maßnahmen verlassen kann. Soweit damit in einem sehr allgemeinen Sinn gemeint ist, daß er erwarten kann, daß die staatlichen Behörden den Gesetzen folgen, ergibt sich dies bereits unmittelbar aus dem Rechtsstaatsbegriff. Sieht z. B. ein staatliches Gesetz zur Ankurbelung der Wirtschaft staatliche Zuschüsse an Unternehmen vor, wenn diese gewisse Handlungen vornehmen, so sind einem Unternehmer U, der die Voraussetzungen erfüllt, die entsprechenden Vergünstigungen zu gewähren. Dies folgt schon aus dem Vorrang des Gesetzes. Das gilt nicht nur für Gesetzesbefolgung, sondern auch, wenn die Behörde selbst solche Voraussetzungen rechtmäßig aufgestellt hat. Sie muß zu ihrem Worte stehen.

Der eigentliche Anwendungsbereich des Vertrauensschutzgrundsatzes ist in Fällen zu sehen, in denen eine staatliche Regelung, auf die der Bürger gebaut hat, von seiten des Staates einseitig aufgehoben oder verändert wird. Warum das Rechtsstaatsprinzip einen Schutz vor derartigen Änderungen geben soll, leuchtet auf den ersten Blick nicht ein. Rechtsstaat vor allem i. S. von Gesetzesstaat bedeutet, daß der Wille des Gesetzgebers maßgebend ist, d. h.: ein neues

---

23) Vgl. BVerfGE 15, 235, 243; 16, 202; *Lerche*, Übermaß und Verfassungsrecht, S. 1 ff.; v. *Krauss*, Der Grundsatz der Verhältnismäßigkeit 1955, S. 15 ff.; *Wittig* DÖV 1968, 817—825.

Gesetz ist Bestandteil des Rechtsstaates und als solches zu befolgen. Das Parlament muß Gesetze auf sich ständig wandelnde Verhältnisse anpassen können. Daher scheint der Vertrauensgrundsatz sowohl dem Demokratieprinzip wie dem Rechtsstaatsprinzip (i. S. von Gesetzesstaat) zu widersprechen. Man könnte sogar die Auffassung vertreten, daß das Parlament bei seinen gesetzgeberischen Entscheidungen ausschließlich an die Beachtung der Grundrechte der einzelnen Bürger gebunden sei und daß sich aus der Verfassung nicht ergäbe, daß über die grundrechtlich abgesicherten Positionen hinaus Bürger sich gegen staatliche Maßnahmen wehren können, daß also das Verhältnis Bürger – Staat abschließend durch die Grundrechte definiert sei. Demgegenüber betont das BVerfG: „Der Staatsbürger soll die ihm gegenüber möglichen staatlichen Angriffe voraussehen und sich dementsprechend einrichten können. Er muß darauf vertrauen können, daß sein dem geltenden Recht entsprechendes Handeln von der Rechtsordnung mit allen ursprünglich damit verbundenen Rechtsfolgen anerkannt bleibt. In diesem Vertrauen wird der Bürger aber verletzt, wenn der Gesetzgeber an abgeschlossene Tatbestände ungünstigere Folgen knüpft als an diejenigen, von denen der Bürger bei seinen Dispositionen ausgehen durfte. Für den Bürger bedeutet Rechtssicherheit in erster Linie Vertrauensschutz"[24]. Im Ergebnis verfolgt das BVerfG eine flexible Linie: Einerseits läßt es die Änderung der bestehenden Rechtslage zu, andererseits will es berechtigte Interessen der einzelnen wahren. Doch die Kernfrage ist, was sind berechtigte Interessen der einzelnen? Hier lautet die Antwort des BVerfG kurz und markant: Der Bürger durfte auf den Fortbestand der Rechtslage vertrauen, wenn er darauf vertrauen durfte. Damit hatte das BVerfG sich selbst eine Formel geschaffen, die es ihm erlaubte, im Einzelfall zu entscheiden, ob der einzelne Staatsbürger auf den Fortbestand einer rechtlichen Lage vertrauen durfte. Das Ergebnis ist eine reiche Kasuistik, in der sich inzwischen bestimmte Fallgruppen unterscheiden lassen.

(1) Die erste Fallgruppe betrifft Fälle, in denen der Staatsbürger auf den *Fortbestand* ihm *günstiger staatlicher Maßnahmen vertraut*. Dies ist das Problem des Ausgangsfalles IV. Das RG wies die Klage ab: „Der Gesetzgeber ist selbstherrlich und an keine anderen Schranken gebunden als diejenigen, die er sich selbst in der Verfassung oder in anderen Gesetzen gezogen hat"[25]. Nach 1945 hat die Rechtsprechung eine allmähliche Wandlung in der Behandlung des Problems durchgemacht. In einer Reihe von Entscheidungen[26] hat sie anerkannt, daß bei besonderen Umständen des Einzelfalles ein Vertrauens-

---

24) BVerfGE 13, 271; 9, 212; 13, 224; 14, 297; 18, 439; 23, 32; 27, 238; 30, 386; 32, 123; 24, 98.
25) RGZ 139, 189.
26) BGHZ 45, 83 ff.

tatbestand geschaffen werden kann, aufgrund dessen der Bürger in den Fortbestand der ihm günstigen Regelung vertrauen durfte[27]). Umstände, die ein solches Vertrauen begründen können, sind: die Initiative zu den Maßnahmen des Bürgers ging von den staatlichen Behörden aus; es haben Verhandlungen stattgefunden; der Bürger war mit der Erledigung öffentlicher Aufgaben betraut worden usw. In allen Fällen, in denen die Rechtsprechung die Existenz eines Vertrauenstatbestandes bejaht hat, ging die Veranlassung mehr oder weniger deutlich von staatlichen Stellen aus, und es handelte sich um Fälle des Zusammenwirkens staatlicher Behörden mit privaten Unternehmen.

(2) Die zweite Fallgruppe betrifft die *Rückwirkung von Gesetzen*. Das rechte Verständnis der Problematik bereitet Anfängern erfahrungsgemäß besondere Schwierigkeiten. Dies ist z. T. darauf zurückzuführen, daß die Terminologie nicht einheitlich ist. Wir folgen hier derjenigen des BVerfG, weil in seiner Rechtsprechung der Vertrauensschutz-Grundsatz am eingehendsten konkretisiert wurde und es zu Mißverständnissen führen könnte, wenn wir hier eine andere Terminologie verwenden würden. Was heißt nun Rückwirkung von Gesetzen? Ein Gesetz „wirkt" im Grunde genommen unmittelbar selbst überhaupt nicht, also auch nicht „rück". Vielmehr sagt es Menschen, die handeln, wie sie handeln sollen. In einem strengen Sinne kann es daher auch keine Rückwirkungen von Gesetzen geben, denn die Menschen konnten sich zu einem Zeitpunkt, als ein entsprechendes Gesetz noch nicht existierte oder vorherzusehen war, nicht nach diesem Gesetz richten. Ein Beispiel mag dies verdeutlichen: An einer Straßenkreuzung wird zum 1. 10. die Vorfahrtregelung abweichend vom bisherigen Zustand geregelt. In der Zeit vor dem 1. 10. konnten sich die Verkehrsteilnehmer nur an die alte Vorfahrtregel und nicht an die neue halten, da nur die alte bestand. Ein Gesetz oder ein Verwaltungsakt können immer erst vom Zeitpunkt ihres Erlasses an „wirken". Würde sich die Änderung der Vorfahrtregel die Wirkung zulegen, ab 1. 9. gegolten zu haben, obgleich sie erst am 1. 10. in Kraft gesetzt wird, so stellt sich die Frage, ob alle diejenigen, die in der Zeit zwischen dem 1. 9. und dem 1. 10. sich nicht nach der neuen Verkehrsregelung gerichtet haben, sich einer Verkehrswidrigkeit schuldig gemacht haben und eine entsprechende Buße zahlen müssen. Dies ist die Problematik der sog. Rückwirkung: vergangenes Verhalten wird nachträglich nach anderen Normen bewertet als nach denjenigen, die zum Zeitpunkt des Handelns maßgeblich waren. Für das Strafrecht ist gem. Art. 103 II entsprechend dem Grundsatz „nullum crimen sine lege" eine solche Rückwirkung verboten. Dies ist jedoch eine Ausnahme und

---

[27]) Offen ist hierbei, ob dies ein eigener Anspruch ist oder ob es sich um eine eigentumsähnliche Position handelt — vgl. Kap. 11, 10; vgl. auch *Ossenbühl* JuS 1975, 545—549.

gilt nicht für die gesamte Rechtsordnung! Es verstößt daher nicht gegen rechtsstaatliche Grundsätze, „wenn ein Gesetz anordnet, daß die in ihm bestimmten Rechtswirkungen mit Wirkung von einem vor der Verkündung liegenden Zeitpunkt eintreten"[28]). Hätte das BVerfG Art. 103 II als Ausdruck eines allgemeinen Rechtsgedankens in allen Gebieten analog angewandt, so hätte dies zwar eine einfache Regel zur Folge gehabt, die aber zugleich auch starr und unflexibel gewesen wäre. Mit der Beschränkung des Rückwirkungsverbots auf das Strafrecht konnte sich das BVerfG einen Spielraum zur wertenden Behandlung der übrigen Rückwirkungsfälle verschaffen. Soweit es sich hierbei um vermögenswerte Rechte handelt, löst es die auftretenden Probleme mit Art. 14, den es insoweit als Ausdruck des Vertrauensschutzes bezeichnet[29]). Die übrigen Fälle unterscheidet es in Fälle der echten (retroaktiven) Rückwirkung und in die der unechten (retrospektiven) Rückwirkung.

Mit der *echten Rückwirkung* ist der Fall gemeint, daß das Gesetz nachträglich in abgewickelte, der Vergangenheit angehörende Tatbestände eingreift[30]). In dem Beispiel der Vorfahrtänderung ist der Zeitraum vor dem 1. 10. gemeint. Nach der st. Rspr. des BVerfG[31]) ist bei der retroaktiven Rückwirkung zu unterscheiden, ob es sich um eine belastende oder eine begünstigende Regelung handelt.

Belastende Gesetze, die sich eine Rückwirkung beilegen, sind wegen des Verstoßes gegen das aus dem Rechtsstaatsprinzip herzuleitende Gebot der Rechtssicherheit — die für den Bürger in erster Linie Vertrauensschutz bedeutet — grundsätzlich *nichtig*[32]). Wie so oft in der Rechtswissenschaft, liegt die Betonung auch hier auf dem kleinen Wörtchen „grundsätzlich". Dies deutet an, daß es Ausnahmen gibt. Ausnahmen rechtfertigen sich dann, wenn der Bürger nicht vertraute oder wenn das Vertrauen auf eine bestimmte Rechtslage sachlich nicht gerechtfertigt war[33]). Ob ein Vertrauen gerechtfertigt ist oder nicht, ist unter Berücksichtigung der konkreten Umstände des Einzelfalles und unter Abwägung aller beteiligten Interessen zu beurteilen[34]). Nach dieser Leitlinie hat das BVerfG folgende *Ausnahmen* anerkannt:

(1) Der Vertrauensschutz greift nicht ein, wenn eine entsprechende *Neuregelung zu erwarten* war[35]). Dies ist etwa der Fall, wenn es sich um erkenn-

---

28) BVerfGE 1, 264 (280); 7, 92.
29) BVerfGE 36, 293.
30) BVerfGE 11, 145 f.; st. Rspr.
31) Z. B. BVerfGE 13, 270 f.
32) BVerfGE 25, 403; 22, 248; 23, 32; 24, 229; 30, 385; 31, 225.
33) BVerfGE 19, 127.
34) BVerfGE 32, 123.
35) BVerfGE 13, 272 — st. Rspr.

bar vorläufige Regelungen handelt[36]). Die Beratungen eines neuen Gesetzes im Bundestag und das Bekanntwerden der Neuregelung schließen den Vertrauensschutz nicht schon aus, sondern erst der Beschluß des Bundestages, ein rückwirkendes Gesetz in Kraft zu setzen[37]). Allerdings: die Beratung im Bundestag und deren öffentliche Erörterung können das Vertrauen „durchlöchern".

(2) „Der Staatsbürger kann auf das geltende *Recht* bei seinem Plan dann nicht vertrauen, wenn es *unklar und verworren* ist. In solchen Fällen muß es dem Gesetzgeber erlaubt sein, die Rechtslage rückwirkend zu klären"[38]).

(3) Eine weitere Ausnahme besteht dann, wenn der Gesetzgeber tätig wird, um eine *Lücke* zu schließen, die dadurch entstanden ist, daß eine ursprünglich bestehende Norm sich nachträglich, etwa durch einen Spruch des BVerfG, als verfassungswidrig herausgestellt hat. Wegen der ex-tunc-Wirkung wird dann vielen in der Vergangenheit liegenden Akten der Boden entzogen. Hier ist der Gesetzgeber aufgerufen, eine rechtlich nicht zu beanstandende Norm auch für schon abgeschlossene Fälle zu erlassen[39]).

(4) Die vierte Ausnahme ergibt sich nicht, wie die ersten drei, aus dem Fehlen der Vertrauensbasis, sondern daraus, daß das Prinzip der Rechtssicherheit mit anderen Rechtsgütern in Konflikt gerät und die anderen Rechtsgüter dem Gebot der Rechtssicherheit übergeordnet sind. Nach der Formulierung des BVerfG können „*zwingende Gründe des Gemeinwohls*"[40]) die echte Rückwirkung rechtfertigen. Im Beispielsfall trifft keine der Ausnahmen zu. Vielmehr verlangt der Grundsatz der Sicherheit des Verkehrs, daß keine Rückwirkung erfolgen darf.

Die Rückwirkung von *begünstigenden Gesetzen,* die den Staatsbürger günstiger als nach dem bisherigen Rechtszustand stellen, verletzt nicht das Vertrauensschutzprinzip[41]).

Die *unechte Rückwirkung* betrifft den Fall, daß das Gesetz nach seinem Wortlaut und Inhalt nur in die Zukunft wirkt, jedoch auch solche Sachverhalte erfaßt, die in der Vergangenheit begonnen haben und gegenwärtig noch nicht abgeschlossen sind[42]), wie im Ausgangsfall V. Unechte Rückwirkung ist grundsätzlich *zulässig.* Sie ist ausnahmsweise dann verfassungswidrig, „wenn sie in einen Vertrauenstatbestand eingreift und die Bedeutung des gesetzgeberischen Anliegens für die Allgemeinheit das Interesse des einzelnen am

---
36) VBerfGE 15, 207.
37) BVerfGE 14, 298.
38) BVerfGE 13, 223; 19, 195 f.; 30, 268, 388.
39) BVerfGE 13, 272; 18, 439; 19, 197.
40) BVerfGE 2, 405; 13, 272; 18, 439; 30, 268, 390; 31, 226, 227.
41) BVerfGE 15, 324.
42) BVerfGE 11, 145, 146.

Fortbestand des bisherigen Zustandes nicht übersteigt"⁴³). Bei der retrospektiven Rückwirkung verlangt das BVerfG demnach immer eine Abwägung der Interessen⁴⁴). Dies läuft dann auf eine Billigkeitsrechtsprechung⁴⁵) hinaus, die immer wieder Formeln verwendet, daß das Vertrauensschutzprinzip dem Bürger keinen Schutz vor Enttäuschungen biete und daß bloße Erwartungen und Hoffnungen nicht geschützt seien. Die reiche Kasuistik des BVerfG scheint von dem Gedanken getragen zu sein, daß ein Vertrauensschutz nur dann besteht, wenn der Bürger durch seine Dispositionen sich so auf den Fortbestand der Rechtslage eingerichtet hat, daß die Änderung der Rechtslage ihn mit seinen Dispositionen in ernste persönliche Schwierigkeiten bringt. Ob letzteres der Fall ist, entscheidet dann das BVerfG. Im Ausgangsfall V hat das BVerfG den Interessen der Allgemeinheit den Vorrang gegeben. Die Entscheidung⁴⁶) erscheint sehr problematisch und paßt auch nicht ganz in das Bild der übrigen Rechtsprechung, die vor allem bei der Anerkennung des Vertrauensschutzes von Wirtschaftsunternehmen recht weit gegangen ist (s. oben S. 114 f.).

e) Die hier besprochenen Probleme bilden das „Rückgrat" vieler öffentlich-rechtlicher Prüfungsarbeiten. Zur *Vertiefung* empfiehlt sich dringend eine eingehende Beschäftigung mit der Rechtsprechung des BVerfG. Dies kann auch in Arbeitsgemeinschaften geschehen. Lesenswert ist unbedingt: *Friauf* BB 1972, 669—678; *Leisner*, Das Gesetzesvertrauen des Bürgers, in: Festschrift Berber, München, 1973, S. 273—297; *Ossenbühl* JuS 1975, 545—549.

3. Gerichtliche Kontrolle

Die in Art. 19 IV vorgesehene umfassende gerichtliche Kontrolle aller hoheitlichen Gewalt ist als „Schlußstein im Gewölbe des Rechtsstaats" (Ermacora), „Krönung des Rechtsstaats" (Ebers) und als formelles Hauptgrundrecht (Klein)⁴⁷) bezeichnet worden. Andere bestreiten, daß die umfassende Kontrolle staatlichen Handelns durch unabhängige Gerichte zum Wesen des Rechtsstaats gehöre⁴⁸).

Die Klärung des Streites ist bedeutsam für den Umfang des verfassungsfesten Minimums nach Art. 79 III. Könnte — so lautet die Frage — die

---

43) BVerfGE 36, 82; 40, 75 f.
44) BVerfGE 25, 154; 30, 268, 391, 404; 31, 226; 36, 82; 40, 75.
45) BVerfGE 14, 300: „Der Bürger (kann sich) auf Vertrauensschutz als Ausprägung des Rechtsstaatsprinzips nicht berufen, wenn sein Vertrauen auf den Fortbestand einer bestimmten gesetzlichen Regelung eine Rücksichtnahme durch den Gesetzgeber *billigerweise* nicht beanspruchen kann." (Hervorhebung von mir.)
46) BVerfGE 39, 128 ff. — unbedingt lesen!
47) *Ermacora*, Recht – Staat – Wirtschaft Bd. 3, S. 9; *Ebers*, Festschrift für Laforet, S. 271; *Klein* VVDStRL Bd. 8 (1950), 123.
48) *Maunz/Dürig/Herzog* Art. 20 Rdnr. 92.

Garantie des umfassenden gerichtlichen Rechtsschutzes nach Art. 19 IV durch eine Verfassungsänderung beseitigt werden? Das BVerfG hat sich nur insoweit festgelegt, daß das Rechtsstaatsprinzip nicht eine mehrinstanzliche Gerichtsbarkeit verlange, daß für eine Rechtsstreitigkeit der Weg zu *einem* Gericht ausreichend sein könne[49]).

Immerhin scheint das BVerfG von einem engen Zusammenhang der gerichtlichen Überprüfung der Akte der öffentlichen Gewalt mit dem Rechtsstaatsprinzip auszugehen. Dieses ist — wie die anderen Prinzipien auch — zwar verfassungsgeschichtlich vorgeformt, jedoch auch durch die grundgesetzliche Ordnung weiter ausgestaltet worden. Im GG gehört die umfassende Kontrolle nach Art. 19 IV ebenso zum Rechtsstaatsprinzip wie die Einrichtung eines Verfassungsgerichts, das die Einhaltung der verfassungsmäßigen Ordnung auch dem Gesetzgeber gegenüber überwacht. Damit folgt das GG dem amerikanischen Typus des Rechtsstaates, in dessen Verfassungstradition es seit 1803 die Kontrolle auch des Gesetzgebers durch den „Richterkönig" gibt. Die Einflüsse dieses Rechtsstaatsdenkens auf die Konstruktion des GG sind unverkennbar[50]). Mit dem GG ist die Wandlung vom Rechtsstaat zum Richterstaat[51]) vollzogen. Die Kontrollierbarkeit allen staatlichen Handelns durch unabhängige Gerichte ist damit zum Bestandteil des Rechtsstaatsprinzips geworden.

Kapitel 10: GEWALTENTEILUNG

1. Bedeutung der Gewaltenteilung

Gewaltenteilung ist die rechtsstaatliche Ergänzung der Demokratie. Ihr Ziel ist es, Tyrannei zu verhindern; diejenige eines Monarchen ebenso wie diejenige eines Parlaments. Die Französische Revolution in ihren Phasen der Konventsherrschaft der Girondisten und Jakobiner sowie der Diktatur des Wohlfahrtsausschusses unter Robespierre und Saint Juste, d. h. 1792—1794, ist das historische Beispiel dafür, daß Terror und Diktatur eines Parlaments genauso furchtbar wüten können wie die eines Tyrannen. Nach Art. 20 II geht zwar alle Staatsgewalt vom Volke aus, sie wird jedoch durch besondere Organe der Gesetzgebung, der vollziehenden Gewalt und der Rechtsprechung

---

49) BVerfGE 8, 182.
50) Vgl. im einzelnen: *v. Unruh* DVBl. 1976, 455 ff.
51) *René Marcic*, Vom Gesetzesstaat zum Richterstaat, Wien 1957.

ausgeübt. Die Staatsgewalt, die vom Volke ausgeht, findet sich somit nicht nur im Parlament, sondern ebenso in der Exekutive und der Judikative. Auch diese sind vom Volke getragen, weshalb Gerichtsurteile „Im Namen des Volkes" ergehen. Damit ist die Gewaltenteilung ein grundlegendes Prinzip der freiheitlich-demokratischen Grundordnung und wesentlicher Grundsatz der freiheitlichen Demokratie des Grundgesetzes[1]). Das Gewaltenteilungsprinzip ist im wesentlichen von John Locke und Montesquieu[2]) begründet worden. Vor allem Montesquieu glaubte, in dem (von ihm falsch verstandenen) damaligen englischen Regierungssystem eine Garantie für die Verhinderung von Machtmißbrauch und für die Sicherung individueller Freiheit gefunden zu haben. Aus dem Zusammenspiel der realen politischen Kräfte (Bürgertum und Aristokratie) entwickelte er die Idee einer Funktionentrennung und ordnete den Gruppen bestimmte Kompetenzen zu: Das Parlament gab die Gesetze, die der Monarch mit seiner Verwaltung auszuführen hatte, und die Richter kontrollierten, ob die Ausführung den Gesetzen entsprach. Art. 20 II ist ganz in der Vorstellung dieses Regelkreises formuliert, obgleich er mit keinem Wort das Gewaltenteilungsprinzip erwähnt[3]). Art. 20 II selbst ist nicht sehr geschickt formuliert. Nach dem Gewaltenteilungsprinzip wird die einheitliche Staatsgewalt in drei funktionelle Gewalten unterteilt: Legislative – Exekutive – Judikative.

Diesen stehen bestimmte zugeordnete Organe gegenüber: Parlament, Behörden und Gerichte. Nach Art. 20 II sieht es so aus, als wenn die einzelnen Funktionen durch die entsprechenden Organe wahrgenommen würden. Dies trifft jedoch nur für die Judikative zu, die ausschließlich den Richtern vorbehalten ist (lies Art. 92!). Im übrigen haben Parlament, Behörden und Gerichte sowohl gesetzgeberische wie exekutivische als auch eigene Aufgaben zu erfüllen, wenngleich das Schwerpunkt der Legislative beim Parlament und der Exekutive bei den Behörden liegt:

Volk ——————————————— Organe
|
Staatsgewalt

a) Legislative ——————— Parlament
b) Exekutive ——————— Behörden
c) Judikative ——————— Gerichte

Art. 92

---

1) BVerfGE 2, 13, 239.
2) *Montesquieu*, De l'esprit des lois, 1748.
3) So ist denn auch str., ob das Gewaltenteilungsprinzip in Art. 20 II oder in einer anderen GG-Norm verankert ist; vgl. auch *Stein*, StaatsR § 5 VI; *Doehring*, StaatsR, S. 191, 192.

Das BVerfG hat sich bei der Erfassung des Gewaltenteilungsprinzips recht schwer getan, weil es in Art. 20 II die traditionelle Gewaltenteilungslehre verankert sah. Angesichts der Nichtübereinstimmung der Gewalten und Organe führte es denn aus, daß das Prinzip der Gewaltenteilung „nirgends rein verwirklicht sei"[4]. Von diesem Ansatzpunkt aus entwickelte es dann eine neue Sinngebung des Prinzips der Gewaltenteilung. Es hätte jedoch gleich nach dem hinter dem Gewaltenteilungsprinzip stehenden Sinn fragen können. Sinn und Zweck der Gewaltenteilung — damals wie heute — ist *Kontrollierung, Hemmung und Begrenzung der Staatsgewalt,* damit ihr Gebrauch gemäßigt und die Freiheit des einzelnen geschützt werden. Die Verfassung selbst legt das Zusammenspiel und die Verteilung der Gewichte zwischen den einzelnen Gewalten fest[5]. Damit bedeutet das Prinzip der Gewaltenteilung dreierlei:

(1) Gewaltenteilung ist ein *Organisationsprinzip.* Es werden drei voneinander getrennte, nach unterschiedlichen Prinzipien aufgebaute Organe geschaffen.

(2) Diesen Organen werden im Kern bestimmte *Funktionen* zugewiesen, und es wird sichergestellt, daß keines der Organe auch bei vielfältigsten Überschneidungen in den Kernbereich eines anderen Organs eingreift.

(3) Gewaltenteilung bezweckt Aufteilung der Ausübung staatlicher Macht auf mehrere und dadurch die gegenseitige Hemmung der die staatlichen Befugnisse ausübenden Stellen. Gewaltenteilung ist in diesem Sinne ein System der gegenseitigen Hemmung und Ausbalancierung *(system of checks and balances).*

Zur *Vertiefung* sei dringend empfohlen: *Böckstiegel* NJW 1970, 1712 bis 1718; *Rausch* (Hrsg.), Zur heutigen Problematik der Gewaltenteilung, Darmstadt, 1969 (eine Sammlung grundlegender Aufsätze). Arbeitsgemeinschaften sollten hieraus die Beiträge von *Peters,* S. 78—112, *Kägi,* S. 286—312 und *Imboden,* S. 487—504, erarbeiten. Zur weiteren Vertiefung kann sich der Student mit grundsätzlich anderen Modellen auseinandersetzen: Loewenstein a. a. O. (= Verfassungslehre, 2. Aufl., Tübingen, 1969, S. 272—285) und Jahrreiß. Unerläßlich ist die Lektüre der angegebenen BVerfGE!

Im folgenden wird exemplarisch die Gewaltenteilung bei der Gesetzgebung, der Regierung und dem BVerfG und in ihrem Zusammenwirken dargestellt.

2. Gesetzgebungsverfahren

Ausgangsfälle:

(I) Der Industrielle Erbsenhaus verlegt unter Ausnutzung aller gesetzlichen Möglichkeiten seinen Wohnsitz ins Tessin. Dadurch entgehen den Steuerbehörden

---

4) BVerfGE 3, 247; 7, 188; 30, 28; 34, 59.
5) BVerfGE 9, 279; 22, 111; 34, 59.

jährlich erhebliche Steuereinnahmen. Im Bundestag wird daher ein Gesetz zur Besteuerung von Auslandsdeutschen (Lex Erbsenhaus) eingebracht, das seinem Inhalt nach nur E betrifft.

(II) Das Rentenreformgesetz war 1972 mit Zustimmung des Bundesrates verabschiedet worden. 1973 wurde dieses Gesetz durch das 4. Rentenversicherungsänderungsgesetz geringfügig geändert. Der Bundesrat vertrat die Auffassung, daß ein Gesetz zur Änderung eines Zustimmungsgesetzes immer zustimmungsbedürftig sei. Hat er recht?

(III) Bundesminister B hat sich in einer Diskussion sehr negativ über die „Hinterbänkler" im Bundestag geäußert. Die Betroffenen verlangen die Entlassung des B vom Bundeskanzler. Dieser weigert sich wegen dessen fachlicher Qualitäten. Daraufhin versagen die Hinterbänkler der Regierungspartei konsequent die Zustimmung zu Regierungsvorlagen. Sie stimmen auch nicht für die Oppositionsanträge. Wie geht es weiter?

(IV) V steht wegen Mordes vor Gericht. Dieses ist der Auffassung, daß die zu verhängende Freiheitsstrafe gegen Art. 1, 2 verstößt. Was kann es machen?
V ist verurteilt. Der Gefängniswärter G hat die gleichen Bedenken wie das Gericht. Was kann er machen?

(V) Durch Bundesgesetz wird ein „Pennälergehalt" für die Oberstufenschüler gewährt. Ausgenommen sind Schüler humanistischer Gymnasien. In einem Normenkontrollverfahren kommt das BVerfG zu dem Ergebnis, daß die Ausnahme verfassungswidrig ist. Muß es das Gesetz insgesamt oder nur die Ausnahmenorm aufheben?

a) Das Gesetzgebungsverfahren ist in den Art. 70 ff. geregelt. In diesen Vorschriften wird in Ausgestaltung der Gewaltenteilung die gesetzgebende Gewalt festgelegt. Darüber hinaus ist die bundesstaatliche Seite in der Verteilung und Regelung der Bund-Länder-Kompetenzen zu beachten, auf die wir in Kapitel 15 eingehen werden. Und schließlich bedeutet Gesetzgebung die verbindliche Gestaltung der sozialen Umwelt durch den Staat mittels allgemeingültiger Normen. Hier findet also auch das Demokratieprinzip seine Durchführung. Im weiteren werden wir uns jedoch hier auf die rechtsstaatliche Komponente beschränken.

Nach Art. 20 III ist die Gesetzgebung an die verfassungsmäßige Ordnung gebunden. Diese Bindung hat zweifache Bedeutung: Formell bedeutet sie, daß der Bundesgesetzgeber im Verhältnis zu den Landesgesetzgebern zuständig sein muß (Verbandskompetenz, vgl. unten Kap. 15), daß die beteiligten Organe Bundestag, Bundesrat und Bundespräsident sich im Rahmen ihrer Zuständigkeiten halten (Organkompetenz) und daß die Vorschriften des Gesetzgebungsverfahrens eingehalten werden. Nur bei Verbandskompetenz des Bundes, Organkompetenz der Beteiligten und Beachtung des Verfahrens ist ein Gesetz formell verfassungsmäßig i. S. von Art. 20 III. Die materielle Bindung verlangt die Beachtung der Staatszielbestimmungen (Art. 20, 28) und die Achtung der Grundrechte (Art. 1 III), so daß materiell verfassungsgemäß ein Gesetz dann ist, wenn es mit den aus den Staatszielbestimmungen abgeleiteten Grundsätzen übereinstimmt und keine grundrechtlich gesicherte Position eines einzelnen verletzt.

b) Was ist unter einem Gesetz zu verstehen? Man unterscheidet den formellen vom materiellen Gesetzesbegriff. *Formelle Gesetze* sind alle diejenigen Staatsakte, die von den in der Verfassung vorgesehenen Gesetzgebungsorganen im vorgeschriebenen Verfahren verabschiedet wurden. *Gesetz im materiellen Sinne* ist eine einseitige hoheitliche Festlegung (= Regelung), die für alle Situationen, die im Gesetz definiert sind, ein bestimmtes Verhalten vorschreibt. Ein Gesetz ist nicht an individuell genannte Personen adressiert, sondern richtet sich an die Allgemeinheit, der es auf besondere Art und Weise — im Bund durch Veröffentlichung im BGBl. — bekanntgemacht wird. Der Adressatenkreis des Gesetzes ist nicht individuell („Herr Meier"), sondern generell („Jeder, der ...", „Wer ...") umschrieben. Es kommt nicht darauf an, daß der einzelne auch tatsächlich vom Gesetz Kenntnis erhalten hat (Unkenntnis schützt vor Strafe nicht). Zum Wesen des Gesetzes gehört es weiterhin, daß es nicht nur für einen konkreten Fall („am 16. 12. 1976, 12.07 Uhr, in ..."), sondern eine allgemeine, abstrakt geltende Richtlinie enthält („Jedesmal, wenn ..."). Es will nicht nur einmal, sondern immer wieder gelten, wenn eine bestimmte Situation gegeben ist. Daher sagt man in der Rechtswissenschaft, daß ein materielles Gesetz eine *abstrakt-generelle* Regelung enthält[6]).

Formelles und materielles Gesetz können miteinander übereinstimmen, müssen es aber nicht. Es gibt materielle Gesetze, die keine formellen Gesetze sind, z. B. Rechtsverordnungen, die nicht vom Parlament, sondern als abstrakt-generelle Regeln von der Verwaltung erlassen werden. Gleiches gilt für die Satzungen autonomer Verbände (z. B. Gemeinde, Universität). Der Haushaltsplan ist ein formelles Gesetz, ohne zugleich auch materielles Gesetz zu sein. Er wird nach Art. 110 II durch Bundesgesetz festgestellt, enthält aber nach h. A.[7]) keine materielle Regelung, sondern ermächtigt nur die Verwaltung, in bestimmtem Umfang Ausgaben vorzunehmen. Das Bundesgesetz ist nach dieser Auffassung ein Voranschlag über künftig zu erwartende Einnahmen und Ausgaben, ein reines Zahlenwerk, wohingegen das materielle Gesetz in Freiheit und Eigentum der Bürger eingreift.

Die Auswirkungen des Gewaltenteilungsprinzips auf den Begriff des Gesetzes werden in doppelter Hinsicht spürbar:

(1) Materielle Gesetze, die nicht auch formelle Gesetze sind (lies Art. 80 und 28!) beruhen auf einer abgeleiteten Normsetzungsbefugnis. Ein originäres

---

6) Merke: Situation = abstrakt oder konkret; Adressat = generell — individuell; vgl. auch *Püttner* Kap. 5, 4 mit Beispielen.
7) *Hamann/Lenz* Art. 110 Anm. B 4; *Maunz/Dürig/Herzog* Art. 110 Rdnr. 9.

Verordnungsrecht der Verwaltung (einschließlich Regierung) gibt es im GG nicht! Das Gewaltenteilungsprinzip verlangt, daß sich die gesetzgebende Körperschaft ihrer Verantwortung vor dem Staatsvolk nicht dadurch entziehen kann, daß es die Gesetzgebungsmacht pauschal überträgt[8]).

(2) Schwieriger, da nicht im GG geregelt, ist die Behandlung der Fälle, in denen der Gesetzgeber sich nicht auf abstrakt-generelle Regelungen beschränkt, sondern individuelle und konkrete Einzelfälle durch Gesetz regelt (sog. *Einzelfallgesetz* oder *Maßnahmegesetz*). Manche leiten aus dem Grundsatz der Gewaltenteilung ab, daß die individuell-konkrete Regelung von Einzelfällen zum Kernbereich der Exekutive gehöre, in den der Gesetzgeber nicht eingreifen dürfe. Gesetze müßten immer allgemein und dauernd sein, da sonst der Verwaltung als „besonderes Organ" (Art. 20 III) nichts mehr übrig bleibe. Mit dem Begriff des Maßnahmegesetzes verbindet sich eine umfangreiche wissenschaftliche Kontroverse[9]), die der Student wenigstens in Umrissen kennen muß.

Bei Maßnahmegesetzen unterscheidet man:

Anlaßgesetze = Gesetze, die aus Anlaß einer bestimmten Situation geschaffen wurden und dauernd gelten sollen, z. B.: aufgrund der Erfahrungen bei einer Waldbrandkatastrophe wird der Einsatz der Bundeswehr in Katastrophenfällen gesetzlich geregelt.

Zeitgesetze = Gesetze, die von vornherein für eine bestimmte Zeit befristet sind, z. B.: ein Gesetz zur Ankurbelung der Wirtschaft gewährt für ein halbes Jahr Zuschüsse zu bestimmten Investitionsvorhaben.

Einzelpersonengesetze = Gesetze, die das Verhalten nur bestimmter Personen regeln (Ausgangsfall I). Werden diese beim Namen genannt, so ist es ein *offenes* Einzelpersonengesetz; werden sie nur generell beschrieben, jedermann weiß aber, daß nur eine oder wenige Personen betroffen sind, so ist es ein *getarntes* Individualgesetz. In einem Gesetz werden z. B. Industriefirmen einer bestimmten Branche (z. B. Stahlerzeuger) und einer bestimmten Größenordnung (x Tonnen jährliche Stahlerzeugung) zu einer Sonderabgabe herangezogen. Die Kriterien treffen aber nur auf die R-Firma zu.

Einzelfallgesetze = Gesetze, die nicht abstrakt für eine unbestimmte Anzahl von Fällen gelten wollen, sondern konkrete Einzelfälle regeln. Derartige Normen kommen bei Übergangsregelungen aus Anlaß des Inkrafttretens eines neuen Gesetzes vor.

Die Rechtsprechung des BVerfG zur Frage der Maßnahmegesetze ist schwer durchschaubar. Dies ist darauf zurückzuführen, daß das Gericht zwar

---

8) BVerfGE 34, 59 f.; Die Übertragung der Normsetzungsbefugnis muß nach Art. 80 I konkret erfolgen (vgl. unten e).
9) Vgl. zur Vertiefung *Maunz/Dürig/Herzog* Art. 20 Rdnr. 93—116.

recht häufig mit tatsächlichen oder angeblichen Individualgesetzen befaßt war, in keinem Fall jedoch die Verfassungswidrigkeit wegen Verstoßes gegen das Gewaltenteilungsprinzip angenommen hat. Nur aus Nebenbemerkungen ist zu entnehmen, daß das BVerfG es im Grundsatz für möglich hält, daß Einzelfallgesetze wegen Verletzung der Gewaltenteilung unzulässig sein können[10]). Andererseits sind nach Ansicht des BVerfG Maßnahmegesetze „als solche weder unzulässig, noch unterliegen sie einer strengeren verfassungsrechtlichen Prüfung als andere Gesetze"[11]). „Der Begriff des Maßnahmegesetzes ist also verfassungsrechtlich irrelevant"[12]). Die Kriterien zur Beurteilung der Verfassungsmäßigkeit von Maßnahmegesetzen entnimmt das Gericht nur ausnahmsweise dem Gewaltenteilungsprinzip. Regelmäßig argumentiert es mit dem Verbot grundrechtsbeschränkender Individualgesetze (Art. 19 I 1), dem Gleichheitssatz (Art. 3) und dem Bundesstaatsprinzip.

Nach Art. 19 I 1, der eine „Konkretisierung des allgemeinen Gleichheitssatzes"[13]) darstellt, darf ein den Gesetzesvorbehalt bei Grundrechten (oben S. 35 f.) ausfüllendes Gesetz „nicht nur für den Einzelfall gelten". Mit der Funktion der Grundrechte (oben S. 28 f.) kann nicht vereinbart werden, daß einzelne einer Sonderbehandlung in positiver wie in negativer Hinsicht unterliegen. Außer der Verwirkung nach Art. 18 darf es keinen Individualentzug von Grundrechten geben. Im Ausgangsfall I könnte die Heranziehung des E zu einer nur für ihn geschaffenen Steuer gegen Art. 19 I 1 verstoßen. Bei nicht grundrechtseinschränkenden Gesetzen kommt Art. 3 zum Zuge, der sachwidrige Differenzierungen untersagt[14]). Auch dies träfe im Ausgangsfall I zu.

Der weitere Gesichtspunkt aus dem Bundesstaatsprinzip steht im Zusammenhang mit dem Gewaltenteilungsgrundsatz. In den Fällen, in denen der Bund die Gesetzgebung und die Länder die Verwaltung von der Verfassung übertragen erhalten (Art. 83 ff.; vgl. Kap. 16), kann ein Maßnahmegesetz als „Verwaltungsakt in Gesetzesform"[15]) unter Umständen dazu führen, daß der Bund nicht nur die Gesetzgebung, sondern auch die Verwaltung an sich zieht und die aus dem Bundesstaatsprinzip folgenden Verwaltungskompetenzen der Länder aushöhlt. Diese Fälle sind allerdings außerordentlich selten, denn irgend etwas bleibt für die Länder fast immer übrig. Im Ausgangsfall I hat

---

10) BVerfGE 7, 151: „Ein unzulässiges Gesetz für den Einzelfall liegt nicht vor ..."; BVerfGE 10, 244: „Von einem getarnten Individualgesetz kann nur dann gesprochen werden ..."
11) BVerfGE 25, 396 — st. Rspr.
12) BVerfGE a. a. O.
13) BVerfGE 24, 396; 25, 399.
14) Vgl. Kap. 11, 2 und 13, 1.
15) *Maunz/Dürig/Herzog* Art. 20 Rdnr. 113; *Hildegard Krüger* DVBl. 1955, 791 f.

z. B. das zuständige Finanzamt jeweils die jährliche Veranlagung durchzuführen.

Ob der Gewaltenteilungsgrundsatz neben diesen drei Kriterien noch eine zusätzliche Sperre gegen Individualgesetze bietet, ist nicht geklärt. Mit Maunz/Dürig/Herzog[16]) wird man dies höchstens dann annehmen können, wenn eine in ihrer Intensität und Quantität herausragende Maßnahmegesetzgebung das verfassungsmäßige Gleichgewicht zwischen Regierung und Parlament entscheidend stört. Dies leuchtet als Grundsatz zwar unmittelbar ein, in der Durchführung dürften sich jedoch unüberwindliche Schwierigkeiten stellen, so daß man, von offensichtlichen Ausnahmefällen abgesehen, denjenigen beipflichten muß, die das Gewaltenteilungsprinzip für die Beurteilung von Maßnahmegesetzen als unerheblich bezeichnen[17]).

c) Das *Gesetzgebungsverfahren* ist in Art. 76—78, 81 und 82 geregelt (unbedingt lesen!). Bei der Lektüre dieser Vorschriften ist besonders der beschränkte Umfang der verfassungsmäßigen Regelung auffällig: das GG legt im wesentlichen nur die Kompetenzen der Gesetzgebungsorgane fest. Es enthält nicht die technische Ausgestaltung des Verfahrens; dieses ergibt sich aus den Geschäftsordnungen von Bundestag, Bundesrat und Bundesregierung (vgl. Art. 40, 52, 65). Ungeregelt ist auch, was man unter der „Vorformung des politischen Willens" versteht. Wie Parteien, Verbände und die öffentliche Meinung auf das Gesetzgebungsverfahren Einfluß nehmen, ist im GG nicht erwähnt. Darüber, wie inhaltlich ein Mehrheitskonsens bei der Gesetzgebung gefunden wird, schweigt die Verfassung völlig. So gibt das GG einen sehr kleinen Ausschnitt aus dem Gesetzgebungsverfahren wieder, der der Ergänzung durch die Kenntnis der politischen Wirklichkeit bedarf[18]). Die wesentlichen Ereignisse vollziehen sich außerhalb des vom GG geregelten Verfahrens. Zugleich muß man sich jedoch fragen, ob dies den oft erhobenen Vorwurf rechtfertigt, das GG sei blind gegenüber der Verfassungswirklichkeit. Das GG behandelt nicht das Konsensfindungsverfahren, sondern legt fest, wie der gefundene Konsens in eine Rechtsform umgewandelt wird. Dies ist der für das Verfassungsrecht bedeutsame Vorgang. Anders als der Politikwissenschaft geht es dem Verfassungsrecht nicht um die umfassende Beschreibung des politischen Prozesses, sondern um die Gestaltung desjenigen Verfahrens, in dem eindeutig und verbindlich die staatlichen Verhaltenserwartungen festgelegt werden.

---

16) Art. 20 Rdnr. 111.
17) *Zeidler*, Maßnahmegesetz und „klassisches Gesetz", 1961, S. 103; vgl. auch *W. Krawietz* DÖV 1969, 127; *Meessen* DÖV 1970, 314 f.
18) Hierzu vgl. *Thomas Ellwein*, Das Regierungssystem der Bundesrepublik Deutschland, S. 272 ff.

(1) Art. 76 regelt das *Einleitungsverfahren*. Er beschreibt, wie die Initiative zu einem Gesetzgebungsverfahren ergriffen werden kann. Das Recht, das Gesetzgebungsverfahren in Gang zu bringen, ist sehr wichtig für ein politisches System[19]). Man überlege sich nur einmal, wer alles hierfür in Betracht kommen könnte: Staatsvolk über Volksbegehren[20]), einzelne Bundesländer, einzelne Bundesminister, einzelne Abgeordnete, einzelne Wirtschaftsverbände usw. Demgegenüber beschränkt Art. 76 das Gesetzesinitiativrecht auf drei Instanzen: Bundesregierung, Bundesrat und auf die „Mitte des Bundestages". Allen drei Initiativberechtigten ist gemeinsam, daß sie ernst zu nehmende politische Kräfte sind, daß also nicht leichtfertig aussichtslose Vorhaben initiiert werden.

Wenn die *Bundesregierung* initiativberechtigt ist, so bedeutet dies, daß ein Mehrheitsbeschluß des gesamten Kabinetts über eine Gesetzesvorlage zustande kommen muß, d. h., weder der Kanzler noch ein einzelner Minister können eine Gesetzesvorlage einbringen. De facto kommen Gesetzesentwürfe überwiegend aus einzelnen Ministerien. Die Ministerialbürokratie beobachtet die gesellschaftliche Wirklichkeit, wird von den interessierten Gruppen auf Mängel hingewiesen, ihr werden Wünsche der verschiedenen Gruppen vorgetragen usw. Wenn dann „im Hause" eines Ministers ein Gesetzesentwurf (sog. Referentenentwurf) zustande gekommen ist, bringt der Minister ihn zunächst im Kabinett ein. Hier muß der Entwurf die Mehrheit des Kabinetts finden, bevor er zu einer offiziellen Gesetzesvorlage werden kann. Dieser Filter bezweckt zunächst einmal, daß durch neue Gesichtspunkte aus anderen Ressorts der Entwurf verbessert wird. Zum zweiten wird die politische Verantwortung klargestellt und geprüft, ob der Gesetzesentwurf mit der generellen politischen Linie, die der Kanzler bestimmt, übereinstimmt. Und schließlich geht es darum, möglichst rechtzeitig die Abstimmung mit der Bundestagsmehrheit, die zugleich die Bundesregierung trägt, herbeiführen zu können.

Eine Initiative des *Bundesrates* kommt nur zustande, wenn die Mehrheit des Bundesrates hinter dem Gesetzesentwurf steht. Auch hier muß ein Gesetzesentwurf zunächst eine Diskussion in einem Verfassungsorgan über sich ergehen lassen, bevor er überhaupt zu einer offiziellen Initiative wird. Hier gelten ähnliche Erwägungen wie bei der Bundesregierung. Zusätzlich wird angestrebt, daß eine von der Länderebene kommende Gesetzesinitiative später nicht am Bundesrat scheitert.

Das GG sagt nicht, was unter der *„Mitte des Bundestages"* zu verstehen ist. Damit ist nur festgelegt, daß es sich um die Initiative von Bundestags-

---

19) Vgl. zum englischen Recht *Loewenstein,* Verfassungslehre, S. 103 ff., insb. 106.
20) So z. B. Art. 5, 71 Bay. Verf.; Art. 71, 116 Hess. Verf.; Art. 59, 60 Bad.-Württ. Verf.

abgeordneten handelt. Die erforderliche Zahl könnte von 1 Abgeordneten bis zu 50 % der Mitglieder des Bundestages reichen. Bei 1 Abgeordneten würde jedoch die Frage nach der ernst zu nehmenden politischen Kraft zu stellen sein, und die bei den beiden anderen Initiativberechtigten vorgenommene Filterung und „Vorkonsensfindung" fehlen. 50 % der Mitglieder des Bundestages wären jedoch zu hoch gegriffen, denn diese Anzahl genügt — von der Verfassungsänderung abgesehen — zur Gesetzgebung. Es wäre jedoch widersinnig, für eine Initiative so viele Personen zu verlangen, wie zum Beschluß erforderlich sind. § 97 GOBT hat die „Mitte des Bundestages" dahin festgelegt, daß es sich um Abgeordnete in Fraktionsstärke handeln muß. Daher sind nach § 10 GOBT 5 % der Mitglieder des Deutschen Bundestages zur Initiative berechtigt.

Das Gewicht der einzelnen Initiativberechtigung ist in der politischen Wirklichkeit sehr unterschiedlich. Die Vorlagen verteilen sich wie folgt: 59 % Bundesregierung, 37 % Bundestag, 4 % Bundesrat[20a]. Erfolgreich sind Vorlagen der Regierung zu 83 %, des Bundestags zu 36 %, des Bundesrats zu 34 %. Letzteres hängt auch damit zusammen, daß die Gesetzentwürfe in einer Form vorgelegt werden müssen, daß sie als Gesetz verkündbar wären, d. h., es muß sich immer um einen durchformulierten Text handeln. Vor allem bei größeren Gesetzgebungsvorhaben bedarf es daher eines eingearbeiteten Stabes, um überhaupt eine derartige Vorlage vorbereiten zu können.

(2) Nach der Initiative findet bei Vorlagen der Bundesregierung und des Bundesrates ein *Zwischenverfahren* statt. Hierbei werden die Vorlagen des Bundesrates zunächst der Bundesregierung vorgelegt, die dann innerhalb von 3 Monaten dazu Stellung nehmen kann (lies Art. 76 III!). Vorlagen der Bundesregierung gehen zunächst im „1. Durchgang" zum Bundesrat (Art. 76 II). Dieser hat 6 Wochen Zeit, zu diesen Vorlagen Stellung zu nehmen. Die Bundesregierung kann die Frist noch abkürzen, indem sie die Vorlage als besonders eilbedürftig bezeichnet; sie kann dann den Gesetzesentwurf schon nach 3 Wochen dem Bundestag zuleiten, auch wenn die Stellungnahme des Bundesrates noch nicht vorliegt. Die Stellungnahme des Bundesrates wird dem Bundeskanzler zugeleitet, geht also nicht unmittelbar an das Parlament. Dadurch erhält die Regierung die Gelegenheit zu Gegenäußerungen. Vergleicht man die beiden Möglichkeiten, so sieht man, daß der Bundesrat zwar immer beteiligt wird, die Bundesregierung jedoch jeweils das letzte Wort hat. Die Beteiligung des Bundesrates an Gesetzesinitiativen der Bundesregierung soll in diesem Stadium des Verfahrens einerseits die besonderen Kenntnisse und

---

20 a) Quelle: *Peter Schindler*, ZParl. 4 (1973) H. 1, S. 4; die Angaben beziehen sich auf die 1.—6. Wahlperiode. In der 7. waren es zu 69 % Regierungsvorlagen, BT-Drucks. 8/212, S. 2.

Erfahrungen der Länderregierungen bei der Ausführung von Gesetzen möglichst frühzeitig in das Verfahren einspeisen und andererseits mögliche politische Schwierigkeiten des Gesetzgebungsverfahrens schon frühzeitig aufzeigen. Daß die Bundesregierung jeweils das letzte Wort hat, läßt sich damit erklären, daß sie das Zentrum der politischen Initiativen ist und unmittelbar von der Parlamentsmehrheit abhängt. Sie ist der eigentliche Gesprächspartner des Bundestages.

(3) Das eigentliche *Hauptverfahren* ist das Beschlußverfahren, welches in Art. 77 sehr lakonisch so umschrieben ist: „Die Bundesgesetze werden vom Bundestag beschlossen." Das nähere Verfahren ist in den §§ 77—88 GOBT geregelt (unbedingt lesen!). Hieraus ergibt sich auch, daß die Gesetze in mehreren Lesungen verabschiedet werden. Am Ende dieses Verfahrens steht dann der Gesetzesbeschluß nach Art. 77[21]).

Doch mit dem Beschluß des Bundestages ist das Gesetz noch nicht zustande gekommen. Vielmehr folgt nun die eigentliche Beteiligung des Bundesrates, ggf. im „2. Durchgang". Auch hier ist bemerkenswert, daß, wie schon im 1. Durchgang, dem Bundesrat äußerst kurze Fristen für seine Entscheidungen gesetzt sind. Der Sinn der Beteiligung des Bundesrates wird durch diese kurzen Fristen jedoch nicht gestört, da der Bundesrat die Möglichkeit hatte, sich schon vorher während des Beratungsverfahrens im Bundestag mit dem Gesetz zu befassen.

d) Über die *Bedeutung der Beteiligung des Bundesrates* im Hauptverfahren gehen die Meinungen z. T. erheblich auseinander. Vor allem bei unterschiedlichen Parteimehrheiten zum Bundestag wird dem Bundesrat der Vorwurf der Obstruktion gemacht, wenn er seine verfassungsmäßigen Rechte wahrnimmt und z. B. Gesetzesbeschlüssen des Bundestages seine Zustimmung versagt. Der Vorwurf wäre berechtigt, wenn der Bundesrat seine Befugnisse nur zu bestimmten Zwecken wahrnehmen dürfte.

Der Bundesrat ist ein oberstes Bundesorgan. Er ist nicht eine gemeinsame Vertretung der Länder beim Bund (unstr.!). Der Bundesrat besteht aus Mitgliedern der Länderregierungen (Art. 51), also aus Parteipolitikern, die ihre Tätigkeit auf die Wahl im Lande zurückführen. Als solche können sie spezifische Verwaltungserfahrung von Länderregierungen *(administratives Element)* ebenso einbringen, wie sie als Vertreter der Länder die besonderen Belange der Bundesländer gegenüber dem Bund *(föderatives Element)* vorbringen können. Zugleich bleiben sie aber Parteipolitiker, die ihr Verständnis vom Gemeinwohl durchsetzen wollen *(politisches Element)*. Der Vorwurf der Obstruktion erkennt nur die beiden ersten Punkte als legitime Aufgabe des

---

21) Vgl. Art. 42 II; am besten neben Art. 77 I notieren!

Bundesrates an. Die Funktion des Bundesrates wird dann auf die Wahrung der Länderinteressen reduziert. Im GG besitzt der Bundesrat jedoch weitreichende Mitwirkungsrechte an Gesetzgebung, Verwaltung und Justiz des Bundes. Damit wird er zu einem gewichtigen Bestandteil der gewaltenteilenden Ordnung des GG, was sich auch in der politischen Bedeutung des Bundesrates niederschlägt. Da der Bundesrat aus Parteipolitikern zusammengesetzt ist, hat das GG das politische Element auch gewollt. „Wenn im Bundesrat Katzen säßen, so ließen sie das Mausen nicht" (R. Herzog).

Der Bundesrat ist nicht immer gleichberechtigter Partner des Bundestages, vielmehr ist zu unterscheiden, ob es sich bei seiner Mitwirkung um *Zustimmungsgesetze* oder um *Einspruchsgesetze* handelt. Ob ein konkretes Gesetzesvorhaben der einen oder der anderen Kategorie angehört, ergibt sich abschließend aus dem GG (merken!). Bedeutung und Wesen der beiden Arten sind nur versteckt im GG zu finden: Art. 77 III und IV behandeln das Einspruchsgesetz, Art. 78 ganz beiläufig das Zustimmungsgesetz. Gesetze sind in der Regel Einspruchsgesetze, Zustimmungsgesetze bilden die Ausnahme. Wie sich schon aus dem Wort „Zustimmungsgesetz" ergibt, ist zum Zustandekommen des Gesetzes nicht nur der Beschluß des Bundestages, sondern auch ein zustimmender, mit absoluter Mehrheit (Art. 52 III) gefaßter Beschluß des Bundesrates notwendig. Nur wenn beide Gremien dem Gesetzentwurf zustimmen, kommt das Gesetz zustande. Es versteht sich von selbst, daß eine so wichtige Kompetenz vom GG abschließend geregelt sein muß[22]). Wenn man die Fälle einmal näher betrachtet, so sieht man, daß es sich bei den zustimmungsbedürftigen Gesetzen um solche handelt, bei denen die Länderinteressen in besonderer Weise berührt sind[23]).

Vom GG nicht geregelt ist der Fall, daß in einem Gesetz, das vom Bundestag beschlossen ist, nur ein Teil der Vorschriften der Zustimmung des Bundesrates bedarf. Erstreckt sich nun die Zustimmung auf das gesamte Gesetz oder nur auf den zustimmungsbedürftigen Teil? In Übereinstimmung mit der h. L. hat das BVerfG entschieden, daß das Gesetz eine Einheit darstelle, für die der Bundesrat insgesamt die politische Verantwortung mitübernähme. Daher erstrecke sich die Zustimmung wegen der *Einheit des Gesetzes* auf das gesamte Gesetz[24]). Die Folge ist, daß dann, wenn ein Gesetz nur einen Paragraphen enthält, der zustimmungspflichtig ist, das gesamte Gesetz der Zustimmung

---

22) Zustimmungserfordernis ergibt sich aus: Art. 29 VII, 79 II, 84 I, 84 V, 85 I, 87 III, 87 b I 3, 87 b I 4, 87 b II 1 und 2, 87 c, 87 d, 105 III, 106 IV, 106 V, 107 I, 107 II, 108 III, 134 IV, 135 V.
23) Besonders Art. 84 I.
24) BVerfGE 8, 294 f.; 24, 195; *Maunz/Dürig/Herzog* Art. 77 Rdnr. 8 m. w. Nachw.; kritisch *Schweitzer* in: Der Staat Bd. 15 (1976), S. 169—185.

des Bundesrates bedarf. Hier stellt sich gleich die Frage, ob dieser eine Paragraph wieder herausgenommen werden kann, wenn sich die Nichtzustimmung des Bundesrates abzeichnet. Die Antwort ist nicht einfach. Grundsätzlich ist es dem Bundestag unbenommen, ein Gesetzesvorhaben in mehreren Gesetzen zu regeln. Hierfür können die verschiedensten Gründe maßgebend sein, u. a. Praktikabilitätsgründe. Ob aber auch dann, wenn die verschiedenen Teile in einer „unentwirrbaren Gemengelage"[25]) zueinanderstehen, vor allem wenn der Sinn des einen sich erst aus der Regelung des anderen Teils ergibt, eine derartige Aufspaltung verfassungsrechtlich zulässig ist, ist str. Das BVerfG hat hierzu noch nicht Stellung genommen[26]).

Genauso, wie man dem Bundesrat nicht die Ausübung seiner verfassungsmäßigen Kompetenzen bestreiten kann, wenn er nach politischen Gesichtspunkten entscheidet, genausowenig wird man dem Bundestag die von der Verfassung gegebene Möglichkeit der Aufspaltung von Gesetzen grundsätzlich verweigern können. Vor allem trifft das Argument nicht zu, dadurch würden die Befugnisse des Bundesrates ausgehöhlt. Der Bundesrat hat nach der Verfassung nur ein Zustimmungsrecht in den ausdrücklich genannten Fällen. Die Erstreckung dieser Zustimmung auf das gesamte Gesetz hat u. a. auch Praktikabilitätsgründe gehabt[27]). Daraus ergibt sich jedoch keine Veränderung der Stellung des Bundesrates. Auch die neuere Rechtsprechung des BVerfG tendiert dazu, die Befugnisse des Bundesrates eher auf die in der Verfassung ausdrücklich genannten Kompetenzen zu beschränken und der mit dem Grundsatz der Einheit des Gesetzes verbunden gewesenen Ausweitung der Befugnisse Einhalt zu gebieten.

Damit hängt eng ein anderes Problem zusammen, das im Ausgangsfall II akut wurde. Man könnte die Einheit eines Gesetzes auf spätere Änderungen des Gesetzes erstrecken. Es ist schwer einzusehen, weshalb eine Vorschrift, die bei ihrer Verabschiedung zustimmungsbedürftig war, dies nicht mehr im Falle ihrer Änderung sein sollte. Im Ergebnis ist das BVerfG zu Recht dieser Ansicht im Ausgangsfall II nicht gefolgt. Es hat ein Änderungsgesetz nur dann als zustimmungsbedürftig angesehen, wenn es selbst eine Vorschrift enthält, die ihrerseits die Zustimmungsbedürftigkeit auslöst[28]). Eine andere Auffassung würde das Verhältnis zwischen Bundestag und Bundesrat zugunsten des Bundesrates verschieben, denn falls einmal, aus welchen Gründen auch immer, eine Materie gesetzlich geregelt wurde und sie im Rahmen dieses Gesetzes mit

---
25) *Köttgen* DÖV 1952, 423.
26) BVerfGE 24, 199 f.; 34, 28; 37, 382; 39, 35; aus der Lit. vgl. *Pestalozza* ZRP 1976, 153—157 — lesenswert!
27) Vgl. BVerfGE 8, 294 f.; 24, 195.
28) BVerfGE 37, 383.

einer zustimmungsbedürftigen Vorschrift aufgenommen worden wäre, so bliebe sie auf Dauer eine zustimmungsbedürftige Angelegenheit (Infizierungstheorie). Dies würde auch zu großen praktischen Schwierigkeiten führen; denn neue Gesetzgebungsvorhaben könnten nicht mehr aus sich heraus beurteilt werden, sondern es müßte jeweils geprüft werden, ob über die Verfassung hinaus eine Zustimmungsbedürftigkeit besteht.

Alle übrigen Gesetze ergehen als *Einspruchsgesetze*, d. h., der Bundesrat kann binnen 2 Wochen Einspruch einlegen. Der Einspruch gegen ein Gesetz bewirkt, daß der Bundestag sich mit dem Einspruch des Bundesrates befassen muß. Der Bundestag kann den Einspruch des Bundesrates mit absoluter Mehrheit zurückweisen. Damit überstimmt der Bundestag den Bundesrat, und das Gesetz kommt zustande (Art. 78). Der Einspruch bewirkt also nur, daß ein Gesetz nicht wie sonst nach Art. 42 II mit der Mehrheit der abgegebenen Stimmen, sondern mit der Mehrheit der Mitglieder des Bundestages zustande kommt. Da der Bundesrat seine Beschlüsse mit mindestens der absoluten Mehrheit faßt (Art. 52 III)[29], ist es naheliegend, daß eine gleich große Mehrheit für die Zurückweisung des Einspruches durch den Bundestag erforderlich ist. Dieser Gedanke setzt sich fort in Art. 77 IV 2: Hat der Bundesrat den Einspruch mit $^2/_3$-Mehrheit beschlossen, so muß der Bundestag seinerseits den Einspruch mit $^2/_3$-Mehrheit zurückweisen. Allerdings ist zu beachten, daß der Bundesrat hierbei mit $^2/_3$-Mehrheit seiner gesamten Stimmen Einspruch erheben muß, der Bundestag bedarf zur Zurückweisung jedoch nur einer Mehrheit von zwei Drittel der abgegebenen Stimmen.

Ein Verfahren wie das dargestellte schließt es an sich aus, daß zwischen dem Bundestag und Bundesrat eine Kompromißlösung gefunden wird, denn Kompromisse können nur in einer gegenseitigen Verhandlung, in einem Prozeß des Gebens und Nachgebens, gefunden werden. Abstimmungen verschiedener Gremien gegeneinander führen im Zweifel nur zur Verhärtung der Positionen. Wohl aus dieser Überlegung heraus hat die Verfassung in Art. 77 II die Möglichkeit geschaffen, daß zwischen Bundestag und Bundesrat ein Kompromiß gefunden werden kann. Hierzu ist ein *Vermittlungsausschuß* eingesetzt, der aus je 11 Mitgliedern des Bundestages und des Bundesrates gebildet wird. Bei Einspruchsgesetzen kann nur der Bundesrat, bei Zustimmungsgesetzen können Bundesrat, Bundestag und Bundesregierung die Einberufung des Vermittlungsausschusses verlangen. Wird im Vermittlungsausschuß ein Kompromiß gefunden, so besteht er entweder darin, das Gesetz zu ändern oder unverändert zu lassen. Im ersten Fall springt das Verfahren nach Art. 77 I 1 zurück, im

---

29) Deshalb ist die Formulierung in Art. 77 IV, „wird der Einspruch mit der Mehrheit der Stimmen des Bundesrates beschlossen", an sich überflüssig.

letzten Fall wird es dort fortgesetzt, wo es sich befand. Letzteres gilt auch, wenn der Vermittlungsausschuß zu keiner Lösung kommt.

(4) Hat ein Gesetz diese verschiedenen Hürden genommen, so ist es in der Terminologie des GG zustande gekommen (lies nochmals Art. 78). Doch damit ist es noch kein Gesetz, es folgt vielmehr das *Abschlußverfahren*. Dieses besteht darin, daß das Gesetz ausgefertigt und verkündet wird. Danach kann es dann in Kraft treten (s. Art. 82). Erst, wenn dies alles erfüllt ist, ist das Gesetz perfekt (vgl. nachstehendes Schaubild).

e) Einen Sonderfall regelt Art. 81. Es handelt sich um den sog. *Gesetzgebungsnotstand*. Dieser darf nicht verwechselt werden mit der sog. Notstandsverfassung, die sich in den Art. 115 a ff. findet. Beim Gesetzgebungsnotstand handelt es sich darum, daß im Bundestag negative Mehrheiten Obstruktion betreiben, wie im Ausgangsfall III. In einer solchen Situation ist es staatspolitisch notwendig, daß die staatlichen Geschäfte weitergeführt werden. Dem dient Art. 81, der in engem Zusammenhang mit den Art. 67 und 68 zu sehen ist. Verliert ein Bundeskanzler seine parlamentarische Mehrheit, ohne daß das Parlament in der Lage ist, sich auf einen neuen Bundeskanzler zu einigen, so kommt es entweder zur Auflösung des Parlamentes (Art. 68), oder das Parlament besteht weiter. Die Entscheidung für die eine oder andere Lösung liegt beim Bundespräsidenten. Läßt dieser den Bundestag weiterbestehen, so kann der funktionsunfähig gewordene Bundestag nach Art. 81 ausgeschaltet werden. Art. 81 ist eine komplizierte Vorschrift (unbedingt lesen!), die im Ergebnis die notwendige und dringliche Gesetzgebung auf Bundesregierung, Bundesrat und Bundespräsident verlagert. Ob sich die Vorschrift bewähren wird, ist noch offen; sie ist noch nicht zur Anwendung gekommen.

f) Gesetze im materiellen Sinne werden jedoch nicht nur vom Bundestag und Bundesrat, sondern nach Art. 80 auch von der Exekutive erlassen: *Gesetzgebung durch die Verwaltung* (oben S. 123 f.). Für diese rechtsstaatlich fragwürdige Möglichkeit sprechen eine Reihe von überzeugenden Gründen. Die heutigen Parlamente sind erheblich überlastet. Dies zeigt sich u. a. darin, daß der Bundestag an manchen Tagen 25 und mehr Gesetze verabschiedet. Durch die Verlagerung der Gesetzgebung auf die Verwaltung kann der Bundestag sich von weniger wichtigen Gesetzgebungen entlasten. Auch sind bestimmte Regelungen, vor allem im Bereich der Technik, so kompliziert, daß die Volksvertreter höchstens die grundlegende Richtung festlegen, nicht jedoch die Einzelheiten sachverständig beschließen können (z. B. Sicherheitsbestimmungen für Kernkraftwerke). Und schließlich ist das Gesetzgebungsverfahren durch die Verwaltung wesentlich einfacher und schneller. Dadurch wird eine schnellere Anpassungsfähigkeit an neue Situationen erreicht. Diesen Vorteilen

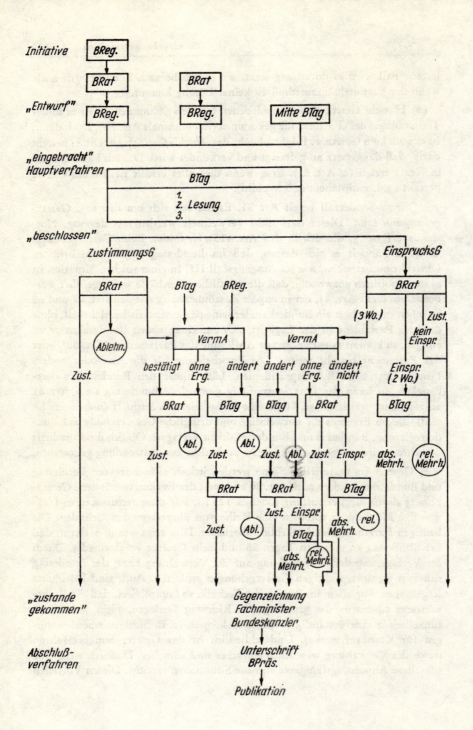

stehen jedoch Gefahren gegenüber. So kann es zu einer Verlagerung der Gewalten kommen[30]).

Da die Beratungen von Verordnungen nicht in der Öffentlichkeit stattfinden, sind Motive und Gründe häufig unklar. Die mangelnde Publizität der Entstehung nährt die Vermutung, daß die parlamentarische Verantwortung für die soziale Wirklichkeit unterlaufen wird. „Nach der rechtsstaatlich-demokratischen Verfassungsordnung des GG ist die Rechtssetzung grundsätzlich Sache der Legislative. Die Rechtssetzung durch die Exekutive ist die Ausnahme"[31]). Angesichts der Wirklichkeit scheint diese Auffassung des BVerfG manchem nicht zutreffend. Das GG selbst hat in Art. 80 schon der Gesetzgebung durch die Verwaltung gewisse Grenzen gesetzt. Diese sind durch die Rechtsprechung des BVerfG konkretisiert und verstärkt worden. Nach Art. 80 können durch Gesetz die Bundesregierung, ein Bundesminister oder eine Landesregierung (merken, da prüfungsträchtig!) ermächtigt werden, Rechtsverordnungen zu erlassen. Um zu verhindern, daß die Verordnung an die Stelle des Gesetzes tritt (sog. gesetzesvertretende Verordnung), sieht Art. 80 noch vor, daß im Gesetz schon *Inhalt, Zweck und Ausmaß* der erteilten Ermächtigung enthalten sein müssen. Es muß also nicht nur eine parlamentarische Ermächtigung bestehen, sondern diese muß hinreichend die Grundzüge festlegen. So wäre ein Gesetz, dessen einziger Paragraph lautet: „§ 1. Das Nähere bestimmt die Bundesregierung im Verordnungswege" verfassungswidrig. Das BVerfG hat den Sinn des Art. 80 im wesentlichen darin gesehen, daß der Bürger schon beim Erlaß des Gesetzes und nicht erst in der auf eine gesetzliche Ermächtigung gestützten Verordnung erkennen und vorhersehen können muß, was von ihm gefordert wird[32]) (individuelle Sichtweise).

Unter dem Inhalt der Ermächtigung ist das zu regelnde Gebiet und die Regelung des Gegenstandes selbst zu verstehen[33]). Der Zweck der Ermächtigung bedeutet das zu verwirklichende gesetzgeberische Programm und die politische Zielsetzung[34]). Das Ausmaß der Ermächtigung bezieht sich auf die Intensität und gibt an, wie weit der Verordnungsgeber in die Rechte des Bürgers eingreifen kann[35]). Weiter verlangt Art. 80, daß Inhalt, Zweck und Ausmaß bestimmt sein müssen (Bestimmtheitsgrundsatz). Damit ist gemeint, daß Ermächtigungsinhalt, -zweck und -ausmaß sich mit einwandfreier Deutlichkeit aus dem Gesetz ergeben müssen. Sie müssen zwar nicht im Text aus-

---

30) Z. B. im Jahre 1967 standen 97 Gesetzen 452 Rechtsverordnungen gegenüber.
31) BVerfGE 24, 197.
32) BVerfGE 10, 258; 18, 61; 20, 269; 23, 73; 29, 211; 38, 83.
33) BVerwGE 4, 50.
34) BVerfGE 5, 77; 8, 307; 18, 64.
35) BVerfGE 4, 22; 5, 77; 7, 304; 20, 269.

drücklich formuliert, jedoch aus dem Gesamtzusammenhang feststellbar sein. Dies ist eine Frage der Auslegung der Norm, die den allgemeinen Auslegungsgrundsätzen folgt (oben S. 18 ff.). Da Art. 80 I vom Gewaltenteilungs- und Demokratieprinzip gefordert ist, gilt er in seinen Grundsätzen auch für den Bereich der Landesgesetzgebung gemäß Art. 28 GG (rechtsstaatliche Ordnung)[36].

Eine weitere formelle Vorschrift ist das sog. *Zitiergebot*, nach dem der Verordnungsgeber die Rechtsgrundlage, auf die er die Verordnung stützt, in der Verordnung angeben muß, was der Transparenz dienen soll. Der gleichen Absicht dient die Pflicht, Verordnungen im BGBl. zu verkünden (Art. 82).

Damit eine Rechtsverordnung verfassungsmäßig gültig zustande kommt, sind daher eine Reihe von Punkten zu beachten: Die Verordnung muß mit der erteilten Ermächtigung übereinstimmen. Selbstverständlich muß der Verordnungsgeber auch seinerseits die rechtsstaatlichen Anforderungen an das staatliche Handeln beachten (vgl. oben Kap. 9). Auch für ihn gilt das Prinzip des geringstmöglichen Eingriffs usw. In die Prüfung ist aber auch das die Ermächtigung enthaltene Gesetz einzubeziehen. Besonderes Augenmerk verdienen dabei die Voraussetzungen des Art. 80, bei deren Nichtbeachtung durch den Gesetzgeber das ermächtigende Gesetz verfassungswidrig ist. Damit fehlt es dann an einer wirksamen Grundlage für die Verordnung. Darüber hinaus gelten aber die übrigen Anforderungen an die Gesetzgebung. Es versteht sich von selbst, daß für ermächtigende Gesetze das Gesetzgebungsverfahren, die Grundrechte und die Staatszielbestimmungen zu beachten sind. Die Verfassungswidrigkeit einer Verordnung kann daher einerseits aus Gründen, die in der Verordnung selbst liegen, andererseits aus solchen, die im ermächtigenden Gesetz liegen, gegeben sein.

g) Die Einhaltung aller verfassungsmäßigen Vorschriften bedarf der *Kontrolle*. In manchen Staaten (z. B. England, Frankreich) geschieht dies politisch. Im GG ist die rechtliche Normenkontrolle vorgesehen (vgl. oben S. 38 ff.). Die Achtung vor dem Gesetzgeber hat — wie wir bereits wissen — zu einer Monopolisierung der Kontrolle beim *BVerfG* geführt, weshalb im Ausgangsfall IV das Gericht gem. Art. 100 I das BVerfG anrufen muß. Die hierfür maßgeblichen Gründe treffen aber nicht für die Gesetzgebung durch die Verwaltung zu. Rechtsverordnungen können daher auch von allen zuständigen *Gerichten* auf ihre Verfassungsmäßigkeit hin überprüft werden, wenn es in einem bei ihnen anhängigen Verfahren auf diese Frage ankommt. Dies trifft allerdings nur für die Rechtsverordnungen selbst und nicht auch für das der Rechtsverordnung zugrunde liegende Ermächtigungsgesetz zu.

---

36) BVerfGE 12, 325; 26, 237; 32, 360.

Es ist str., ob neben dem Bundespräsidenten (vgl. hierzu oben S. 47 f.) auch die *Verwaltung* ein *Prüfungsrecht* bei Gesetzen besitzt. Ist im Ausgangsfall IV der Gefängniswärter zur Beachtung des von ihm für verfassungswidrig gehaltenen Gesetzes verpflichtet? In Art. 93 I 2 sind ausdrücklich als Antragsberechtigte für eine abstrakte Normenkontrolle die Bundesregierung oder eine Landesregierung genannt. Unser Wärter kann aber nicht selbst ein Normenkontrollverfahren initiieren, er kann jedoch seine Auffassung seinem Vorgesetzten vortragen (sog. Remonstrationsrecht). Schließt dieser sich seiner Meinung an, so kann dieser wiederum mit seinem Vorgesetzten die Frage der Verfassungsmäßigkeit erörtern usf., bis entweder die Angelegenheit an die Bundesregierung oder eine Landesregierung herangetragen wird. Diese können dann entscheiden, ob sie die Normenkontrolle in Gang setzen. Damit ist ein Verfahren gefunden, das der Verwaltung trotz ihrer strikten Bindung an das Gesetz (Art. 20 III!) die Möglichkeit gibt, Bedenken über die Verfassungswidrigkeit geltend zu machen. Mehr, vor allem ein Verwerfungsrecht, besitzt die Verwaltung nicht. G kann unter keinen Umständen V nach 15 Jahren entlassen.

Für die Kontrolle der Verfassungsmäßigkeit von Gesetzen hat das BVerfG den *Grundsatz der verfassungskonformen Auslegung* entwickelt[37]). Hierbei ist es von folgenden Erwägungen ausgegangen:

Die Konkretisierung der Verfassungsnormen ist Aufgabe des Gesetzgebers. Er, als das demokratisch legitimierte Organ, erfüllt die Verfassung mit Leben. Hierfür hat er notwendigerweise einen weiten Spielraum, der von der Rechtsprechung akzeptiert werden muß und auch akzeptiert wird. Ob dies darauf beruht, daß die Rechtsprechung sich einer freiwilligen Selbstbeschränkung (judicial self-restraint) unterwirft, oder darauf, daß dies im System der Gewaltenteilung und der Demokratie begründet ist, kann hier dahinstehen, wenn auch die Frage der Legitimation von acht mittelbar gewählten Richtern in ihrem Verhältnis zu 522 Abgeordneten als unmittelbaren Volksvertretern nicht unerheblich ist. Ein Urteil des BVerfG stützt sich nicht auf eine demokratische Legitimation der Richter, sondern auf die grundlegende Bedeutung der Verfassung und des Rechts für den Staat und auf die Überzeugungskraft seiner Argumente. Das BVerfG sieht sich folglich zwei Grenzen ausgesetzt: den weiten Gestaltungsaufgaben des Gesetzgebers und der engen Begrenzung seiner eigenen Kompetenzen. Im Ergebnis schränkt dies seine Kontrollmöglichkeiten auf die Beachtung äußerster Grenzen ein. Es spricht somit eine starke Vermutung dafür, daß sich der Gesetzgeber verfassungstreu verhält. Diese Ver-

---

37) Vgl. z. B. BVerfGE 2, 282; 8, 41; 19, 5; 31, 132; 32, 383 f.; 36, 271; Beispiele für eine verfassungskonforme Auslegung vgl. in *Leibholz/Rinck*, GG Anm. 4 Einf.

mutung ist nicht nur die Begründung für das Verwerfungsmonopol (S. 107 f.), sondern wirkt auch im Verhältnis zwischen BVerfG, den übrigen Gerichten und dem Gesetzgeber. Gesetze lassen häufig verschiedene Auslegungen zu. Es ist nicht Aufgabe des BVerfG, sondern der zuständigen Gerichtsbarkeiten, also der Zivilgerichte, Strafgerichte, Verwaltungsgerichte, Finanzgerichte, Arbeitsgerichte usw., den Inhalt eines Gesetzes zu ermitteln. Sie haben den Willen des Gesetzgebers zu erforschen. Das BVerfG überprüft nur, ob der durch ihre Auslegung gefundene Inhalt mit der Verfassung übereinstimmt. Das BVerfG ist keine weitere Instanz im normalen Gerichtszug, sondern eine besondere Instanz ausschließlich zur Kontrolle der Verfassungsmäßigkeit: nicht Superrevision, sondern Verfassungsgericht![38]).

Der Grundsatz der verfassungskonformen Auslegung bedeutet eine gewisse Abweichung von diesem Prinzip. Das BVerfG sieht sich für berechtigt an, nicht der von der zuständigen Gerichtsbarkeit vorgenommenen Auslegung eines Gesetzes zu folgen, wenn diese Auslegung nicht mit dem GG übereinstimmt. An sich müßte das BVerfG das Gesetz als verfassungswidrig bezeichnen. Dies tut das BVerfG dann aber nicht, wenn es eine andere mögliche Auslegung des Gesetzestextes gibt, die mit der Verfassung vereinbar ist. Nach dem Grundsatz der verfassungskonformen Auslegung ist daher ein Gesetz so lange nicht nichtig, als ihm eine Auslegung gegeben werden kann, die mit dem GG übereinstimmt. Die grundlegende Vermutung schätzt das BVerfG damit höher ein als die Verteilung der Zuständigkeiten zwischen den Gerichtsbarkeiten. Den Grund für die Verfassungswidrigkeit sucht es demnach eher bei einem Fehler der Gerichte als beim Gesetzgeber. Dies kann aber zu sehr problematischen Ergebnissen führen. Das BVerfG beschränkt sich nicht mehr auf die Überprüfung der Auslegung anhand der Verfassung, sondern legt selbst die Norm aus. Damit wird es zwangsläufig zur Superrevisionsinstanz.

Aber auch das Verhältnis zwischen dem Gesetzgeber und dem BVerfG wird problematisch, wenn das zuständige Fachgericht den Willen des Gesetzgebers richtig ausgelegt hat, wenn also der Gesetzgeber in der Tat den verfassungswidrigen Inhalt wollte. Hier kann aus der verfassungskonformen Auslegung eine verfassungsgemäße Umdeutung werden. Geht dies so weit, daß das ursprünglich vom Gesetzgeber Gewollte nicht mehr erreicht wird, so tritt das BVerfG an die Stelle des Gesetzgebers. Seiner eigentlichen Funktion nach ist es im Normenkontrollverfahren ein Kassationsgericht, d. h., es kassiert die Gesetze oder bestätigt sie. Es gibt also nur eine Ja-/Nein-Entscheidung. Bei der verfassungskonformen Auslegung kann es dazu kommen, daß das BVerfG

---

38) H. M. vgl. *Hesse*, StaatsR § 14 III 3 m. w. Nachw.

selbst positiv gestaltet. Das BVerfG hat diese Gefahren durchaus gesehen[39]). Ob es ihnen immer entgangen ist, erscheint fraglich.

Die angesprochenen Probleme werden im Ausgangsfall V deutlich, der strenggenommen kein Fall der verfassungskonformen Auslegung ist. Wie hätte der Gesetzgeber sich verhalten, wenn er die Verfassungswidrigkeit der Ausnahme gekannt hätte? Hätte er ganz auf das Pennälergehalt verzichtet? Oder hätte er die „Humanisten" einbezogen?

h) Die in diesem Abschnitt behandelten Fragen muß der Student beherrschen. Zur *Vertiefung* sollte er unbedingt die angegebene Rspr. und Literatur zu Rate ziehen. Zur verfassungskonformen Auslegung können sich Arbeitsgemeinschaften schon an den Beitrag von *Zippelius,* in: BVerfG und GG, Tübingen, 1976, S. 108—124, wagen.

3. Bundesregierung

Ausgangsfälle:

(I) Nach einer Bundestagswahl schlägt der Bundespräsident den K zum Kanzler vor. K findet keine absolute Mehrheit. Daraufhin schlagen die Fraktionsvorsitzenden A, B und C vor. A erhält 31 %, B 20 % und C 49 % der Stimmen. Nach 14 Tagen wird die Wahl mit gleichem Ergebnis wiederholt. Der BPräs. wartet 14 Tage ab. Als er sich entschließt, den Bundestag aufzulösen, wählt dieser den A mit 51 % der Stimmen. Muß der BPräs. den A zum Kanzler ernennen?

(II) Auf einer Wahlkampfreise erfährt der Kanzler B davon, daß ein Antrag des Bauern Schlau auf Unterstützung vom Agrarminister abgelehnt wurde. Zurück in Bonn weist B den Minister an, dem Antrag des Sch stattzugeben. Geht das?

a) Die *allgemeine Bedeutung* der Bundesregierung im parlamentarischen System des GG folgt aus der Zwischenstellung zwischen Parlament, von dessen Mehrheit sie abhängt, einerseits, und der Exekutive, an deren Spitze sie steht, andererseits. Bei ihr vereinigen sich die Machtmittel zur Beherrschung des Staatsapparates (Verwaltung, Bundeswehr, Bundesgrenzschutz, auf Landesebene auch Polizeikräfte). Zugleich ist sie die wichtigste politische Handlungsinstanz. Der Kanzler bestimmt die Richtlinien der Politik; die überwiegende Anzahl von Gesetzgebungsvorhaben werden in ihrem Kreis beschlossen u. v. a. m. Damit wird die Regierung zum *Aktionszentrum staatlichen Handelns.* Manche sehen in der Regierung eine eigenständige vierte Staatsgewalt, die Gubernative, die durch ihre eigentümliche Stellung zwischen der Exekutive und der Legislative charakterisiert sei. Wichtiger als solche theoretischen Erwägungen ist die Analyse des Einbaus der Regierung in das gewaltenteilende System der checks and balances, vor allem der Beteiligung anderer Staats-

---

[39] BVerfGE 2, 398; 8, 34, 41; 18, 111; 2, 406; 9, 200; 33, 69; 35, 280.

gewalten bei der Berufung, Kontrolle und Absetzung der Regierung. Gewaltenteilung als Organisationsprinzip bedeutet die möglichst zweckmäßige und sachgerechte Zuordnung von Kompetenzen zur Regierung. Gewaltenteilung als Funktionsprinzip bedeutet schließlich die Ermittlung des Bereichs der Regierung, den andere Gewalten unbedingt respektieren müssen. Kurz gesagt, dreht es sich bei ihm um die Handlungsfähigkeit der Staatsspitze und der ausreichenden Legitimation der Handelnden. Auch ohne ausdrückliche gesetzliche oder verfassungsmäßige Festlegung ist die Regierung zum Tätigwerden berufen, d. h. „zuständig", wenn die staatliche Handlungsfähigkeit herausgefordert wird. Dies ist deutlich geworden im Zusammenhang mit den verschiedenen Terroraktionen, bei denen die Bundesregierung in einem Krisenstab die Leitung übernommen hat[40]).

b) Der VI. Abschnitt des GG behandelt „die Bundesregierung". Mit Ernennung und Entlassung der Bundesregierung befassen sich die Art. 62—64 und 67—69 II/III. Das Schwergewicht der Regeln liegt eindeutig bei diesem Themenkreis. Lediglich Art. 62, 65 und 69 I betreffen andere Fragen, wobei auffällig ist, daß es sich vor allem um formale Dinge handelt. M. a. W.: die eigentlich zentrale Stellung der Bundesregierung für den politischen Prozeß wird im GG im VI. Abschn. nur beiläufig in Art. 65 erwähnt. Auch muß sich der Student merken, daß die Kompetenzen der Bundesregierung nicht im VI. Abschn. vollständig aufgeführt, sondern über das ganze GG verstreut sind[41]). Erst die Hinzunahme dieser Kompetenzen ergibt ein zutreffendes Bild.

c) Die *Regierungsbildung* vollzieht sich in zwei Etappen. Nach Art. 62 besteht die Bundesregierung aus dem Bundeskanzler und den Bundesministern. Diese werden allerdings nicht gemeinsam ins Amt berufen. Vielmehr werden zunächst der Kanzler und danach die Minister in verschiedenen Verfahren berufen.

Die *Wahl des Kanzlers* erfolgt gem. Art. 63. Eingeleitet wird das Verfahren durch einen Vorschlag des Bundespräsidenten (s. oben S. 49). Welche Bedeutung besitzt dieses Vorschlagsrecht? Ist der Vorschlag des Bundespräsidenten unerläßlich, um das Wahlverfahren in Gang zu bringen? Was geschieht, wenn der Bundespräsident untätig bleibt? Der Staat könnte dann handlungsunfähig werden. Um dies zu vermeiden, müßte dem Vorschlagsrecht auch eine Vorschlagspflicht entsprechen, deretwegen der Bundespräsident nach Art. 61 GG (lesen!) zur Verantwortung gezogen werden könnte. In letzter Konsequenz könnte dann der Bundespräsident seines Amtes enthoben und ein neuer Bun-

---

40) Zur Problematik: *Frotscher*, Regierung als Rechtsbegriff, Berlin 1975; *Kassimatis*, Der Bereich der Regierung, Berlin 1967; *Leisner* JZ 1968, 727.
41) Art. 37, 76, 77 I 4, 81, 91, 93 I 2, 52, 84 II, 87a IV, 111 II, 113, 115a ff. und 129.

despräsident gewählt werden, der dann dem Bundestag einen Vorschlag unterbreitet. Dies wäre ein umständlicher und langwieriger Weg, der in der Tat notwendig wäre, wenn ohne Vorschlag des Bundespräsidenten es nicht zur Wahl kommen könnte. In der WRV (Art. 53 und 54 — lesen!) besaß der Reichspräsident das Monopol der Auswahl der Person des Reichskanzlers. Der Reichstag konnte den ernannten Kanzler nur durch ein Mißtrauensvotum zum Rücktritt zwingen. Im GG sind durch die parlamentarische Wahl des Kanzlers die Gewichte zwischen Präsident und Bundestag ganz anders verteilt. Art. 63 III sieht vor, daß dann, wenn der Kandidat des Präsidenten im Bundestag durchgefallen ist, der Bundestag sich selbst einen Kanzler wählen kann, den der Bundespräsident dann ernennen muß. Daraus folgt, daß der Bundespräsident lediglich ein Erstvorschlagsrecht besitzt. Würde dieses nicht bestehen, so müßte der Bundestag aus seiner Mitte heraus klären, wer die größten Chancen besitzt, Bundeskanzler zu werden. Dieses würde eine Reihe von Gesprächen hinter den Kulissen notwendig machen. Diese vorklärenden Gespräche finden nun beim Bundespräsidenten statt. Das Vorschlagsrecht des Bundespräsidenten dient damit der Vereinfachung und Beschleunigung des Verfahrens: er leistet „Hebammendienste" bei der Geburt eines mehrheitsfähigen Kandidaten. Da das Vorschlagsrecht eine technische Erleichterung bewirken soll, darf die Nichtausübung des Vorschlagsrechts durch den Bundespräsidenten nicht zu einer zusätzlichen Erschwerung führen. Der Bundestag ist daher berechtigt, dann, wenn der Bundespräsident keinen Vorschlag unterbreitet, analog Art. 63 III einen Bundeskanzler zu wählen[42]).

Das GG schweigt darüber, wie der Bundespräsident den Vorzuschlagenden auswählt. Er besitzt einen Spielraum weiten politischen Ermessens, das durch die Persönlichkeit des Bundespräsidenten und dessen taktisches Geschick ausgefüllt wird. Es heißt im GG, daß der Bundeskanzler ohne Aussprache, nicht jedoch, daß er auch ohne Absprache gewählt wird.

In Art. 63 sind drei hintereinandergeschaltete Phasen zu unterscheiden:

(1) Wahl des Kanzlers auf Vorschlag des Bundespräsidenten,

(2) Wahl des Bundeskanzlers aus der Mitte des Bundestages mit absoluter Mehrheit, und

(3) Wahl eines Bundeskanzlers mit relativer Mehrheit.

Führt Phase 1 nicht zum Erfolg, so steht für 14 Tage Phase 2 offen. Bleibt diese erfolglos, da kein Wahlgang stattfindet oder nicht absolute Mehrheit erreicht wird, beginnt unverzüglich Phase 3, die 7 Tage dauert. Somit steht etwa 3 Wochen nach dem ersten Wahlgang fest, ob sich der Bundestag auf einen Kanzler einigen kann. In allen Phasen entspricht dem Erfordernis der abso-

---

[42]) *Doehring*, StaatsR, S. 153.

luten Mehrheit die Verpflichtung des Bundespräsidenten, den Gewählten zu ernennen, d. h., in diesem Fall ist der Bundespräsident auf technische Mitarbeit beschränkt. Der Bundeskanzler im parlamentarischen System des GG wird durch die absolute Mehrheit des Bundestages, die hinter ihm steht, legitimiert und nicht durch die Ernennung seitens des Staatsoberhauptes. Die Ernennung ist vielmehr nur die förmliche Betrauung mit dem Staatsamt.

Anders verhält es sich dagegen bei der Wahl in der dritten Phase, bei der es zu einer *Minderheitsregierung* kommt (vgl. Art. 63 IV). Im Ausgangsfall I bringt C zwar die meisten Stimmen, aber nicht die Mehrheit des Bundestages hinter sich. Er könnte folglich jederzeit, wenn sich die Mehrheit auf einen anderen Kanzler einigt (konstruktives Mißtrauensvotum — Art. 67), aus dem Amte gejagt werden — mit allen nachteiligen Folgen eines Regierungswechsels für die Kontinuität der Regierungsarbeit. Das GG steht einer Minderheitsregierung nicht besonders wohlwollend gegenüber und zieht als Alternative das schwere Geschütz der Auflösung des Bundestages vor. Die Entscheidung, ob ein Minderheitskanzler ernannt oder der Bundestag aufgelöst wird, fällt allein der Bundespräsident. Art. 63 IV gibt ihm hierfür 7 Tage Zeit. Im Ausgangsfall I verstreicht diese Frist, ohne daß der Bundespräsident sich entscheidet. Wie ist nunmehr die Rechtslage?

Es bieten sich folgende Möglichkeiten an:

(a) Es könnte Anklage gegen den Bundespräsidenten nach Art. 61 erhoben und der Bundespräsident in seinen Amtsrechten suspendiert werden, so daß dann der Bundesratspräsident (vgl. Art. 57) ihn vertritt. Er könnte auch des Amtes enthoben werden, so daß dann ein neuer Bundespräsident tätig werden könnte. Die Umständlichkeit und Langwierigkeit dieses Verfahrens sprechen gegen diese Lösung.

(b) Das gesamte Verfahren des Art. 63 könnte von vorne mit einem neuen Vorschlag des Bundespräsidenten beginnen. Bei Untätigkeit nach Art. 63 IV 3 würde das Verfahren wieder nach Abs. 1 zurückspringen. Gegen eine solche Lösung spricht die Absicht des GG zur Straffung des Wahlverfahrens.

(c) Die Siebentagefrist in Art. 63 IV 3 ist nur als Soll-Vorschrift zu verstehen. Der Bundestag kann auch nach dieser Frist einen anderen Kandidaten finden, wie im Ausgangsfall I geschehen. Gegen diese Lösung spricht jedoch eindeutig der Text.

(d) Der Bundespräsident verliert nach 7 Tagen seine Wahlmöglichkeit. Er ist verpflichtet, den mit relativer Mehrheit Gewählten zu ernennen. Im Ausgangsfall I käme dem die Wahl des A zuvor, so daß dieser analog Art. 67 ernannt werden müßte.

(e) Nach 7 Tagen ist der Bundestag aufzulösen. Da er es noch nicht war, wurde A wirksam gewählt.

(f) Nach 7 Tagen ist der Bundestag automatisch aufgelöst.

Von diesen Möglichkeiten kommen (d), (e) und (f) am ehesten in Betracht. Wir hatten gesehen, daß der Bundespräsident nach Art. 63 in allen Phasen den mit absoluter Mehrheit Gewählten ernennen *muß* (= Mehrheitslegitimation). Lösung (d) würde entscheidend von diesem Prinzip abweichen; (e) und (f) würden es aufrechterhalten. Dies fügt sich nahtlos in das System des GG ein, das sich auch in Art. 68 und 81 fortsetzt. Danach bedarf eine Minderheitsregierung der Billigung des Bundespräsidenten. Auf eine einfache Formel gebracht: Kanzler wird nach Art. 63, wer 51 % der Abgeordneten oder die relative Mehrheit plus Unterstützung des Bundespräsidenten hinter sich hat. Lösung (d) scheidet als Fremdkörper in diesem System aus. Bei Lösung (f) hätte A nicht mehr gewählt werden können, da der Bundestag aufgelöst war. Das GG kennt außer dem regulären Ablauf der Wahlperiode keine automatische Auflösung des Parlaments. Der Ausgangsfall I zeigt auch, daß dies zu widersinnigen Ergebnissen führen kann. Daher verdient Lösung (e) den Vorzug[43]).

Ist der Bundeskanzler gewählt und ernannt, so folgt die *Ernennung der Minister*. Nach Art. 64 I werden diese auf Vorschlag des Bundeskanzlers vom Bundespräsidenten ernannt. Beachte aber, daß „auf Vorschlag" in Art. 64 eine andere Funktion und Bedeutung hat als in Art. 63! Der Bundespräsident darf nur einen ihm vom Kanzler Vorgeschlagenen zum Minister ernennen[44]). Der Vorschlag des Kanzlers erstreckt sich nicht nur auf die Person, sondern auch auf das Amt. Der Kanzler bestimmt damit Zahl und Geschäftsbereich der Minister.

d) Das *Amt* eines Bundeskanzlers *endet* mit dem Tod des Bundeskanzlers, mit dessen Rücktritt, mit dem Zusammentritt eines neuen Bundestages (Art. 69 II), bei einem sog. konstruktiven Mißtrauensvotum (Art. 67), bei der Wahl eines neuen Bundeskanzlers nach Art. 68 I 2 und wenn der Bundeskanzler die rechtlichen Voraussetzungen für das Amt verliert (z. B. Aberkennung der bürgerlichen Ehrenrechte, Entmündigung). Letzterer Beendigungsgrund ist ebensowenig wie der des Todes und des Rücktritts im GG genannt, da sie sich von selbst verstehen.

Die Tätigkeit der Minister hängt ganz vom Bundeskanzler ab. Das GG ist nicht der Konzeption der WRV gefolgt, nach der auch die einzelnen Minister das Vertrauen des Parlaments genießen mußten und einzelne Minister aus dem Kabinett durch Mißtrauensvotum „herausgeschossen" werden konnten.

---

43) Im Ergebnis ähnlich: *Maunz/Dürig/Herzog* Art. 63 Rdnr. 9; *Liesegang* in: *v. Münch*, GG-Komm. Art. 63 Rdnr. 17—19, siehe auch 21; *Jellinek* DÖV 1949, 382; a. A. *v. Mangoldt/Klein* Art. 63 Anm. V 4 c; *Merk* VVDStRL 8 (1950), S. 60.

44) Zum Prüfungsrecht s. oben S. 47 ff.

Nach Art. 64 und 69 II endet das Amt eines Ministers mit dem Amt des Bundeskanzlers oder mit seiner Entlassung auf Vorschlag des Bundeskanzlers.

e) Art. 65 legt die *inneren Arbeitsprinzipien* der Bundesregierung fest. Regierungssysteme lassen sich danach unterscheiden, ob an ihrer Spitze nur eine Person (z. B. Präsidialsystem in den Vereinigten Staaten) oder ein Kollegium steht. Bei letzterem gibt es das reine Kabinettsystem, bei dem alle Mitglieder des Kabinetts gleichberechtigt sind (so in der Schweiz), und das Premierministersystem, bei dem der Premierminister die Stellung eines Primus inter pares innehat (z. B. Großbritannien). Art. 65 folgt allein drei Möglichkeiten und sieht in einem Mischsystem drei Prinzipien: Kanzlerprinzip, Ressortprinzip, Kollegial- oder Kabinettprinzip — (unbedingt merken!).

Das *Kanzlerprinzip* gibt dem Kanzler eine herausgehobene Stellung. Einige Kompetenzen fallen in seine alleinige Zuständigkeit: Auf seinen Vorschlag werden die Minister ernannt und entlassen (Art. 64); er bestimmt die Richtlinien der Politik (Art. 65); beim Gegenzeichnungsrecht nach Art. 58 besitzt er besondere Rechte; er kann die Vertrauensfrage stellen nach Art. 68; er bestimmt seinen Stellvertreter (Art. 69), und ihm obliegt die Leitung der Regierungsgeschäfte nach der GOBReg. Spricht man vom Kanzlerprinzip, so meint man im allgemeinen nur die Richtlinienkompetenz: Der Bundeskanzler hat das Recht, allgemeine Anweisungen den Bundesministern und anderen Bundesorganen, die unmittelbar dem Bundeskanzler unterstellt sind, zu geben, in denen er die allgemeine politische Richtung festlegt. Er besitzt jedoch kein Recht zur Einzelanweisung (s. Ausgangsfall II).

Unter dem *Ressortprinzip* versteht man, daß jeder Bundesminister seinen Geschäftsbereich selbständig und unter eigener Verantwortung innerhalb der Richtlinien des Bundeskanzlers führt. Der Minister ist Behördenchef und bestimmt die Linie „seines Hauses" in Verantwortung dem Bundeskanzler gegenüber.

Vom *Kollegialprinzip* spricht man dann, wenn die Bundesregierung als Gremium zuständig ist. In Art. 65 ist der Fall der Meinungsverschiedenheiten zwischen den einzelnen Bundesministern erwähnt. Hier ist es also nicht der Bundeskanzler, der einen solchen Streit schlichtet, sondern das Kabinett. Im übrigen finden sich im GG eine Reihe von Vorschriften, die ausdrücklich der Bundesregierung Kompetenzen übertragen[45].

Dieses System der drei Prinzipien bewirkt eine Teilung der einheitlichen Regierungsgewalt i. S. eines Systems von checks and balances. Sollte es zu einer Blockierung kommen, so kann der Kanzler dem Bundespräsidenten die Entlassung eines oder mehrerer Minister vorschlagen. De facto sind die Mini-

---

[45] Art. 37, 76, 77 I 4, 81, 91, 93 I 2, 52, 84 II, 87a IV, 111 II, 113, 115a ff. und 129.

ster vom Vertrauen des Kanzlers abhängig. Andererseits wird ein Kanzler nicht ohne die Unterstützung seiner Minister und der politischen Gruppen, die sie repräsentieren, regieren können. Wenn es wirklich hart auf hart gehen sollte, so wird der Konflikt nach dem politischen Gewicht der beteiligten Personen entschieden. So wird es sich ein Kanzler in einer Koalitionsregierung kaum leisten können, den Vorsitzenden der Koalitionspartei aus seinem Ministeramt zu „werfen", ohne den Bestand der Regierung zu gefährden.

f) Die *Funktionen der Regierung* sind im GG nicht ausdrücklich genannt. Sie ergeben sich teils aus der Natur der Sache, teils aus der politischen Wirklichkeit, teils aus dem Gesamtsystem des GG und der Rolle, die der Regierung in diesem System zugewiesen ist.

Folgende Funktionen sind zu unterscheiden:

Gestaltungsfunktion:

Unter der Gestaltungsfunktion versteht man im wesentlichen die Regierungsaufgaben i. S. der Erledigung der sich dem Staat stellenden Aufgaben. Die Regierung sammelt die Informationen, verarbeitet sie, trifft entsprechende Entscheidungen und gibt, soweit sie Befugnisse hat, Anweisungen oder versucht, in bestimmten Bahnen durch Überzeugung zu wirken. Schließlich gehören hierzu noch die Zukunftsplanung sowie die Koordination der verschiedenen staatlichen Stellen.

Leitungsfunktion:

Mit der Leitungsfunktion ist die Stellung der Minister als Behördenchefs gemeint. Ihnen stehen die Weisungsrechte nach den Beamtengesetzen zu. Sie treffen in der Regierungsfunktion als Leitungsfunktion die Personalentscheidungen und legen das Verfahren für den Verwaltungsablauf fest. Art. 84 V und 85 III sind Ausfluß der Leitungsfunktion.

Organisationsgewalt:

Nach Art. 86 besitzt die Regierung das Recht — soweit dem Bund die Verwaltungskompetenz zusteht — (vgl. Kap. 16), Einrichtungen und Verfahren der Bundesbehörden zu regeln. Auch ohne gesetzliche Ermächtigung hat die Bundesregierung das Recht, den zur Durchführung der Gesetze notwendigen Behördenapparat aufzubauen, so lange dabei nicht gegen gesetzliche Vorschriften verstoßen wird oder in die Rechte der Länder eingegriffen wird.

Aufsichtsfunktion:

Die Regierung trägt die parlamentarische Verantwortung für die Verwaltungsführung. Dazu sind ihr die Organisationsgewalt und die Leitungsfunktion übertragen. In gewissem Umfang hat sie auch Möglichkeiten, auf die Landesverwaltung Einfluß zu nehmen (vgl. Art. 37, 84, 85). Hiermit ist sichergestellt, daß die exekutivische Machtausübung in doppelter Weise demokratisch legitimiert ist: durch den Grundsatz der Gesetzesmäßigkeit und durch die parlamentarische Verantwortung der Regierung. Mit beiden wäre etwa eine inhaltliche Mitbestimmung der Beschäftigten im öffentlichen Dienst unvereinbar. Diese kurzen Hinweise müssen genügen[46]).

g) Die *Kontrolle der Regierung* erfolgt politisch und rechtlich. Politische Kontrollmittel sind: Anfragen im Bundestag, die Aktuelle Stunde sowie die öffentliche Meinung. Rechtliche Kontrollmittel sind: Mißtrauensvotum gegen den Bundeskanzler (Art. 67), Verweigerung von Haushaltsmitteln durch das Parlament sowie die Verfahren nach Art. 93 I 1 und 4 a vor dem BVerfG.

4. Bundesverfassungsgericht

Die Stellung des BVerfG im System der Gewaltenteilung ist in § 1 BVerfGG dahin umschrieben, daß das BVerfG ein allen übrigen — obersten — Verfassungsorganen gegenüber selbständiger und unabhängiger Gerichtshof des Bundes ist. Aufgrund der ihm im GG und im BVerfGG übertragenen Befugnisse als auch durch die Bedeutung seiner Rechtsprechung hat sich das BVerfG eine Stellung innerhalb des Staatssystems geschaffen, die in der deutschen Verfassungsgeschichte ohne Vorbild ist.

Die *historischen Vorläufer* des BVerfG lassen sich bis ins 14. Jahrhundert zurückverfolgen. Seit 1338 gab es im Gebiet des Deutschen Reiches ein Austrägalgericht, das für Rechtsstreitigkeiten derjenigen Personen, die einen besonderen Rang (Austrag) besaßen, zuständig war. Es wurde als mit dem Rang von Fürsten, Prälaten und sonstigen hervorgehobenen Personen unvereinbar gehalten, daß diese ihre Streitigkeiten vor die ordentliche Gerichtsbarkeit, deren Richterbank mit Nichtadligen besetzt sein konnte, bringen mußten. Daher wurde ein Gericht geschaffen, bei dem die Richter den Parteien ebenbürtig waren. Wegen des besonderen Ranges betrafen die Rechtsstreitigkeiten vor dem Austrägalgericht im allgemeinen solche Streitigkeiten, die sich aus der Führung der Regierungsgeschäfte oder der Erbfolge ergaben. Im Deutschen Bund von 1815 wurden die Streitigkeiten zwischen den Bundesmitgliedern, d. h. zwischen den regierenden Fürsten, durch die Bundesversammlung gütlich beigelegt, und wenn dies nicht gelang, einer Austrägalinstanz übertragen. In der Verfassung von 1871 wurden diese Aufgaben vom Bundesrat und in der WRV vom Staatsgerichtshof übernommen (vgl. Art. 19 WRV).

---

46) Näheres bei *Ellwein*, Regierungssystem der Bundesrepublik Deutschland, S. 332—341 — unbedingt lesen!

Im Sinne dieser historischen Entwicklung ist der Begriff der *Verfassungsstreitigkeiten* im wesentlichen von der Vorstellung eines Kompetenzkonfliktes geprägt, d. h., die Verfassungsgerichtsbarkeit klärt bei einer Streitigkeit zwischen einzelnen Staatsorganen die gegenseitigen Rechte und Pflichten (vgl. heute Art. 93 I 1: *Organstreitigkeiten*). In einem Bundesstaat erstreckt sich dieser Gedanke auch auf das Verhältnis der Länder zum Bund (vgl. Art. 93 I 3 und 4 — *Bund-Länder-Streitigkeiten*). Die Vorstellung, daß auch der Gesetzgeber einer gerichtlichen Kontrolle unterliegt, ist im wesentlichen im nordamerikanischen Rechtsdenken verwurzelt, dort allerdings nicht vor einem besonderen Gericht, sondern vor dem Obersten Bundesgericht (Supreme Court). Besteht schon ein besonderes Bundesgericht für Verfassungsstreitigkeiten, so liegt es natürlich nahe, diesem auch solche Aufgaben zu übertragen (Art. 93 I 2 — *Normenkontrolle*). Neu und einmalig ist die Verankerung der Möglichkeit, vor dem obersten Verfassungsgericht Individualrechtsschutz zu gewähren (vgl. Art. 93 I 4 a — *Verfassungsbeschwerde*). Wie sich aus der Numerierung schon ergibt, war Ziff. 4 a nicht von Anfang an Bestandteil des GG, sondern ist im Jahre 1969 eingeführt worden. Bis zu diesem Zeitpunkt war die Möglichkeit der Verfassungsbeschwerde lediglich in §§ 90 ff. BVerfGG verankert. Neben diesen vier Grundfunktionen der Verfassungsgerichtsbarkeit besitzt das BVerfG aus den verschiedensten Motiven eine Reihe weiterer Zuständigkeiten. Darüber gibt § 13 BVerfGG erschöpfend Auskunft[47]).

Der Student sollte bedenken, daß diese Aufzählung von Zuständigkeiten keineswegs umfassend die Stellung des BVerfG im System der Gewaltenteilung beschreibt. Auch wenn die eingehendere Beschäftigung mit den Grundfragen der Verfassungsgerichtsbarkeit Gegenstand höherer Semester ist[48]), so bedarf es zur richtigen Einordnung des BVerfG noch einiger erläuternder Hinweise.

Verfassungsrecht ist *politisches Recht:* Aufgabe der Verfassung ist es, den Zusammenhalt und die Integration der einzelnen Mitglieder der Gesellschaft zu einem handlungsfähigen Staat herzustellen und zu garantieren (s. oben S. 6 f.). „Politisch" ist das Verfassungsrecht deshalb, weil es auf die staatliche Einheit, das Gemeinwesen, die „polis", ausgerichtet ist. Dies muß die Verfassungsgerichtsbarkeit bedenken. Sie darf nicht zu einer völligen Verrechtlichung der Politik führen, die ohne Rücksicht auf die Auswirkungen Recht spricht (fiat iustitia pereat mundus). Sie muß die Auswirkungen ihrer Rechtsprechung noch stärker als andere Gerichte bedenken. Vor allem bei der Kontrolle des Gesetzgebers trägt das BVerfG eine besondere Verantwortung.

---

47) Diese Vorschrift sollte der Studierende sich sehr sorgfältig ansehen und merken!
48) D. h. nicht Gegenstand des kleinen „Öffentlichen" ist.

Seine Entscheidungen erhalten zwar Gesetzeskraft (§ 31 II BVerfGG), stehen jedoch über diesen, da sich der Gesetzgeber nicht über sie hinwegsetzen kann. Eine Korrektur ist nur durch ein neues Urteil möglich[49]). Verfassungsrechtsprechung läßt sich folglich nicht „ohne Rücksicht auf das Politische betreiben"[50]). Dies hat das BVerfG in ständiger Rechtsprechung anerkannt. Uns ist dieses Phänomen schon begegnet (oben S. 7). Auch sonst neigt das BVerfG dazu, sich „über formelle und gar formalistisch erscheinende Bedenken hinwegzusetzen". Dies betrachtet es als „Aufgabe einer teleologischen Rechtsprechung, die sich gerade das BVerfG angelegen sein lassen sollte, weil es das pulsierende Leben der verfassungsrechtlich miteinander verbundenen Gesellschaft regeln soll"[51]).

Mit der Einrichtung einer umfassenden verfassungsgerichtlichen Kontrolle der öffentlichen Gewalt sind *Nachteile und Vorteile* verbunden. Zu den Nachteilen ist zu zählen, daß in einem demokratischen Entscheidungsprozeß die Übertragung solch weitgehender Befugnisse und Verantwortungen für das Staatsganze die Frage nach der hinreichenden demokratischen Legitimation der Richter aufwirft. Diesem Nachteil sucht Art. 94 GG dadurch zu begegnen (vgl. auch oben S. 59), daß die Bundesverfassungsrichter nicht im Wege einer Laufbahn in ihre Position einrücken, sondern mittels Wahl durch den Bundestag und Bundesrat in ihre Ämter berufen werden[52]). Auch die seit Bestehen des BVerfG mehrfach geänderte Regelung der Amtszeit der Richter (lies § 4 BVerfGG!) soll diesen Bedenken des Demokratieprinzips Rechnung tragen: auch das Amt eines Bundesverfassungsrichters ist jetzt verantwortete Macht auf Zeit (12 Jahre). Schwerwiegender sind die Einwände, die darin bestehen, daß die Entscheidung des BVerfG einseitig autoritär ist und nicht auf einem Prozeß der Konsensfindung beruht. Zwar findet mit den Parteien und unter den Richtern eine Diskussion statt, die Bestandteil des demokratischen Willensbildungsprozesses ist, doch gilt dies nur für die Prozeßbeteiligten. Von vielen wird die Einengung grundlegender staatspolitischer Fragen in die Regeln einer Prozeßordnung als unbefriedigend empfunden. Und schließlich besitzt das BVerfG keine Chance zum Irrtum. Gegen seine Urteile gibt es keine weitere Instanz. Von ihm selbst wird man als Element der Rechtssicherheit fordern müssen, daß es nur bei ganz zwingenden Gründen von seinen Entscheidungen abweicht. Damit trägt das BVerfG mit seinen umfassenden Kompetenzen zur

---

49) Zur Frage, ob das BVerfG von seiner eigenen Rspr. abweichen kann, lies: *Zuck* NJW 1975, 907 ff.; *Hoffmann-Riem*, Der Staat Bd. 13 (1974), S. 335 ff., insbes. 342.
50) *Heinrich Triepel*, Staatsrecht und Politik, Leipzig/Berlin 1927, S. 19.
51) BVerfGE 8, 274 — zur Kritik hieran vgl. beispielsweise *Helmut Ridder,* Preisrecht ohne Boden AöR Bd. 87 (1962), S. 313 Anm. 3.
52) Zu den Einzelheiten vgl. §§ 5—11 BVerfGG.

Verfestigung des Status quo und zur mangelnden Flexibilität des Verfassungssystems bei. Diesen Nachteilen stehen jedoch erhebliche Vorteile gegenüber. Die Einrichtung einer Verfassungsgerichtsbarkeit bedeutet einen weiteren Aspekt der Gewaltenbeschränkung. Vor allem die Ausweitung des Individualrechtsschutzes verstärkt die dem Gewaltenteilungsprinzip innewohnende gegenseitige Hemmung der Staatsgewalten mit dem Ziel der Sicherung der Freiheit des einzelnen. Zum zweiten führt die Existenz eines Verfassungsgerichts dazu, daß über den Tag hinausreichende Werte stärker geachtet und gewahrt bleiben, als dies der Fall wäre, wenn das Parlament keiner Kontrolle unterläge. Die Einschränkung des demokratischen Prinzips durch die rechtliche Bindung des Gesetzgebers findet ihre institutionelle Absicherung in der Existenz des BVerfG. Dadurch werden andere, auf Dauer angelegte Perspektiven gewahrt und die Entscheidung des Parlaments an anderen als den Tagesbedürfnissen und dem Schielen auf Wiederwahl gemessen. Und schließlich ist hervorzuheben, daß eine Streitschlichtungsinstanz in Verfassungsangelegenheiten einen erheblichen Beitrag zum sozialen Frieden darstellt. Dies allerdings nur dann, wenn die Entscheidungen des Verfassungsgerichts akzeptiert werden. Ein Verfassungsgericht, das seine Grenzen überschreitet, und staatliche Stellen, die nicht bereit sind, verfassungsgerichtliche Urteile zu akzeptieren, bewirken eher sozialen Unfrieden. Bei der Abwägung der Vor- und Nachteile senkt sich die Waagschale damit zugunsten der Verfassungsgerichtsbarkeit[53]).

Kapitel 11: SCHUTZ DER INDIVIDUELLEN FREIHEIT

Rechtsstaat bedeutet auch: Schutz der individuellen Freiheit jedes einzelnen Staatsbürgers. Im GG wird die Achtung eines Bereichs individueller Lebensentfaltung im Privaten als einer Abkehr von allen Gleichschaltungs- und totalen Organisierungstendenzen, die totalitären Systemen eigen sind, verwirklicht durch:
 das Recht auf freie Entfaltung der Persönlichkeit als einer Grundentscheidung im Verhältnis zwischen Staat und den Staatsbürgern (Art. 2),
 den Schutz vor staatlichen Willkürmaßnahmen (Art. 3),
 die Garantie eines fairen gerichtlichen Verfahrens (Art. 101 ff.),
 die Achtung privater Vermögensverhältnisse (Art. 14) und die

---

53) Zu den einzelnen Verfahrensarten sollte der Student unbedingt lesen: *Laubinger*, JA/ÖR 1971, S. 25—30, 49—50, 113—116, 177—178; JA/ÖR 1972, S. 209—241.

Akzeptierung eines von staatlicher Einmischung freien Berufslebens (Art. 12).

Ergänzt werden diese Grundrechte durch solche, die die Privatheit einzelner Lebensbereiche zusichern.

1. Recht auf freie Entfaltung der Persönlichkeit

Ausgangsfälle:

(I) Im Zusammenhang mit der Reform des § 218 StGB wird im Lande A gesetzlich bestimmt, daß Krankenhausärzte in den Fällen der erlaubten Indikationen zur Durchführung des Aborts verpflichtet sind. Arzt Gläubig hält dieses Gesetz für unsittlich. Wegen seiner Weigerung in mehreren Fällen wird ihm gekündigt.

(II) Jurastudent Fleißig wird im 1. Semester zur Bundeswehr einberufen. Dort wird ihm gleich befohlen, sich von seiner wallenden Lockenpracht zu trennen und sich einen Bürstenhaarschnitt zuzulegen. F sieht in seiner Haartracht einen wesentlichen Ausdruck seiner Persönlichkeit.

(III) E, bekannter kritischer „Links"-Journalist, möchte in Ost-Berlin an einem „internationalen Tribunal über Menschenrechtsverbrechen und Berufsverbote in der Bundesrepublik" teilnehmen. Die Behörden verbieten E die Ausreise und entziehen ihm seinen Paß (Elfes-Fall — BVerfGE 6, 36).

(IV) Ein zustimmungsbedürftiges Gesetz ist ohne Zustimmung des Bundesrates verkündet worden. Keine Landesregierung macht diesen Mangel vor dem BVerfG geltend. Bürger B wird durch das Gesetz erheblich betroffen.

a) Art. 2 I stellt das *Hauptfreiheitsgrundrecht* dar. Dies ist einmal im Sinne einer Grundsatzentscheidung zu verstehen, aber auch rechtstechnisch: immer dann, wenn kein sonstiges Freiheitsrecht eingreift, kommt Art. 2 in Betracht (Auffanggrundrecht). Art. 2 ist die *lex generalis,* die durch die speziellen Freiheitsgrundrechte[1]) ausgeschlossen wird. Dies bedeutet, daß Art. 2 nur dann eingreift und zu prüfen ist, wenn es sich nicht um Materien handelt, die von den übrigen Freiheitsrechten behandelt werden. Die speziellen Freiheitsrechte treffen unter Beachtung des allgemeinen Grundsatzes von Art. 2 eine besondere, der jeweiligen Situation angepaßte Abwägung von Einzel- und Gemeinschaftsinteressen. Geht es beispielsweise um die Frage, ob eine Einschränkung der Freizügigkeit eines Deutschen verfassungsgemäß ist oder nicht, so wird diese Frage nach Art. 11, und zwar abschließend, entschieden. Da Art. 11 jedoch nur für die Freizügigkeit im Bundesgebiet gilt, kommt für eine Ausreisefreiheit Art. 2 in Betracht (Problem Ausgangsfall III).

b) Die h. M. versteht Art. 2 I dahin, daß jeder das Recht hat, „zu tun und zu lassen, was er will"[2]).

---

1) Diese finden sich in Art. 4, 5, (6), (7), 8, 9, 10, 11, 12, 13, 14.
2) Dies war die ursprüngliche Formulierung im Parlamentarischen Rat.

Sie entwickelt also den Begriff des Rechts zur freien Entfaltung der Persönlichkeit zu einer Theorie der *allgemeinen umfassenden Handlungsfreiheit* fort. Vor allem Hans Peters hatte ihr seine Persönlichkeitskerntheorie entgegengesetzt[3]). Nach seiner Auffassung schützt Art. 2 nur einen Bereich der engeren persönlichen Lebenssphäre eines Menschen als geistig-sittlicher Person und gewährt einen Raum zur Selbstverwirklichung echten Menschseins, dessen Grenzen nur durch die Verfassung selbst gezogen seien. Unter der Entfaltung der Persönlichkeit versteht Peters die Entfaltung der Person als „Auswirkung echten Menschtums i. S. der abendländischen Kulturauffassung". Damit würde Art. 2 in seiner Bedeutung auf die geistige und sittliche Entfaltung eingeschränkt. Das BVerfG hat sich im sog. Elfes-Urteil[4]) mit dieser Auslegung eingehend auseinandergesetzt, sich ihr aber nicht angeschlossen. Diese Entscheidung ist ein schönes Beispiel für die Anwendung der verschiedenen Auslegungsmethoden. Schon aus diesem Grunde sollte sie eingehend studiert werden. Aber auch der Gang der Argumente sollte dem Studenten bekannt sein. Diese BVerfGE ist ein absolutes Muß für den Studenten! Wir beschränken uns auf einige kommentierende Bemerkungen. Das BVerfG zieht zur Auslegung die Entstehungsgeschichte von Art. 2 heran (historische Methode). Dann weist es darauf hin, daß die Entfaltung der Persönlichkeit i. S. echten Menschtums im abendländischen Kulturverständnis nicht dem Sittengesetz widersprechen, sondern nur entsprechen könne. Art. 2 geht aber davon aus, daß die Persönlichkeitsentfaltung nicht mit dem Sittengesetz übereinstimmt (systematisches Argument). Und schließlich wendet das Gericht bei teleologischer Betrachtung ein, daß in der Petersschen Auslegung ein Grundrecht, d. h. eine das Verhältnis des Staates zu den Bürgern bestimmende Norm, auf einen ausschließlich moralischen Bereich eingeengt würde. In der Petersschen Auslegung würde in der Tat Art. 2 I jedem das Recht geben, ein guter und anständiger Mensch zu sein. Die Theorie der allgemeinen Handlungsfreiheit stützt sich wesentlich auf den „Soweit"-Satz, d. h., sie schließt von den Schranken auf den Inhalt. Die „Schrankentrias" (Rechte anderer, Sittengesetz, verfassungsmäßige Ordnung) legt den Freiheitsraum des einzelnen fest. Betrachtet man diese Grenzen näher, so ergeben sich eine Reihe von Problemen. Beginnen wir mit dem *Sittengesetz*. Unter dem Sittengesetz ist die Summe derjenigen sittlichen Normen, die die Allgemeinheit als richtig anerkannt hat und für ein Zusammenleben sittlicher Wesen als verbindlich betrachtet, zu verstehen[5]). Mit dieser Formel wird die sittliche Vorstellung einer Vielzahl von Personen

---

[3] *Hans Peters*, Festschrift für Laun 1953, S. 673; vgl. auch *v. Mangoldt/Klein* Art. 2 Anm. III 6 c.
[4] BVerfGE 6, 136 f. — unbedingt lesen!
[5] BVerfGE 6, 434.

zur allgemeinen Richtschnur erhoben. Die damit verbundenen Ungewißheiten sind offenkundig. Wer soll im Ausgangsfall I die Entscheidung über die Sittlichkeit treffen: der Gesetzgeber oder G? Art. 2 kann nicht den Sinn haben, daß der Staat von niemandem verlangen dürfe, was dieser für unsittlich hält. Dazu sind die Vorstellungen über Sitte und Moral zu weit gestreut; z. B. lehnen manche Eidesleistung oder Bluttransfusionen als unsittlich ab. Allenfalls verbietet Art. 2 gesetzliche Anordnungen, die gegen das Sittengesetz verstoßen. Aber auch die Schranke der *Rechte anderer* ist problematisch. Rechte im subjektiven Sinne entstehen auf der Grundlage von Rechtsnormen (Gesetzen, Verordnungen, Gewohnheitsrecht). Ob jemand im Privatwald eines anderen spazierengehen darf oder nicht, bestimmt sich wesentlich danach, wie der Gesetzgeber die Rechte des Eigentümers eines Privatwaldes ausgestaltet.

c) Damit kommt es entscheidend in Art. 2 I auf den Begriff der *verfassungsmäßigen Ordnung* an. Diesen hat das BVerfG dahingehend interpretiert, daß darunter alle formell und materiell verfassungsmäßig zustande gekommenen Rechtsnormen zu verstehen sind[6] (merken!). Bringt man diese Auslegung von Art. 2 auf eine einfache Formel, so lautet sie: Jeder darf tun und lassen, was er will, solange er dabei nicht gegen die Gesetze verstößt. Dieses Verständnis von Art. 2 I hat wichtige Folgen:

(1) Art. 2 wird zu einem Muttergrundrecht, das die übrigen Freiheitsgrundrechte als leges speciales zu einem geschlossenen Grundrechtssystem zusammenfaßt. Hiergegen wird vorgebracht, daß die Grundrechte nur punktuelle Gewährleistungen enthielten und kein System bildeten[7]. Allerdings ist dies nur ein historisches Argument und als solches richtig. Es schließt jedoch nicht aus, daß das GG zu einem Grundrechtssystem gefunden hat.

(2) Jede Einschränkung des Freiheitsbereiches, die nicht formell und materiell der verfassungsmäßigen Ordnung entspricht, verstößt gegen Art. 2 I. Ein Gesetz, das formell nicht verfassungsgemäß zustande gekommen ist (wie im Ausgangsfall IV), verletzt das Grundrecht aus Art. 2. Oder anders betrachtet: Art. 2 I gewährt das Grundrecht, nicht mit Gesetzen belastet zu werden, die nicht formell und materiell verfassungsgemäß sind (diese Argumentation unbedingt merken!)[8]. Damit wird zugleich die Möglichkeit der Verfassungsbeschwerde gegeben und die in Art. 93 I 4a vorgenommene Beschränkung der Verfassungsbeschwerde auf Grundrechtsverletzungen praktisch aufgehoben. Diese Vorschrift könnte dann ebensogut lauten: „... über Verfassungsbeschwerden, die von jedermann mit der Behauptung erhoben werden können, durch die öffentliche Gewalt in verfassungswidriger Weise beein-

---

6) Ständige Rspr. BVerfGE 6, 38 ff.; vgl. auch 34, 379; 25, 407.
7) So z. B. *Hesse*, VerfR, § 9 III u. § 12 I 10.
8) Vgl. hierzu BVerfGE 6, 41, 433; 7, 119; 9, 11, 88; 10, 99; 11, 110; 21, 77; 23, 56; 29, 408.

trächtigt zu sein." Dies ist in seinen Auswirkungen ein sehr zweischneidiges Schwert, wie Ausgangsfall IV zeigt. Vielleicht hielten die Länderregierungen das Gesetz für erforderlich, bestanden aus politischer Rücksichtnahme aber nicht auf ihrem Zustimmungsrecht. Sie konnten so das Gesetz passieren lassen, ohne sich zu ihm bekennen zu müssen. Erhebt B nun Verfassungsbeschwerde, so wird er zum Wächter der Rechte des Bundesrates. Die Verfassungsbeschwerde dient folglich nicht mehr nur dem Schutz individueller Grundrechte, sondern gerät in die Nähe von Art. 93 I 1. Systematisch bestehen daher große Bedenken. Andererseits ist die Erweiterung der Rechtsschutzmöglichkeiten zu begrüßen. Im Ausgangsfall IV ist dieser Vorteil allerdings gering, da der Bundesrat ja noch zustimmen könnte. Bei nur formellen Verstößen im Gesetzgebungsverfahren, die jederzeit heilbar sind, ist die Wirkung daher gering. Anders aber bei materiellen Verstößen gegen Staatszielbestimmungen, die auch dem Individualinteresse dienen. Vor allem die Durchsetzung rechtsstaatlicher Anforderungen (oben Kap. 9) mit Hilfe der Verfassungsbeschwerde geschah über die Brücke des Art. 2. Das BVerfG hat aus Art. 2 geradezu ein Grundrecht auf Rechtsstaatlichkeit gemacht.

(3) Jede Einschränkung von Art. 2, die vom Gesetzgeber ordnungsgemäß in formeller wie materieller Hinsicht vorgenommen wird, ist verfassungsgemäß. Der Begriff der verfassungsmäßigen Ordnung wird in dieser Interpretation zu einem umfassenden Gesetzesvorbehalt. Die Kritik wendet daher ein, in der Interpretation des BVerfG „laufe Art. 2 leer". Das BVerfG hat demgegenüber klargestellt, daß die Wesensgehaltsgarantie nach Art. 19 II auch für Art. 2 I gilt, daß folglich „dem einzelnen Bürger eine Sphäre privater Lebensgestaltung verfassungskräftig vorbehalten ist, also ein letzter unantastbarer Bereich menschlicher Freiheit besteht, der der Einwirkung der gesamten öffentlichen Gewalt entzogen ist"[9]).

Dieses Argument stellt einen erheblichen Bruch in der Argumentation des BVerfG dar; denn um den Wesensgehalt der Handlungsfreiheit zu bestimmen, müßte man zunächst den Inhalt der Handlungsfreiheit umschreiben. Dies hat das BVerfG aber gerade vermieden und statt dessen sich auf die Klärung der Grenzen der Handlungsfreiheit konzentriert. Bei der „Grenze der Grenze" kann es dann der Klärung des Inhaltes der Handlungsfreiheit nicht mehr ausweichen. Im Ergebnis nähert es sich sehr der von Hesse vertretenen „Privatheitstheorie", nach der Art. 2 eine Gewährleistung der engeren persönlichen, freilich nicht auf rein geistige und sittliche Entfaltung beschränkten Lebenssphäre enthält[10]). Doch diese Annäherung bleibt äußerlich, da Hesse

---

9) BVerfGE 6, 41; 17, 313.
10) *Hesse*, VerfR, § 12 I 10.

folgerichtig auch die Schrankentrias im Lichte des Inhaltes des Grundrechts auslegt und dabei zu einem ganz anderen Verständnis als das BVerfG gelangt.

d) Die nicht widerspruchsfreie Interpretation von Art. 2 I durch das BVerfG zeigt an, daß das letzte Wort noch nicht gesprochen ist. Zur *Vertiefung* sollte Ausgangsfall II selbständig gelöst und die Lösung mit NJW 1972, 1726—1728 verglichen werden. Weiterführende Literatur: *Scholz* AöR Bd. 100 (1975), S. 80 ff. und 265 ff.; *Merten* JuS 1976, 345—351.

2. Willkürverbot

Ausgangsfälle:

(I) In A-Stadt betreibt die Stadt in der Rechtsform einer AG die städtischen „A-Verkehrsbetriebe" (AVB). Nach dem Tarif der AVB erhalten Schüler aller Schulen verbilligte Fahrkarten. Angesichts der angespannten Haushaltslage wird der Tarif dahin geändert, daß nur noch Schüler öffentlicher Schulen Fahrpreisermäßigungen erhalten, nicht auch die Schüler von Privatschulen.
(II) A und B sind befreundet. So erfährt A davon, daß B Rückzahlungen im Lohnsteuerjahresausgleich regelmäßig nach vier Wochen erhält, während A bei seinem Finanzamt 1½ Jahre warten muß, weil dieses Finanzamt die Anträge mit Hilfe eines Computers bearbeitet.
(III) A und B besitzen benachbarte Grundstücke am Waldrand in reizvoller Lage. A und B wird die Erlaubnis zum Bau von Wochenendhäusern erteilt. A baut sofort. Nach einem Jahr hat auch B das Geld zusammen. Da entzieht ihm die Behörde die Bauerlaubnis, da festgestellt worden war, daß die Grundstücke nicht bebaut werden dürfen und die Genehmigungen rechtswidrig waren. Kann B sich auf A berufen?
(IV) Nachdem die Polizei in H-Stadt jahrelang die Straßenprostitution in einer Straße geduldet hat, schreitet sie eines Tages dagegen ein. Dirne Doris findet das nicht gerecht.
(V) Reich hat ein Jahreseinkommen von 100 000 DM und zahlt davon 40 000 DM Steuern (= 40 %). Arm verdient nur 15 000 DM und zahlt 2500 DM Steuern (= 16,6 %). R. meint, daß die unterschiedliche Besteuerung sowohl der absoluten Höhe nach wie auch dem Prozentsatz nach gegen das Gleichheitsgebot verstoße.
(VI) Nach § 6 RabattG durften Warenhäuser (z. B. Kaufhof) keinen Rabatt auf Lebensmittel geben. Supermärkten war dies erlaubt.
(VII) Im Bundeshaushaltsplan sind Mittel zur Subventionierung von Winzergenossenschaften vorgesehen. 20 Winzer haben sich nicht in der Rechtsform einer Genossenschaft, sondern in der einer GmbH für gemeinsame Kellerei und Verkauf ihrer Produkte zusammengeschlossen. Ihr Antrag auf Subventionierung wird abgelehnt.

Hesse unterteilt die Grundrechte in Freiheitsrechte, Gleichheitsrechte, Eigentumsgarantie, Ehe – Familie – Schule und sonstige[11]). Stein trennt gleichfalls

---

11) VerfR, § 12.

Freiheitsgrundrechte und Gleichheitsgrundrechte[12]). Eine solche Einteilung folgt nicht einem zwingenden Schema, sondern dient didaktischen, z. T. auch systematischen Bedürfnissen. Unsere Frage geht dahin, welchen Beitrag die einzelnen Grundrechte zur Sicherung des individuellen Freiheitsraums unter rechtsstaatlichen Gesichtspunkten bei der Beschränkung staatlicher Eingriffe leisten. Bei dieser Ausfüllung der Staatszielbestimmung „Rechtsstaat" unterscheiden sich Freiheits- und Gleichheitsgrundrecht nicht wesentlich.

a) Art. 3 garantiert den Gleichheitssatz (wir beschränken uns hier auf die Abs. 1 und 3), der in seinem Kern staatliche Eingriffe untersagt, wenn sie die Betroffenen in einer nicht von der Verfassung anerkannten Weise unterschiedlich behandeln. Historisch ist der Gleichheitssatz („Egalité") gegen Standesvorteile des Adels gerichtet gewesen[13]), mit ihm reichen sich rechtsstaatliches und republikanisches Prinzip die Hand. Zu den elementaren Grundsätzen des Rechtsstaates gehört, daß alle an der Rechtsordnung teilhaben und alle vor dem Gesetz gleich sind. Dies ist eine formelle Rechtsgleichheit, die sich aus der Natur des Gesetzes als allgemeiner Regel notwendig ergibt. In dieser Bedeutung ist das Gesetz Maßstab für die Gleichheit und nicht die Gleichheit Maßstab für die Gesetzgebung[14]). Probleme in der Einheitlichkeit und Gleichheit der Rechtsanwendung (= *Rechtsanwendungsgleichheit*) behandeln Ausgangsfälle I und II. Der Gleichheitssatz hat in der Auslegung des BVerfG auch eine materielle Seite, indem er etwas über die Gleichheit von Situationen aussagt und sich insbesondere an den Gesetzgeber wendet (= *Rechtsetzungsgleichheit*). Art. 3 III zählt in diesem Sinne eine Reihe von Kriterien auf, die auch der Gesetzgeber nicht zum Anlaß für Differenzierungen nehmen darf. Die materielle Bedeutung knüpft an eine lange rechtsphilosophische Tradition an, die von Aristoteles begründet[15]), zwischen der ausgleichenden (iustitia commutativa) und der austeilenden (iustitia distributiva) Gerechtigkeit unterscheidet. Letztere verlangt, daß „Jedem das Seine" (suum cuique) zugeteilt wird. Gleichheit ist nicht mit Gleichmacherei zu verwechseln; sie besteht in dieser Deutung aus dem Grundsatz, daß jeder entsprechend seiner besonderen und individuellen Situation zu behandeln ist. Im Einzelfall kann dies zur Forderung auf Gleichbehandlung wie auf differenzierte Behandlung führen.

b) Das BVerfG hat Art. 3 zu einem zentralen Gegenstand seiner Rechtsprechung bei Verfassungsbeschwerden gemacht. Er ist einer der am meisten behandelten Artikel des GG! Dennoch ist die Rechtsprechung nicht klar und

---

12) StaatsR, 6. Teil: Freiheit und Gleichheit (§ 20—§ 23).
13) Vgl. Art. 109 WRV, der diesen Zusammenhang deutlich macht; zur Paulskirche, *Scholler*, GR-Diskussion in der Paulskirche, Darmstadt 1973, S. 36 ff., 228 ff.
14) *Starck*, VerfR in Fällen Bd. 9, S. 1.
15) Z. B. Nikomachische Ethik V. Buch.

durchgeformt. Dies hat zwei Gründe: Die Materien der Entscheidungen sind oft so kompliziert und spezialisiert, daß die Besonderheiten des einzelnen Falles und dessen gerechte Lösung im Vordergrund stehen. Und: das BVerfG verwendet zwar fast immer die gleichen Worte, diese sind aber kaum etwas anderes als Leerformeln, die sich mit unterschiedlichem Inhalt füllen lassen[16]). Die Anwendung des Gleichheitssatzes macht den Studenten häufig große Schwierigkeiten, da sie sich nicht eingehend genug mit der Auslegung des Art. 3 befaßt haben.

Ausgangspunkt jeder Erweiterung des Gleichheitssatzes über eine formelle Rechtsgleichheit hinaus ist der Umstand, daß das Gebot der Gleichbehandlung sich auf gleiche, d. h. vergleichbare, und nicht auf identische Situationen bezieht. Wirklich gleich i. S. von identisch ist jede Person und jeder Sachverhalt nur mit sich selbst. Die jeweils in Frage kommenden Fälle stimmen in manchen Punkten überein, in anderen Punkten aber nicht. Selbst die einander so ähnlichen Lagen von A und B im Ausgangsfall III sind verschieden: A hat schon gebaut, B will erst noch bauen. Beim Gleichheitssatz geht es um die Frage, welche der der Kriterien den Ausschlag geben sollen, die übereinstimmenden oder die unterschiedlichen. Die Antwort hängt davon ab, welche Bedeutung die einzelnen Kriterien im Hinblick auf die staatlichen Maßnahmen besitzen. Es geht mithin darum, ob etwas im konkreten Zusammenhang als wesentlich oder unwesentlich zu bewerten ist. Dies besagt zweierlei:

(1) Die Frage der Wesentlichkeit eines Kriteriums findet keine absolute, sondern eine relative Antwort. Reichtum ist für die Strafbarkeit eines Mordes unwesentlich: Wohlhabender Schauspieler und armer Schlucker werden gem. § 211 StGB gleich bestraft. Für die Besteuerung ist er wesentlich: die beiden zahlen völlig unterschiedliche Steuern.

(2) Die Bejahung der Wesentlichkeit eines Kriteriums beruht auf einer Wertung, die nicht mechanisch erfolgt, sondern des Vergleichs mit anderen Rechtswerten bedarf, um im Einzelfall ein größtmögliches und trotzdem ausgewogenes Maß an Gerechtigkeit zu verwirklichen. Wertungen lassen sich nicht mit völliger Objektivität vornehmen, sondern sind das Ergebnis vielfältiger Abwägungen. In der Demokratie ist es Aufgabe des Gesetzgebers, allgemeine Bewertungsleitlinien zu geben. Doch zugleich soll die Gleichheit auch den Gesetzgeber binden, was nur bei übergesetzlichen Wertungsmaßstäben denkbar ist. Da es sich hierbei nur um Verfassungsnormen handeln kann, liegt die Entwicklung solcher Maßstäbe in der Hand des BVerfG, das dieser inhaltlichen Aufgabe durch eine sog. Willkürrechtsprechung weitgehend aus-

---

[16] Zur Kritik am BVerfG vgl. *Böckenförde*, Der Allgemeine Gleichheitssatz und die Aufgabe des Richters, Berlin 1957, S. 47 ff.; *Ipsen*, Gleichheit, in: Die GR (Hrsg. Neumann-Nipperdey-Scheuner), Bd. 2, Berlin 1955, S. 137, 166.

gewichen ist und den Gesetzgeber bei der Auswahl der „Merkmale der Vergleichspaare ..., die für Gleichheit oder Ungleichheit der gesetzlichen Regelungen maßgebend sein sollen", als „weitgehend frei" ansieht[17]).

Der Student muß sich folgende Kette merken:

Das Gebot des allgemeinen Gleichheitssatzes (Art. 3 I) verlangt, daß „Gleiches gleich und Ungleiches seiner Eigenart entsprechend ungleich zu behandeln ist"[18]), d. h., „wesentlich Gleiches ist gleich und wesentlich Ungleiches ist ungleich zu behandeln"[19]). Was wesentlich für einen Sachverhalt ist, bestimmt zwar weitgehend der Gesetzgeber, bei ähnlichen bzw. vergleichbaren Sachverhalten darf der Gesetzgeber nur dann eine unterschiedliche Behandlung vorsehen, wenn sich für die Differenzierung „ein vernünftiger, sich aus der Natur der Sache ergebender oder sonstwie sachlich einleuchtender Grund" finden läßt[20]). Fehlt es hieran, so ist die vorgenommene Differenzierung willkürlich[21]). Unter der Willkür versteht das BVerfG eine sachfremde, unangemessene, sachwidrige Regelung eines Lebenssachverhalts, bei der die Gesetzlichkeiten, die in der Sache selbst liegen, und die fundierten allgemeinen Gerechtigkeitsvorstellungen der Gemeinschaft mißachtet werden[22]). Allerdings geht das Gericht nicht so weit, aus Art. 3 I das Gebot auf sachgemäße Behandlung durch den Staat abzuleiten. Nach seiner Auffassung ist Art. 3 I allerdings das Verbot der objektiven, d. h. tatsächlich und eindeutig unangemessenen Behandlung zu entnehmen[23]).

Mit dieser zur „Willkür"rechtsprechung führenden Argumentationskette hat das BVerfG den Inhalt von Art. 3 I völlig verändert. Während der Gleichheitssatz den Vergleich der Behandlung zweier Situationen betrifft, stellt das BVerfG auf den Vergleich der Regelung mit den Besonderheiten des Falles ab. In einer Entscheidung vom 24. 3. 76[24]) hat es den Schlußstrich unter diese Entwicklung gesetzt: die Gerechtigkeitsvorstellungen widersprechende Auslegung und Anwendung von Recht verstößt, da sie unangemessen und willkürlich ist, gegen Art. 3 I!

c) Auch wenn die Unterscheidung nicht vom BVerfG verwandt wird, empfiehlt es sich dennoch für den Studenten, die Fälle der Rechtsetzungsgleichheit von denen der Rechtsanwendungsgleichheit deutlich zu trennen.

---

17) BVerfGE 35, 272 st. Rspr.
18) BVerfGE 3, 135 f. st. Rspr.
19) St. Rspr. z. B. BVerfGE 36, 79.
20) BVerfGE 1, 52 st. Rspr., vgl. *Leibholz-Rinck* Art. 3 Anm. 2.
21) BVerfGE 4, 155 st. Rspr.
22) BVerfGE 9, 349; 13, 228 st. Rspr.
23) BVerfGE 2, 281; 4, 155 st. Rspr.
24) BVerfGE 42, 64 ff. (72 ff.) m. abw. Meinung *Geiger* S. 79 ff.: „Nicht alles, was rechtsstaatlich unerträglich ist, ist ... Verletzung des Art. 3 ..." (80) — unbedingt lesen!

Bei der *Rechtsetzungsgleichheit* (Ausgangsfälle IV—VII) geht es um die Gestaltungsfreiheit des Gesetzgebers. Im Sinne des Willkürverbots ist dieser an die Gerechtigkeitsvorstellungen, die aus den in den Grundrechten konkretisierten Wertentscheidungen und den fundamentalen Ordnungsprinzipien des GG folgen, gebunden. Eine diesen Vorstellungen grob widersprechende gesetzliche Regelung verletzt Art. 3. In der Praxis hat der Gesetzgeber damit „freie Hand"; Art. 3 I wirkt nur als Notbremse, wenn der Gesetzgeber wirklich einmal zu sehr von seiner Freiheit Gebrauch gemacht hat[25]). Folgerichtig hat das BVerfG nur in wenigen Ausnahmefällen Gesetze wegen Verstoßes gegen Art. 3 aufgehoben. Eine wichtige, zu Differenzierungen berechtigende Verfassungsentscheidung enthält das Sozialstaatsprinzip[26]), das die Differenzierungen in den Ausgangsfällen V und VII rechtfertigt. Art. 3 I verlangt somit, daß die mit den gesetzlichen Differenzierungen verfolgten Ziele (sog. Differenzierungsmerkmale[27]) im Lichte der Verfassung nicht unangemessen sind. Im Fall V ist das Ziel die Verteilung der Steuerlast nach der persönlichen Leistungsfähigkeit, bei Fall VII soll den „Genossenschaftswinzern", d. h. in der Regel kleinen Familienbetrieben, im Konkurrenzkampf mit den Großbetrieben geholfen werden. Weiter verlangt Art. 3, daß die Kriterien der Unterscheidung (V: Höhe des Jahreseinkommens; VII: Rechtsform) sachgemäß sind. Art. 3 III enthält eine Reihe absolut unzulässiger Differenzierungskriterien. Und schließlich müssen Ziel und Kriterium in einem angemessenen Verhältnis zueinander stehen.

Zur *Vertiefung* sollten in Arbeitsgemeinschaften die Fälle V—VII durchgearbeitet werden: zu V — *Leibholz-Rinck* Art. 3 Anm. 23; VI — BVerfGE 21, 292; VII — BVerwGE 30, 191—199. Weitere BVerfG-Rspr. 18, 38 (46); 25, 101 (108); 21 (227); 22, 163 (167 ff.).

d) Bei der *Rechtsanwendungsgleichheit* ist die Entscheidung für oder gegen Differenzierungen schon gefallen. Nicht mehr die Frage der Gruppenbildung überhaupt, sondern die Frage der Gleichbehandlung innerhalb einer Gruppe steht zur Diskussion. Hier sind zwei Falltypen zu trennen: In dem einen hat die Verwaltung einen Spielraum (Ausgangsfall IV), in dem anderen ist sie streng an das Gesetz gebunden (Ausgangsfälle II und III).

Im Fall IV stellt sich die Frage, ob die Polizei sich durch die Duldung selbst gebunden hat[28]). Selbst wenn dies u. U. zu bejahen ist, so kann sie ihr Ver-

---

25) BVerfGE 14, 238; 15, 201; 17, 388 f.; 19, 367; 23, 25; 27, 386; 36, 166 und noch eine Reihe weiterer Entscheidungen.
26) Z. B. BVerfGE 12, 367.
27) *Stein*, StaatsR, § 23 I 2.
28) Näheres im Verwaltungsrecht, Stichwort: Ermessen und Selbstbindung vgl. *Püttner* Kap. 3, 4 d.

halten ändern, wenn dies sachlich geboten ist (z. B. Überhandnahme der Prostitution; nicht aber, weil D einen Polizisten angezeigt hat). Im Fall II sind die Finanzämter streng an die Gesetzesbeachtung gebunden. Die Unterschiede in der Behandlung von A und B sind sachlich durch die Einführung neuer Arbeitsmethoden bedingt und liegen nicht in der Person des A begründet. Auch im Fall III ist die Behörde gebunden. Sie muß die Baugenehmigung wegen deren Rechtswidrigkeit zurücknehmen. Daß A schon gebaut hat, ist ein sachlicher Unterschied. A müßte sein Haus abreißen. Unter Vertrauensschutzgesichtspunkten wie zur Erhaltung von Volksvermögen rechtfertigt dies eine andere Behandlung als beim erst noch zu errichtenden Bau des B.

Zur *Vertiefung* empfiehlt sich die Lösung des Falles I. Der Student kennt inzwischen alle notwendigen Überlegungen.

3. Berufsfreiheit

Ausgangsfälle:

(I) Nach früherem Recht waren Apotheken konzessioniert. Innerhalb eines Gebietes wurde nur eine bestimmte Zahl von Apotheken zugelassen. E hat sein Apothekerexamen mit „sehr gut" bestanden und ist approbiert worden. Er möchte in A-Stadt eine Apotheke aufmachen. Er erhält jedoch keine Konzession.

(II) G unterhält in A-Stadt eine Reihe von Zigarettenautomaten, die er füllt und wartet. Nach einer örtlichen Gewerbepolizeiverordnung in A bedürfen Automatenaufsteller einer zweijährigen Lehrzeit und einer Prüfung zum Nachweis der Sachkunde. G wird, da er beides nicht vorweisen kann, das weitere Betreiben der Automaten untersagt.

(III) Der Einzelhändler D möchte gerne seinen Laden bis 20.00 Uhr geöffnet halten und sieht sich hieran durch das LadenschlußG gehindert. Kann er sich auf Art. 12 berufen?

Art. 12 garantiert allen Deutschen „das Recht, Beruf, Arbeitsplatz und Ausbildungsstätte frei zu wählen". Die „Berufsausübung" unterliegt einem allgemeinen Gesetzesvorbehalt.

a) Inhalt und Bedeutung dieser wenigen Zeilen des GG sind aus sich selbst heraus kaum verständlich. Soll wirklich jeder das Recht haben, jeden Beruf auch ohne Vorkenntnisse auszuüben? Kann eine Verfassung wirklich das Recht garantieren, jederzeit an einem beliebigen Arbeitsplatz tätig zu sein? Offenkundig kann dies nicht der Inhalt von Art. 12 sein. Art. 12 ist als *Freiheitsrecht* gegen den Staat gerichtet und will die staatliche Einflußnahme auf die Wahl des Berufes, des Arbeitsplatzes und der Ausbildungsstätte ausschließen. Niemand soll von Staats wegen gezwungen sein, einen bestimmten Beruf zu ergreifen, an einem bestimmten Arbeitsplatz zu arbeiten, eine bestimmte Schule zu besuchen usw. Die Abwehrrichtung von Art. 12 I wird von folgender Überlegung bestimmt: Bildungsstand, ausgeübter Beruf und Tätigkeitsort sind sehr wesentliche Elemente im Leben jedes Menschen. Könnten hierüber die staatlichen Behörden verfügen, so wäre die individuelle Freiheit wesentlich eingeschränkt. Das BVerfG hat diesen Aspekt in mehreren Entscheidungen besonders hervorgehoben. So spricht es von der „Beziehung zur Persönlichkeit des Menschen im ganzen, die sich erst darin voll ausformt und vollendet, daß der einzelne sich einer Tätigkeit widmet, die für ihn Lebensaufgabe und Lebensgrundlage ist und durch die er zugleich seinen Beitrag zur gesellschaftlichen Gesamtleistung erbringt. Das Grundrecht der Berufsfreiheit ist also in erster Linie persönlichkeitsbezogen. Es konkretisiert das Grundrecht auf freie Entfaltung der Persönlichkeit im Bereich der individuellen Leistung und Existenzerhaltung"[29]).

b) Art. 12 garantiert die „Berufs"freiheit. Doch was ist ein Beruf? Die h. M. definiert als *Beruf* jede erlaubte Tätigkeit, die auf Dauer berechnet ist und der Schaffung und Erhaltung einer Lebensgrundlage dient[30]). Die Merkmale der „Dauer" und „Lebensgrundlage" schließen Liebhabereien und Hobbys ebenso wie gelegentliche Tätigkeiten vom Schutz des Art. 12 I aus. Das Kriterium der Erlaubtheit ergänzt das BVerfG gelegentlich durch das Merkmal der sinnvollen Tätigkeit. Erlaubt bedeutet ihm nicht gesetzlich erlaubt, sondern sozial wertvoll oder sozial neutral. Unerlaubt sind sozial unwertige Beschäftigungen. Danach übt ein Berufsverbrecher keinen Beruf aus, während eine Traumdeuterin einen Beruf besitzt. Wie unklar diese Kriterien im Einzelfall sind, kann man daran ersehen, wenn man mit ihrer Hilfe die Frage, ob Prostitution ein Beruf ist, zu beantworten sucht. Zugleich betont das Gericht jedoch in st. Rspr., daß der Begriff „Beruf" weit auszulegen sei. Damit besteht also die Freiheit, mit jeder Tätigkeit sein Geld zu verdienen, die nicht sozial schädlich oder unwertig ist. Art. 12 I ist eine spezielle Ausprägung der allgemeinen Handlungsfreiheit für den Bereich des „Broterwerbs". Fraglich ist, ob der Gesetzgeber diese Freiheit dadurch einengen kann, daß er die möglichen Berufe typisiert und in sog. *Berufsbildern* festschreibt. Es wird z. T. die Ansicht vertreten, Art. 12 gewähre die Berufsfreiheit nur im Rahmen traditioneller oder rechtlich fixierter Berufsbilder. Die h. M. lehnt diese Auffassung ab[31]). Nach ihr kann der Gesetzgeber zwar für bestimmte Gebiete typische Berufe gesetzlich fixieren, so daß der einzelne nur die Wahl hat, einen solchen Beruf zu ergreifen oder nicht[32]). Dies schließt grundsätzlich aber nicht aus, daß es

---

29) BVerfGE 7, 397; 13, 104; 30, 334.
30) BVerfGE 7, 377, 397; BVerwGE 22, 286 f.
31) Vgl. eingehend *Maunz/Dürig/Herzog* Art. 12 Rdnr. 25.
32) BVerfGE 17, 241.

außerhalb der festen Berufsbilder sog. untypische Berufe gibt: z. B. Beruf des Automatenaufstellers — Fall II[33]). Bei der Fixierung eines Berufsbildes werden die Ausbildung festgelegt, eine Prüfung vorgeschrieben, eine Bezeichnung für den Beruf reserviert und die Tätigkeiten des Berufs näher geregelt. Im Ergebnis findet demnach ein erheblicher Eingriff in die Berufsfreiheit statt. Zu Recht hat das BVerfG daher die Definierung von Berufsbildern in die grundrechtliche Betrachtung einbezogen[34]).

c) Die Auslegung von Art. 12 I bereitete zunächst der Rechtsprechung Schwierigkeiten; 1958 fand das BVerfG dann den großen Durchbruch. Danach unterscheidet Art. 12 zwischen der *Berufswahl*, die keinerlei Beschränkungen unterliegt, und der unter dem Gesetzesvorbehalt stehenden *Berufsausübung*. Die Berufswahl gliedert sich ihrerseits in zwei Vorgänge: Entscheidung für einen bestimmten Beruf (= innerer Akt) und die Verwirklichung dieser Entscheidung (sog. *Berufsaufnahme*). Somit sind drei Vorgänge zu unterscheiden: Berufswahl i. e. S., Berufsaufnahme, Berufsausübung. Art. 12 I besagt nur etwas über staatliche Kompetenzen im Hinblick auf den ersten und dritten Vorgang. Der Kern des Apotheken-Urteils[35]) besteht darin, daß der Gesetzesvorbehalt in differenzierter Form auch auf den zweiten Vorgang ausgedehnt wurde. Differenziert deshalb, weil die im wesentlichen rein interne Entscheidung für einen bestimmten Beruf sich erst in der Berufsaufnahme verwirklicht, ja überhaupt erst rechtlich bedeutsam wird und sich die grundsätzliche Freiheit einer auch in die Tat umsetzbaren Berufswahl folglich erst an diesem Punkte zeigt.

Aus diesen Überlegungen hat das BVerfG die *Stufentheorie* entwickelt:

1. Stufe: — Berufsausübungsregelung

Diese Stufe steht nach Art. 12 unter dem *Gesetzesvorbehalt*. Der Gesetzgeber kann in weitgehender politischer Ermessensfreiheit nach Zweckmäßigkeitsgesichtspunkten die Berufstätigkeit regeln. Ausgangsfall III enthält ein Beispiel für diese Art einer Regelung. Andere sind: Sicherheitsbestimmungen zur Verhinderung von Unfällen, Pflicht zur Anbringung von Fahrpreisanzeigern in Taxen u. ä. m. Eine Grenze besteht dort, wo über eine Ausübungsregelung in Wirklichkeit die Freiheit der Berufsaufnahme eingeschränkt wird oder ein Beruf überhaupt unterbunden werden soll, indem etwa unerfüllbare Sicherheitsanforderungen gestellt werden.

---

33) BVerfGE 14, 22.
34) BVerfGE 21, 181.
35) BVerfGE 7, 377 ff.

2. Stufe: Berufsaufnahme – subjektive Schranken

Im Ausgangsfall II werden an G *subjektive Zulassungsvoraussetzungen* für die Aufnahme der Berufstätigkeit gestellt, d. h. Anforderungen an die Person des Berufsanwärters (daher subjektiv). Hierzu gehören Kenntnisse, abgelegte Prüfungen, bestimmte Fähigkeiten, Charaktereigenschaften, Lebensalter usw. Subjektive Voraussetzungen sind nur zulässig, soweit durch sie *wichtige Gemeinschaftsgüter* (merken!) vor allem vor ungeeigneten Berufsausübenden geschützt werden sollen. (So wird z. B. von einem Chirurg ein hohes Maß an Können erwartet.) Wichtige Gemeinschaftsgüter sind entweder *absolute*, d. h. solche, die allgemein anerkannt und von der jeweiligen politischen Situation unabhängig sind (z. B. Volksgesundheit, Sicherung der Energieversorgung usw.), und *relative* Gemeinschaftsgüter. Letzteres sind solche, die erst vom Gesetzgeber in den Rang wichtiger Güter erhoben werden, wie dies bei wirtschafts-, sozial- oder gesellschaftspolitisch motiviertem Gesetz häufig geschieht (z. B. Erhaltung des Handwerks). Die subjektiven Zulassungsvoraussetzungen dürfen zur Erhaltung des Gemeinschaftsgutes nicht außer Verhältnis stehen. Diese Formulierung deutet darauf hin, daß der Gesetzgeber einen gewissen Bewertungsspielraum besitzt. Da die Anforderungen so gestaltet sein müssen, daß sie die Berufsanwärter erfüllen können, handelt es sich letztlich um übersteigbare Hürden, so daß man ein weites gesetzgeberisches Ermessen akzeptieren kann. Die Frage, welche Voraussetzungen in der jeweils konkreten Situation zur Ausübung eines Berufes erforderlich sind, kann kaum anders als durch den Gesetzgeber konkretisiert werden. Im Ausgangsfall II könnte als Gemeinschaftsgut immerhin der Schutz der Volksgesundheit in Betracht kommen. Die subjektiven Zulassungsvoraussetzungen (ihre formelle Ordnungsgemäßheit einmal unterstellt) stehen jedoch außer Verhältnis.

3. Stufe: Berufsaufnahme – objektive Schranken

Bei der 2. Stufe kann der einzelne, wenn er die Voraussetzungen in seiner Person erfüllen kann, wenn er also ein geeigneter Bewerber ist, den Beruf ausüben. In der 3. Stufe werden auch die geeignetsten Bewerber durch *objektive Zulassungsvoraussetzungen* ferngehalten. Dies sind solche Voraussetzungen, die mit der persönlichen Qualifikation des Berufsanwärters nichts zu tun haben und auf die er keinen Einfluß nehmen kann[36]). Objektive Zulassungsvoraussetzungen liegen insbesondere dann vor, wenn bei der Zulassung eines Berufsanwärters eine *Bedürfnisprüfung* angestellt wird, wenn also nur eine bestimmte Anzahl von Personen den Beruf ausüben darf und diese ausdrück-

---

36) BVerfGE 7, 406.

lich durch staatliche Stellen zugelassen werden müssen (Lizensierung, kontingentierte Konzession usw.). Diese Tatsache rückt die 3. Stufe in die Nähe des Verbotes, einen bestimmten Beruf überhaupt frei zu wählen. Damit wird das Grundrecht aus Art. 12 in erheblicher Weise eingeschränkt. Ausgangsfall I zeigt die Fragwürdigkeit objektiver Zulassungsvoraussetzungen. Welche Nachteile für die Gesellschaft entstünden, wenn der lange und hoch spezialisiert ausgebildete E eine Apotheke betriebe? Das BVerfG hält daher objektive Zulassungsvoraussetzungen nur unter zwei Bedingungen für zulässig: (1) Gefahr für ein *überragend wichtiges Gemeinschaftsgut* und (2) nachweisbarer oder höchstwahrscheinlicher *Eintritt schwerer Gefahren*. Bei der Beurteilung, ob es sich um ein überragend wichtiges Gemeinschaftsgut handelt, besitzt der Gesetzgeber im Gegensatz zur 2. Stufe nur einen sehr begrenzten Spielraum, der vom BVerfG weitgehend überprüft werden kann. Die intensive verfassungsgerichtliche Kontrolldichte rechtfertigt sich aus zwei Gründen. Zum einen ergeben sich die „überragend wichtigen Gemeinschaftsgüter" aus den verfassungsrechtlichen Grundentscheidungen, deren Wahrung dem Gesetzgeber gegenüber vordringliche Aufgabe des BVerfG ist. Zum anderen besteht die „Gefahr des Eindringens sachfremder Motive"[37], indem der Schutz des Gemeinschaftsgutes nur vorgeschoben wird. Die Rechtsprechung betont immer wieder, daß der Schutz vor Konkurrenz unter keinen Umständen als überragend wichtiges Gemeinschaftsgut anzuerkennen ist. Gleiches gilt für den Schutz bestimmter Wirtschaftszweige (Handwerk, Mittelstand). Die Aufrechterhaltung wirtschaftlich leistungsfähiger, privater Verkehrsbetriebe ist z. B. ein überragend wichtiges Gemeinschaftsgut[38]. Mit diesem Argument wird die Zulassung von gewerblichen Güterkraftverkehrsbetrieben so gesteuert, daß wirtschaftlich gesunde Betriebe entstehen. Daß dies auch der Erhaltung mittelständischer Betriebe dient und unerwünschte Konkurrenz von den bestehenden Betrieben fernhält, wird dann nur als eine zulässige Nebenwirkung gewertet. Bei diesem Ineinanderverwobensein von Haupt- und Nebenwirkung bedeutet umfassende gerichtliche Kontrolle einen zusätzlichen Schutz vor etwaigem Mißbrauch.

Wichtig ist auch die zweite Voraussetzung für objektive Zulassungsschranken: der Nachweis der Gefährdung. Dafür, daß eine solche Gefahr besteht, trägt der Staat die Beweislast. In dem dem Ausgangsfall I zugrunde liegenden Apothekenurteil war dies der entscheidende Punkt. Zwar handelt es sich bei der Volksgesundheit um ein überragend wichtiges Gemeinschaftsgut, es konnte jedoch nicht nachgewiesen werden, daß durch ein freies Apothekenniederlas-

---

[37] BVerfGE 7, 408.
[38] BVerfGE 11, 184; BVerwGE 1, 95; 3, 24.

sungsrecht eine Gefahr für die Volksgesundheit wegen des Mangels an hinreichender Versorgung mit Medikamenten eintreten würde. Deshalb war die Apothekenkonzessionierung verfassungswidrig. Die spätere Entwicklung nach dem Urteil hat dem BVerfG recht gegeben.

Zu den objektiven Zulassungsvoraussetzungen sind auch die echten *Berufsverbote* zu rechnen. Beim Begriff der Berufsverbote sind zwei Gruppen zu unterscheiden: Die erste betrifft subjektive Merkmale, auf die der betreffende Berufsanwärter keinen Einfluß hat, insbesondere also dann, wenn ein Beruf nur Männern oder Frauen vorbehalten ist: z. B. Verbot des Bergleuteberufs für Frauen, Verbot des Hebammenberufs für Männer[39]). Die zweite Gruppe bilden Verbote einer Berufsausübung überhaupt. Das BVerfG hat als solches Verbot das Verbot der gewerbsmäßigen Stellenvermittlung durch Private als verfassungsgemäß zugelassen[40]). Beide Gruppen behandelt das BVerfG wie objektive Zulassungsvoraussetzungen, fordert also eine nachweisbare Gefahr für ein überragend wichtiges Gemeinschaftsgut.

d) Zur *Vertiefung* muß die angegebene Rechtsprechung durchgearbeitet werden. In Arbeitsgemeinschaften kann man der Frage nachgehen, welche Gemeinschaftsgüter bisher anerkannt wurden. Kritisch würdigen sollte man hierbei insbesondere Apothekenurteil, Notarurteil und Güterfernverkehrurteil (BVerfGE 7, 377 ff.; E 17, 371 ff.; E 40, 196 ff.). Aus der Literatur: *Rupp* NJW 1965, 993—996; ders. AöR 92 (1967), 212—242.

4. Eigentumsschutz

Ausgangsfälle:

(I) A hat sein Kind B im Rahmen der Pockenschutzpflicht impfen lassen. B trägt eine dauernde Gehirnschädigung davon. B erhält entsprechend den gesetzlichen Bestimmungen eine Impfschadensrente. Wegen der angespannten Haushaltslage beschließt das Parlament, derartige Renten nicht mehr zu zahlen. Kann sich B dagegen wehren?
(II) Nach früherem Recht wurden Bezirksschornsteinfegermeister auf Lebenszeit bestellt. 1952 wurde eine Altersgrenze eingeführt. Konnten die Betroffenen hierfür eine Entschädigung verlangen?
(III) A besitzt einen großen Wald in der Nähe einer Großstadt, den er forstwirtschaftlich nutzt. Durch ein Gesetz wird er verpflichtet, den Wald auch erholungsuchenden Spaziergängern zu öffnen.

Art. 14 I S. 1 gewährleistet Eigentum und Erbrecht. Gem Art. 14 I S. 2 bestimmt der Gesetzgeber, was Inhalt des Eigentums ist. Art. 14 II fügt zu den

---

39) Vgl. BVerwGE 40, 17 ff.
40) BVerfGE 21, 245 ff.

in I 2 genannten „Schranken" noch eine weitere hinzu, die als Sozialpflichtigkeit bezeichnet wird. Art. 14 III behandelt das Gegenteil des Eigentums: die Enteignung. Dieser Aufbau ist recht eigenartig. Zum eigentlichen Inhalt des Eigentums wird verfassungsrechtlich nichts gesagt. Die Schranken des Eigentums stehen eindeutig im Vordergrund. Durch diesen Aufbau der Vorschrift ist die Diskussion schon vorgezeichnet. Die Auslegung von Art. 14 bemüht sich vor allem um die Klärung folgender Fragen: Inhalts- und Schrankenbestimmung des Eigentums, Sozialpflichtigkeit des Eigentums sowie Enteignung.

a) Die *allgemeine Bedeutung* und die Einordnung des Art. 14 bereiten Schwierigkeiten, die bei einem Vergleich von § 903 BGB mit Art. 14 II sofort deutlich werden: Einerseits kann der Eigentümer jeden anderen vom Gebrauch der Sache ausschließen, andererseits soll der Gebrauch der Sache durch den Eigentümer dem Wohle der Allgemeinheit dienen. Nach Art. 14 I 2 wäre — wörtlich genommen — § 903 BGB der Vorzug zu geben. Damit hätte es der Gesetzgeber völlig in der Hand, über eine Inhaltsbestimmung (= Änderung von § 903 BGB) den Umfang des Grundrechts zu bestimmen und damit auch die Entschädigungspflicht nach Art. 14 III zu umgehen. Das GG setzt stillschweigend Grenzen voraus, die dem Gesetzgeber bei der Inhaltsbestimmung gezogen sind. Diese Grenzen können sich nur aus der allgemeinen Stellung von Art. 14 im Rahmen der Grundrechte ergeben.

Das BVerfG sieht im Eigentum ebenso wie in der Freiheit und der Gleichheit ein elementares Grundrecht, dem eine Wertentscheidung von besonderer Bedeutung für den sozialen Rechtsstaat zugrunde liegt[41]. Durch die Garantie einer dem staatlichen Zugriff nicht unterliegenden Vermögensbasis soll die Freiheit des einzelnen dem Staate gegenüber gesichert werden. Er soll nicht zum „Kostgänger" staatlicher Behörden werden müssen, denn dann wäre er von diesen abhängig und könnte von ihnen bevormundet werden. Art. 12 und 14 basieren somit auf der gleichen Überlegung. Art. 14 ergänzt insoweit Art. 12, als er den Genuß der Früchte der Arbeit garantiert. „Die Eigentumsgarantie zielt in ihrer freiheitsverbürgenden Funktion darauf, dem einzelnen die wirtschaftlichen Voraussetzungen für eine eigenverantwortliche Lebensgestaltung zu gewährleisten"[42]. Dieses Verständnis läßt zwei unterschiedliche, grundsätzliche Stoßrichtungen zu:

Man kann Art. 14 dahin verstehen, daß jedem Staatsbürger durch staatliche Maßnahmen eine entsprechende Basis „gewährleistet" wird. Man kann Art. 14 jedoch auch so deuten, daß er die bestehende Vermögensverteilung und die

---

41) BVerfGE 14, 277.
42) BVerfGE 40, 83 f.

sich daraus ergebenden individuellen Freiheitsräume garantiert. Das BVerfG hat sich für die zweite Auslegungsmöglichkeit entschieden: „Die Eigentumsgarantie bewahrt den konkreten, vor allem den durch Arbeit und Leistung erworbenen Bestand an vermögenswerten Gütern vor ungerechtfertigten Eingriffen durch die öffentliche Gewalt"[43]). Mit dieser Auslegung wird Art. 14 ausschließlich dem status negativus zugeordnet und seine rechtsstaatliche, staatliche Eingriffe abwehrende Seite betont.

b) Ist der Gesetzgeber somit nicht frei bei der Inhaltsbestimmung, so stellt sich die Frage nach dem *Begriff des Eigentums* im GG. Das BVerfG hat einen eigenen verfassungsrechtlichen Eigentumsbegriff entwickelt, der sich von demjenigen der bürgerlichen Rechtsordnung unterscheidet. Er ist teils — seinem Inhalt nach — weiter, teils — den Schranken nach — enger. Danach gehören zum Eigentum alle vermögenswerten Rechte, die die Privatrechtsordnung gewährt, d. h. alle absoluten Rechte der Privatrechtsordnung (vgl. § 823 BGB) und alle vermögenswerten, schuldrechtlichen Forderungen, z. B. Bankguthaben, Grundeigentum, Recht an eingerichtetem und ausgeübtem Gewerbebetrieb, Kaufpreisforderungen. Ob auch öffentlich-rechtliche Ansprüche unter den verfassungsrechtlichen Eigentumsbegriff fallen, ist nicht unstr. (Problem der Fälle I und II). Das BVerfG verhielt sich zunächst ablehnend und erstreckte den verfassungsrechtlichen Eigentumsbegriff nicht auf subjektiv-öffentliche Rechte[44]). Dem ist vor allem der BGH entgegengetreten[45]). Daraufhin hat das BVerfG zu einer differenzierenden Betrachtung gefunden und stellt darauf ab, „ob der das subjektiv-öffentliche Recht begründende Tatbestand seinem Inhaber eine Rechtsposition verschafft, die derjenigen des Eigentümers so nahe kommt, daß Art. 14 Anwendung finden muß"[46]), was später dahin konkretisiert wurde, daß die Rechtsposition des einzelnen so stark sein müsse, daß ihr ersatzloses Streichen dem rechtsstaatlichen Gehalt des GG widerspräche[47]). Dies ist insbesondere dann der Fall, wenn die Position durch eigene Leistung erworben wurde (z. B. Beamtenpension) oder wenn es sich um einen Ausgleich für besondere Opfer des einzelnen an Gesundheit (Ausgangsfall I) oder Vermögen handelt.

c) Die *Sozialpflichtigkeit* bedeutet, daß der Eigentümer staatliche Maßnahmen zur Beschränkung seiner Verfügungsfreiheit dulden muß, ohne einen Anspruch auf finanziellen Ausgleich zu besitzen. Das Maß der Sozialpflichtig-

---

43) BVerfGE 31, 239.
44) BVerfGE 1, 264 (278) — Schornsteinfeger-Fall (lesen!); 2, 399 ff. u. a.
45) BGHZ 6, 278.
46) BVerfGE 4, 421.
47) BVerfGE 18, 397; 40, 83; vgl. im einzelnen *Dicke*, in: *v. Münch*, GG-Komm., Art. 14 Rdnr. 17 ff.; *Maunz/Dürig/Herzog* Art. 14 Rdnr. 33 ff.

keit des Eigentums hängt sicher von der Art und der Bedeutung des Eigentums für die Allgemeinheit ab. Das Eigentum an diesem Buch ist anders zu bewerten als das Eigentum an einem Mietshaus, einer Fabrik oder einem großen Privatwald. Während sich im Ausgangsfall III die Benutzung des Eigentums des A noch mit der Sozialpflichtigkeit rechtfertigen läßt, solange die Forstwirtschaft möglich bleibt, wird man den Eigentümer dieses Buches kaum mit Hinweis auf die Sozialpflichtigkeit verpflichten können, jeden anderen hierin lesen zu lassen. So einleuchtend diese verschiedenartige Bewertung im Prinzip auch ist, so schwierig ist ihre Anwendung im Einzelfall; denn es gibt keine anerkannten Kriterien, nach denen sich eine Typisierung nach Eigentumsarten vornehmen ließe. Die Folge ist, daß das Merkmal der Sozialpflichtigkeit dazu dient, die Grenze der vom Eigentümer entschädigungslos hinzunehmenden Beschränkungen zu ermitteln. Wird diese Grenze überschritten, so handelt es sich um eine Enteignung, deren Behandlung im Zusammenhang mit den staatlichen Ersatzleistungen erfolgt. Dies ist ein Thema, dessen Einzelheiten der Student im Rahmen des Verwaltungsrechts kennenlernen wird[48]).

5. Private Freiheitsrechte

Zum Schutz der Freiheit i. S. einer staatlichen Ungebundenheit der privaten Lebenssphäre enthält das GG eine Reihe von einzelne Aspekte garantierenden Grundrechten. Hier sind zu nennen: weltanschauliche Freiheit (Art. 4), private — im Gegensatz zur öffentlichen — Meinungsfreiheit (Art. 5 I), Versammlungs- und Vereinigungsfreiheiten (Art. 8 und 9), Briefgeheimnis (Art. 10), Freizügigkeit (Art. 11) sowie die Unverletzlichkeit der Wohnung (Art. 13).

6. Justizgrundrechte

Ein wichtiger Bestandteil aller rechtsstaatlichen Grundrechte sind seit der Habeas-corpus-Akte die sog. Justizgrundrechte: Recht auf den gesetzlichen Richter (Art. 101 I), Anspruch auf ein faires Gerichtsverfahren (Art. 103 — rechtliches Gehör), die strafrechtlichen Grundregeln „nulla poena sine lege" (Art. 103 II) und „ne bis in idem" (Art. 103 III) sowie Garantien bei Freiheitsentzug (Art. 104).

---

48) *Püttner*, Kap. 10.

Teil V
SOZIALSTAAT

Kapitel 12: SOZIALSTAAT

1. Sozialstaatsprinzip

Das Sozialstaatsprinzip ist die für die grundgesetzliche Ordnung charakteristische Neuerung. Bei seiner Aufnahme in die Verfassung konnte man nicht auf schon bewährte Vorbilder zurückgreifen. Der Parlamentarische Rat betrat weitgehend Neuland. Dies erklärt die sparsame verfassungsrechtliche Regelung; 1949 wurde dem Rechtsstaat zwar eine neue Wendung gegeben, deren Auswirkungen in den Einzelheiten aber noch nicht abzusehen waren. Für den Studenten der Anfangssemester steht das Sozialstaatsprinzip nicht im Vordergrund. Von ihm wird nicht mehr als die Kenntnis der allgemeinen Probleme erwartet, worauf sich die Ausführungen dieses Teils beschränken.

Die mit der Industrialisierung im 19. Jahrhundert entstandene „soziale Frage" widersprach der mit der liberalen Staatsidee verbundenen Vorstellung von der Selbststeuerung der Gesellschaft und dem daraus sich ergebenden größtmöglichen Wohlergehen aller. Die „sozialen Spannungen" verschärften sich zunehmend, und der „soziale Friede" war ohne Eingreifen des Staates nicht zu sichern. Die Trennung von Staat und Gesellschaft, das Grunddogma der liberalen Staatsidee, war verwischt, ja sogar aufgehoben worden: Der Staat mischte sich in nach dieser Theorie nur der Gesellschaft vorbehaltene Bereiche, mit der Sozialpolitik nahm er sich sogar der bewußten Gestaltung und Formung der Gesellschaft an. Es wäre ungerecht, der liberalen Staatsidee Blindheit auf sozialpolitischem Gebiet vorzuwerfen. Ihre historische Bedeutung bestand vielmehr darin, der Wohlfahrtsstaatsidee des Absolutismus das Gegenbild einer freien Gesellschaft bei gleichzeitiger Existenz eines starken Staates entgegengestellt zu haben. Ihrem Wesen nach war sie daher nach rückwärts gewandt. Die historische Entwicklung darf man sich nicht so vorstellen, daß die liberale Staatsidee die staatliche Wirklichkeit des 19. Jahrhunderts bestimmt hätte. Sie war eine wissenschaftliche und praktische Theorie, zwar zeitweise herrschend, aber keinesfalls die alleinige. In der Praxis kam es schließlich zu einer Synthese von Wohlfahrtsstaat und liberalem Rechtsstaat, für die Hermann Heller 1930 den Begriff des sozialen Rechtsstaats geprägt hat[1]), der die Besonderheiten eines Staates in einer modernen und hochtechnisierten Umwelt auch theoretisch zu erfassen sucht. Damit ging einher eine Neueinschätzung der Rolle der Verwaltung. Bei der liberalen Rechtsstaatsidee wurde die staatliche Verwaltung im wesentlichen als Eingriffsverwaltung gesehen, d. h., sie griff regelnd in den gesellschaftlichen Ablauf ein, um die Rechtsordnung zu wahren[2]). Doch entsprach die Wirklichkeit nie ganz diesem Bild, da der bürgerliche Rechtsstaat sich zu allen Zeiten in vielfältiger Weise am gesellschaftlichen, vor allem wirtschaftlichen Bereich beteiligte. Vollends wurde die Trennung mit der von Bismarck begonnenen Sozialgesetzgebung[3]) fraglich. Auch der Erwerb der Grube Hibernia durch den preußischen Staat (1902 ff.), um die Arbeitsbedingungen der Bergleute zu bessern, ist hier zu erwähnen.

Die WRV erhob die Gewährleistung eines menschenwürdigen Daseins für alle zur verfassungsmäßigen Aufgabe des Staates (Art. 151 ff.). So lautete etwa Art. 163 II: „Jedem Deutschen soll die Möglichkeit gegeben werden, durch wirtschaftliche Arbeit seinen Unterhalt zu erwerben. Soweit ihm angemessene Arbeitsgelegenheit nicht nachgewiesen werden kann, wird für seinen notwendigen Unterhalt gesorgt." Inflation, Weltwirtschaftskrise, Arbeitslosigkeit und andere Wirtschaftsprobleme riefen in immer stärkerem Maße den Staat auf den Plan. In der Folge nahm die staatliche Beteiligung am Wirtschaftsleben fortwährend zu. Zugleich sorgte der Staat für die Sicherstellung der materiellen Lebensbedingungen und betrieb „Daseinsvorsorge" (Forsthoff). Damit wandelte sich das Bild der Eingriffsverwaltung, neben die die gewährende und leistende, die Leistungsverwaltung, trat. Der Begriff des sozialen Rechtsstaats will diese Besonderheit moderner Staatlichkeit kennzeichnen. Das Sozialstaatsprinzip gibt dem Staat einen Sozialauftrag, es verpflichtet ihn zu sozialer Aktivität. Es darf den sozialen Gegebenheiten gegenüber nicht gleichgültig sein und hat ggf. für Ausgleich zu sorgen. Es gibt sich nicht mit der Gleichheit des Bankdirektors und des Clochards, unter den Brücken schlafen zu dürfen, zufrieden, sondern es bemüht sich um einen Ausgleich dahingehend, daß auch der Clochard angemessene Lebensbedingungen erhält. So-

---

1) *Heller*, Rechtsstaat oder Diktatur? 1930.
2) Diese Vorstellung liegt dem „klassischen" Verwaltungsrecht (z. B. Lehre vom Verwaltungsakt usw.) zugrunde, vgl. *Forsthoff*, VerwR Bd. 1 (10. Aufl. 1973), § 3.
3) Krankenversicherungsgesetz der Arbeiter von 1883, Unfallversicherungsgesetz von 1884, Invaliditäts- und Alterssicherungsgesetz von 1885, Reichsversicherungsordnung von 1911.

zialstaat ist damit die moderne Form der ausgleichenden Gerechtigkeit (iustitia commutativa; oben S. 155).

Diese Hinweise reichen für den Anfang. Der Student wird sich im Verlaufe des Studiums noch eingehend mit den Problemen auseinandersetzen. Hierbei kann ihm eine Hilfe sein: *Scheuner*, Die staatliche Einwirkung auf die Wirtschaft, Frankfurt 1971 — vor allem die Einführung von Scheuner!

2. Sozialstaatsprinzip im GG

a) Das Sozialstaatsprinzip ist im GG expressis verbis nicht genannt. Art. 20 spricht vom „sozialen Bundesstaat", Art. 28 vom „sozialen Rechtsstaat". Der Sache nach sollte mit dieser Formulierung das Sozialstaatsprinzip zu einer Staatszielbestimmung werden. Der Inhalt dieses Prinzips blieb allerdings vage. Bei den bisher behandelten Staatszielbestimmungen hatten wir jeweils die Spannung zwischen dem allgemeinen Prinzip und der konkreten Ausprägung durch das GG kennengelernt. Beim Sozialstaatsprinzip ist dies anders: der Vagheit des Prinzips entspricht eine bemerkenswerte Zurückhaltung des GG bei seiner Konkretisierung. Sozialstaatliche Aspekte im weitesten Sinne finden sich in folgenden Vorschriften: Art. 6 IV und V — Mutterschutz, Gleichstellung der unehelichen Kinder; Art. 9 III — Koalitionsfreiheit; Art. 14 II und Art. 15 — Sozialpflichtigkeit des Eigentums, Sozialisierung; Art. 74 Ziff. 6, 7, 10, 12 und 16 — Sozialstaatliche Gesetzgebungszwecke; Art. 91 a I 2 und 3 — Strukturpolitische Maßnahmen als Gemeinschaftsaufgabe und Art. 104 a IV — Abwehr einer Störung des gesamtwirtschaftlichen Gleichgewichts[4]).

Diese Verfassungsnormen enthalten wichtige, aber doch nur punktuelle Aspekte und füllen das Sozialstaatsprinzip keinesfalls aus. Im GG nicht erwähnt sind die sozialen Grundrechte wie Recht auf Arbeit, auf Bildung, auf einen angemessenen Lebensstandard usw. Die Frage der Aufnahme sozialer Grundrechte in das GG wurde im Parlamentarischen Rat ausführlich diskutiert. Die Väter des GG glaubten, diese deshalb nicht in den Grundrechtsteil des GG aufnehmen zu können, weil die Grundrechte nach Art. 1 III und wegen der Einrichtung der verfassungsgerichtlichen Kontrolle durch das BVerfG „justitiabel" sein müßten. Die sozialen Grundrechte hielt man ihrem Inhalt nach aber nicht für justitiabel. So unterblieb ihre Aufnahme ins GG. An die Stelle konkreter Normierung setzte man das allgemeine Bekenntnis zum Sozialstaat. Hierfür mögen auch die Situation des Jahres 1949 und das

---

[4]) Magisches Viereck: Stabilität des Preisniveaus, Vollbeschäftigung, Zahlungsbilanzausgleich bei Konvertierbarkeit sowie angemessenes und stetiges Wachstum; beim magischen Fünfeck käme noch die gerechte Einkommensverteilung hinzu.

Bewußtsein vom provisorischen Charakter des GG bestimmend gewesen sein. Die Präzisierung des Sozialstaatsprinzips erwartete man von der Verfassungsentwicklung.

b) Die Bedeutung des Sozialstaatsprinzips mußte daher im wesentlichen durch Auslegung gefunden werden. Die *Auslegung des Sozialstaatsprinzips* vollzog sich in Wissenschaft und Rechtsprechung bisher in drei großen Etappen, deren letzte noch nicht abgeschlossen ist. Die erste setzte gleich im Jahre 1949 ein. Grewe[5]) vertrat die Auffassung, das Sozialstaatsprinzip sei ein „substanzloser Blankettbegriff" ohne jeglichen normativen Inhalt. Demgegenüber hielt Ipsen[6]) die Sozialstaatsklausel für eine gleichberechtigt neben den anderen vier Staatszielbestimmungen stehende Norm, wobei er den Kern der Sozialstaatlichkeit in Art. 14 sah. Das Ergebnis dieser *Grewe-Ipsen-Kontroverse* war die Anerkennung des Sozialstaatsprinzips als unmittelbar geltendes Recht (merken!), wenn auch als ein der konkreten Ausgestaltung im hohen Maße fähiges und bedürftiges Prinzip[7]).

Die zweite Etappe ist durch die *Forsthoff-Bachof-Kontroverse* markiert. Auf der Staatsrechtslehrertagung 1953 waren dies die beiden Referenten zum Thema „Begriff und Wesen des sozialen Rechtsstaates"[8]). Für Forsthoff waren Rechtsstaatlichkeit und Sozialstaatlichkeit miteinander nicht vereinbare Gegensätze, zwischen denen eine „fruchtbare Spannung" bestehe. Ein Rechtsstaat, der ausschließlich „Schutzburg der beati possidentes" sei, verfehle den sozialen Auftrag, wie andererseits absolute Sozialstaatlichkeit zwangsläufig in einem totalen Verwaltungsstaat ende, der nicht mehr Rechtsstaat sein könne. „Sozial" bezeichnete er als einen polemischen Begriff, der sich nicht sinnvoll mit dem Rechtsstaat verbinden ließe (a. a. O., S. 35 bzw. S. 199). Da für Forsthoff das Rechtsstaatsprinzip eindeutig Vorrang besitzt, ist für ihn das Bekenntnis des GG zum Sozialstaat „eine an das Ermessen gerichtete und für die Gesetzesauslegung verbindliche Staatszielbestimmung". Er versteht daher den Sozialstaat als „Inbegriff der bestehenden sozialrechtlichen Institute und Normen". M. a. W.: Sozialstaat ist genau das, was jeweils aktuell vom Gesetzgeber verwirklicht wird. Das Sozialstaatsprinzip bedeutet daher weder eine Bindung des Gesetzgebers im positiven noch im negativen Sinne. Bachof hob demgegenüber die Bedeutung der Sozialstaatsklausel als Sozialauftrag i. S. der Abhilfe sozialer Bedürftigkeit durch staatliche Vorsorge hervor. Für Verwaltung und Rechtsprechung sei das Sozialstaatsprinzip Auslegungs- und Ermessensricht-

---

5) *Grewe*, Das bundesstaatliche Prinzip des Grundgesetzes DRZ 1949, S. 349.
6) *Ipsen*, Über das Grundgesetz, 1950, S. 14 (17. Neuaufl.).
7) H. M. vgl. BVerfGE 1, 105; 3, 381; 6, 41, 198; 10, 370; 17 23.
8) Vgl .VVDStRL Bd. 12, Berlin 1954, Wiederabdruck, in: *Forsthoff* (Hrsg.), Rechtsstaatlichkeit und Sozialstaatlichkeit, Darmstadt 1968, S. 165 ff.

linie. Soweit spezialgesetzliche Regelungen fehlten, sei das Sozialstaatsprinzip die Ermächtigung für das Tätigwerden der Leistungsverwaltung. Die Grundrechte seien im Lichte des Sozialstaatsprinzips zu sehen und zu deuten. Insbesondere sei Art. 3 i. S. der ausgleichenden Gerechtigkeit zu verstehen. Das Ergebnis dieser Kontroverse war die Zurückweisung der Auffassung Forsthoffs durch die h. M. Damit trat die Diskussion in die dritte, gegenwärtige Etappe ein, die sich um die *konkrete Ausfüllung des Sozialstaatsbegriffs* bemüht. Hierbei geht es um die Bindungswirkung des Sozialstaatsprinzips für den Gesetzgeber (c), die Frage der Ableitung konkreter Ansprüche des einzelnen gegen den Staat aus dem Sozialstaatsprinzip (d) und schließlich um das Problem des Wandels im Grundrechtsverständnis (dazu Kap. 13).

c) Die *Bindung des Gesetzgebers* an das Sozialstaatsprinzip kann sich auf dreierlei Weise zeigen:

(1) Bei der Auslegung bestehender Gesetze entsprechend dem Grundsatz der *verfassungskonformen Auslegung* ist zu vermuten, daß der Gesetzgeber dem Auftrag des Sozialstaatsprinzips entsprochen hat. Somit verdient eine Auslegung, die dem sozialen Ausgleich dient, im Zweifel den Vorzug[9]).

(2) Das Sozialstaatsprinzip kann Gesetze rechtfertigen, die sonst verfassungswidrig wären. Die Erfüllung des *Sozialauftrags* verlangt vom Gesetzgeber manchmal eine unterschiedliche Behandlung der Bürger, die mit einer Auslegung von Art. 3 I als formaler Rechtsgleichheit nur schwer zu vereinen wäre, so etwa, wenn bei der Gewährung staatlicher Leistungen oder bei der Gestaltung des Steuersystems nach sozialen Gesichtspunkten differenziert wird. Hierher gehören auch alle diejenigen staatlichen Maßnahmen, die der Umverteilung der Vermögensverhältnisse dienen[10]).

(3) Das Sozialstaatsprinzip kann gesetzgeberischen Maßnahmen *Grenzen* setzen. Für die Konkretisierung des Sozialstaatsprinzips ist dies sogar der eigentlich neuralgische Punkt; denn hier kann das BVerfG nicht mehr — wegen der Weite gesetzgeberischen Ermessens — das Gesetz passieren lassen, ohne eigentlich selbst den Inhalt des Prinzips zu klären, hier muß es klar Farbe bekennen. Dieses hat es bisher in einem einzigen Fall getan: aus dem Sozialstaatsprinzip ergibt sich die Verpflichtung, dafür Sorge zu tragen, daß jemand, der nicht über die hinreichenden Geldmittel verfügt, in die Lage versetzt wird, seine Rechte im Prozeß geltend zu machen. Dieser Forderung des Sozialstaatsprinzips ist der Gesetzgeber durch die Einrichtung des Armenrechts in den Prozeßordnungen nachgekommen[11]). Im Zusammenhang mit der

---

9) BVerfGE 1, 105; 5, 198; 27, 283; 36, 248.
10) BVerfGE 13, 259; 17, 56; 29, 402 ff., 412.
11) BVerfGE 35, 355.

Bewilligung des Armenrechts hat das BVerfG die Handhabung der Wiedereinsetzung in den vorigen Stand gemäß § 234 ZPO als nicht verfassungsgemäß bezeichnet[12]). Mit diesen Entscheidungen hat das BVerfG immerhin das Armenrecht als elementaren Bestandteil des Sozialstaatsprinzips herausgearbeitet, so daß eine gesetzliche Maßnahme, die das Armenrecht beseitigen würde, verfassungswidrig wäre.

Ausgehend von solchen Gedanken hat Hesse die These entwickelt, daß das Sozialstaatsprinzip verbiete, den Kern derjenigen Rechtsbereiche aufzuheben, die zum Wesen des sozialen Rechtsstaates gehören (z. B. Arbeitsschutz-, Arbeitszeit-, Sozialhilfe-, Versorgungs-, Sozialversicherungs-, Betriebsverfassungs- und Tarifvertragsrecht).

„Eine grundsätzliche Abkehr von den zum Grundbestand des sozialen Rechtsstaates gehörenden Einrichtungen ist verfassungsrechtlich ausgeschlossen" (Nichtumkehrbarkeitstheorie)[13]). Das BVerfG hat in einer Reihe von Entscheidungen solche Grundbestandteile des Sozialstaatsprinzips genannt[14]). Nach dieser Theorie könnten dann alle einmal bestehenden „sozialen Errungenschaften" nicht rückgängig gemacht werden. In Zeiten wirtschaftlichen Aufschwungs mit ständig zunehmenden Zuwachsraten der Produktivität und schier unerschöpflich scheinenden öffentlichen Haushalten hat diese Theorie durchaus ihre Berechtigung. Sie jedoch aufrechtzuerhalten, wenn die in Zeiten der Hochkonjunktur gemachten sozialen Versprechungen aufgrund der Wirtschaftslage nicht mehr finanzierbar werden, erscheint problematisch. Die Erkenntnis der „Ressourcen-Abhängigkeit des Sozialstaates"[15]) war einer der Gründe für die Nichtaufnahme sozialer Grundrechte in das GG. Diesem Bedenken hat Hesse dadurch Rechnung getragen, daß er nur Kern und Grundbestand des sozialen Rechtsstaates als nicht umkehrbar bezeichnet. Bei den das Sozialstaatsprinzip konkretisierenden Gesetzen ist folglich zwischen deren elementaren sozialstaatlichen Bestandteilen und solchen, die gleichsam als Zugabe gegeben werden, zu unterscheiden. Nur erstere nehmen an der Garantie teil[16]).

d) Eine sehr heikle und umstrittene Frage ist es, ob das Sozialstaatsprinzip als Grundlage für *konkrete Ansprüche des einzelnen* gegen den Staat dienen kann. Dies wird überwiegend verneint[17]).

---

12) BVerfGE 22, 83 ff.
13) *Hesse*, VerfR § 6 II 3 b.
14) BVerfGE 1, 104; 10, 368; 11, 48; 17, 56; 27, 283; 28, 118, 348; 35, 235.
15) *Maunz/Dürig/Herzog* Art. 20 Rdnr. 170.
16) Ähnlich BVerfGE 5, 198; 35, 236; 40, 133.
17) *Maunz/Dürig/Herzog* Art. 20 Rdnr. 175 m. w. Nachw.

Ein solcher Anspruch wäre denkbar sowohl gegenüber dem Gesetzgeber auf Erlaß eines allgemeinen Gesetzes als auch im Einzelfall gegen die Verwaltung. Der erste Fall besitzt viele grundsätzliche Aspekte. Einer berührt das Problem möglicher Verfassungswidrigkeit gesetzgeberischen Unterlassens[18]. Außerdem ist das „Netz der sozialen Sicherung" gegenwärtig so dicht geknüpft, daß sich die Frage der Neueinrichtung sozialer Maßnahmen nicht dringend stellt. Allenfalls könnte ein Anspruch auf Angleichung bestehender Förderungsmaßnahmen an die Inflation bestehen; diesen Anspruch müßte man eher als einen Fall der soeben erörterten Problematik der Nichtumkehrbarkeit vorhandener sozialer Leistungen sehen, denn die Nichtanpassung gewährter Leistungen an die Geldentwertung bewirkt den Entzug. Der andere Fall des Anspruchs gegen die Verwaltung besitzt demgegenüber größere Aktualität (auch für den „kleinen Schein"). Besitzt die Verwaltung einen Spielraum zur Entscheidung, ob sie in einem konkreten Fall handeln will oder nicht, z. B., ob sie im Rahmen zur Verfügung gestellter Mittel Unterstützungsmaßnahmen für sozial bedürftige Gruppen oder andere nicht bedürftige Gruppen durchführt, so gilt für sie die Sozialstaatsklausel als allgemeine Handlungsrichtlinie. Ja, es ist sogar denkbar, daß das Sozialstaatsprinzip den Spielraum der Verwaltung so einengt — vor allem, wenn es um Fragen der Sicherung des Existenzminimums geht —, daß sich der Sozialauftrag an den Staat zu einem konkreten Anspruch verdichtet[19]).

e) Dem Anfänger werden die Fragen des Sozialstaates vor allem im Rahmen der Prüfung von mit Art. 3 I vereinbarten Differenzierungen begegnen. Zur *Vertiefung* ist schon jetzt empfohlen: *Menzel* DÖV 1972, 537—546.

3. Wirtschaftsverfassung

Im Zusammenhang mit dem Sozialstaatsprinzip ist die Auffassung vertreten worden[20]), im GG sei die soziale Marktwirtschaft verfassungsrechtlich verankert. Das BVerfG hat diese These zurückgewiesen und die wirtschaftspolitische Neutralität des GG herausgestrichen[21]). Expressis verbis hat das GG in der Tat keine bestimmte Wirtschaftsverfassung festgelegt. Seine vielfältigen Regelungen im grundrechtlichen wie im organisatorischen Bereich können aber nicht ohne Auswirkungen auf das Wirtschaftsleben bleiben. Die Anerkennung einer weitgehenden Steuerungsbefugnis des Wirtschaftsgeschehens durch den Staat, die Geltung auch wirtschaftlich wirkender Grundrechte

---

18) Vom BVerfG weitgehend abgelehnt: E 1, 100; 2, 244; 6, 264; 11, 261; 12, 142; 23, 249.
19) Vgl. z. B, OVG Lüneburg FamRZ 1971, 670.
20) *H. C. Nipperdey*, Die soziale Marktwirtschaft in der Verfassung der Bundesrepublik (1954); *E. R. Huber*, Nationalstaat und Verfassungsstaat (1965), S. 249 ff., insb. S. 268.
21) BVerfGE 4, 7 ff. (17) — Investitionshilfe-Urteil — unbedingt lesen!

(Art. 2, 3, 12 und 14) sowie die verfassungsrechtliche Garantie der Koalitionsfreiheit in Art. 9 III wirken auch prägend für die Wirtschaftsordnung[22]).

Kapitel 13: SOZIALSTAATSPRINZIP UND GRUNDRECHTE

1. Grundrechte als soziale Teilhaberechte

Ausgangsfälle:

(I) In A-burg soll eine Taxenkonzession vergeben werden. Es bewerben sich der Unternehmer U, der bereits zwei Taxen besitzt, und V, arbeitsloser Vater von sechs Kindern. U erhält die Konzession. Kann V sich dagegen wehren?
(II) F hat sein Abitur mit der Durchschnittsnote 2,6 gemacht. Er möchte gerne Chirurg werden. Aufgrund des Numerus clausus könnte er nur Betriebswirtschaft oder Rechtswissenschaft studieren. Da ihm diese Fächer nicht liegen, verzichtet er auf ein Studium.

Die faktische Bedeutung der Grundrechte bemißt sich nicht nach ihrer rechtlichen Verankerung allein, sondern wesentlich nach ihrer Verwirklichung in der Gesellschaft. In einer Gesellschaft, in der nur wenige über Wohnung, Arbeit und Vermögen verfügen, bewirken Grundrechte wie Unverletzlichkeit der Wohnung, Berufsfreiheit und Eigentumsschutz nichts anderes als Aufrechterhaltung bestehender sozialer Ungerechtigkeiten. Was nützt dem Obdachlosen das Grundrecht der Unverletzlichkeit der Wohnung? Er muß es geradezu als Hohn empfinden, wenn mit diesem Recht seine Einweisung in eine leerstehende Wohnung verhindert werden kann. In einer Gesellschaft, in der jeder Arbeit findet, eine Wohnung hat und über Vermögen verfügt, besitzen solche Grundrechte eine ganz andere soziale Funktion. Freiheitsrechte, die nur einer verschwindend geringen Zahl von Staatsbürgern zugute kommen, sind in Wahrheit Unfreiheitsrechte und halten die Privilegierung bestimmter Schichten aufrecht. Man hat daher das Bekenntnis des GG zum Sozialstaat dahin gedeutet, daß möglichst viele Bürger in den Genuß der grundrechtlich abgesicherten Rechtspositionen kommen sollen und daß es Aufgabe des Staates ist, für die Erreichung dieses Zustandes zu sorgen. Die Grundrechte werden in dieser Deutung des Sozialstaatsprinzips Ansatzpunkte zu konkreten Ansprüchen gegen den Staat, etwa nach der Formel: „Sozialstaasprinzip – Grund-

---

[22]) Einen kurzen Überblick sollte sich der Studierende zu Beginn des nächsten Semesters über diese Probleme verschaffen. Sehr empfehlenswert ist zu diesem Zweck: *Kloepfer/Malorny*, Öff. Recht, Tübingen 1976, § 4. Zur Vertiefung *Rüfner* DVBl. 1976, 689—695.

recht = subjektives Recht auf Verschaffung der Grundrechtsposition". In der Terminologie Jellineks würden die Grundrechte dann neben dem status negativus als Freiheitsrechte (= Rechtsstaat) und dem status activus als Beteiligungsrechte (= Demokratie) auch den status positivus als soziale Teilhaberechte begründen[1]).

a) Das BVerfG hat sich dieser Auslegung nicht völlig verschlossen. Es betont zwar immer wieder die herkömmliche Funktion der Grundrechte als Abwehrrechte gegen Eingriffe der hoheitlichen Gewalt, hebt aber auch hervor, „daß die Grundrechte zugleich als objektive Normen eine Wertordnung statuieren, die als verfassungsrechtliche Grundentscheidung für alle Bereiche des Rechts Geltung beansprucht, und daß daher die Grundrechte nicht nur Abwehrrechte des Bürgers gegen den Staat sind"[2]). „Je stärker der moderne Staat sich der sozialen Sicherung und kulturellen Förderung der Bürger zuwendet, desto mehr tritt im Verhältnis zwischen Bürger und Staat neben das ursprüngliche Postulat grundrechtlicher Freiheitssicherung vor dem Staat die komplementäre Forderung nach grundrechtlicher Verbürgung der Teilhabe an staatlichen Leistungen"[3]). Dahinter steht die Grundeinsicht, daß in der heutigen hochindustrialisierten Gesellschaft wesentliche Bereiche der individuellen Freiheit nicht so sehr des Schutzes vor dem Staat, sondern der Garantie durch den Staat bedürfen. Damit heute jemand überhaupt studieren kann, muß der Staat Universitäten errichten und mit erheblichen Geldmitteln unterhalten. Freiheit der Berufswahl ist überhaupt nur möglich, weil und soweit der Staat Ausbildungsstätten finanziert. Der Staat als organisierte Gesellschaft schafft erst die Lebensbedingungen der modernen Zeit. Er wird geradezu zur Risikogemeinschaft der Staatsbürger, um mit den Problemen des Lebens fertigzuwerden[4]).

Diese Rechtsprechung des BVerfG hat nicht ungeteilte Zustimmung gefunden. Vor allem die Formel von den „komplementären Teilhaberechten" ist kritisiert worden[5]). Rechtsstaatlichem Grundrechtsverständnis erscheint es selbstverständlich, daß der staatlichen Macht Schranken zum Schutze individueller Freiheit gesetzt werden, daß also festgelegt ist, was der Staat nicht tun darf. Grundrechte als Anweisungen, was der Staat tun muß, hält es hingegen für gegenwärtig nicht realisierbar. Dieser Auffassung ist zuzugestehen, daß zwischen einer (negativen) Schranke und einem (positiven) Gebot Unter-

---

1) Hierzu vgl. *Wiegand* DVBl. 1974, 657—663; *Rupp* JZ 71, 402, ders. AöR 101 (1976) S. 176—187, jeweils m. w. N.
2) BVerfGE 21, 362 (372) m. w. N.
3) BVerfGE 33, 304.
4) BVerfGE 11, 56; 17, 216; 19, 368; 27, 238.
5) *Friesenhahn*, Der Wandel des Grundrechtsverständnisses, Verh. zum 50. Dt. Juristentag Band II G 1 — unbedingt lesenswert!

schiede zu machen sind und daß man nicht jedem Grundrecht ein komplementäres Teilhaberecht zur Seite stellen kann. Ein einfaches Beispiel soll dies verdeutlichen: „Alle Deutschen genießen Freizügigkeit im ganzen Bundesgebiet" (Art. 11). Als Freiheitsrecht bedeutet dies, daß niemand, soweit er über die hinreichenden Vermögensmittel verfügt, durch staatliche Akte gehindert werden darf (vom Gesetzesvorbehalt nach Abs. 2 abgesehen), im Bundesgebiet herumzureisen oder sich an wechselnden Orten niederzulassen. Dieses Verbot ist eindeutig und ohne weiteres umsetzbar. Als soziales Teilhaberecht könnte Art. 11 bedeuten, daß die Autostraßen besser ausgebaut werden müssen, damit diejenigen, die ein Auto besitzen, schneller an ihr Ziel kommen und nicht durch Stauungen aufgehalten werden. Er könnte aber auch ebensogut eine Forderung nach Ausbau der öffentlichen Verkehrsmittel und der Vergabe verbilligter Fahrscheine enthalten. Selbst eine Forderung nach dem Nulltarif ließe sich damit begründen. Ein Gebot aus Art. 11 wäre vieldeutig und nur unter Einsatz erheblicher Mittel zu verwirklichen. Aus diesen Gründen befürchtet das traditionelle Grundrechtsverständnis, daß sich aus dem GG ein schier unerschöpflicher Forderungskatalog ableiten ließe, den kein Staat erfüllen könnte.

Historisch ist richtig, daß ein maßgebliches Motiv für die Väter des GG war, das GG nicht zu einem „Wunschkatalog unerfüllbarer Versprechungen" zu machen[6]. Zugleich gab es bezeichnenderweise keine Befürchtung, das GG könne eine unerreichbare individuelle Freiheit verheißen. Dieser Widerspruch ist erklärlich, da man im Jahre 1949 auf eine hinreichende Erfahrung mit Freiheitsgrundrechten zurückblicken konnte und vor allem auch die Möglichkeit zur Einschränkung von Grundrechten dogmatisch bewältigte. Die Verfassungen sozialistischer Staaten[7] gehen andere Wege: sie enthalten soziale Grundrechte und halten die Gewährung individueller Freiheitsräume für erst in der Zukunft erreichbar[8].

Auch diejenigen, die die Formel von den komplementären Teilhaberechten für richtig halten, stehen vor der Tatsache, daß alle Wünsche nicht erfüllt werden können und daher Prioritäten zu setzen sind. Dies kann nicht anders geschehen als in einem demokratisch legitimierten Prozeß, also im politischen Prozeß, wie er sich in Wahlen, der öffentlichen Meinungsbildung und der Gesetzgebung ausdrückt. Ganz gewiß ist dies nicht das Gerichtsverfahren mit Kläger und Beklagtem nach den Vorschriften der Prozeßordnung. Die Gerichte wären außerstande, die politische Planungs- und Entscheidungsarbeit zu übernehmen. Sie können sich nur auf die Kontrolle der staatlichen Aktionen,

---

6) *Maunz/Dürig/Herzog* Art. 20 Rdnr. 170.
7) Z. B. DDR-Verf. Art. 24, 25, 26, 34, 35.
8) Die Einheit, Apr. 1977, S. 395—405, insbes. 399.

hierbei allerdings auch im Hinblick auf das Sozialstaatsprinzip, beschränken. Das Schwergewicht einer (noch zu entwickelnden) Dogmatik der Teilhaberechte wird auf diese Abgrenzung zu legen sein[9]). Gegenwärtig jedenfalls ist eine solche Theorie noch nicht einmal in Ansätzen erkennbar.

Soziale Teilhaberechte haben dieselbe Funktion und die gleiche Stellung wie das Sozialstaatsprinzip: Sie sind verbindliche Leitlinie für staatliches Handeln des Gesetzgebers, der Exekutive und der Rechtsprechung. Das Sozialstaatsprinzip führt daher nicht in Verbindung mit einem Freiheitsgrundrecht generell zu einem konkreten Anspruch gegen den Staat.

b) Eine Ausnahme ist allerdings zu machen. Das Sozialstaatsprinzip führt dann zu solchen Ansprüchen, wenn der Staat selbst über das Grundrecht verfügt. Dies ist im wirtschaftlichen Bereich dann der Fall, wenn der Staat im wesentlichen Maße in den Wirtschaftsablauf eingreift und die Bedingungen wirtschaftlicher Tätigkeit weitgehend festlegt. Im Ausgangsfall I muß folglich das Gebot sozialer Gerechtigkeit bei der Wahl zwischen U und V beachtet werden. Die Behörde ist danach zwar nicht verpflichtet, unbedingt V vorzuziehen. Es wäre aber fehlerhaft, wenn sie die sozialen Gesichtspunkte nicht berücksichtigte. Maßgebend muß für sie die Fähigkeit des Antragstellers zur sachgerechten Durchführung des Droschkenbetriebes sein. Bei gleich fähigen Bewerbern kann die soziale Betrachtung ausschlaggebend sein[10]).

Noch offenkundiger ist die staatliche Verfügung über die tatsächliche Verwirklichung eines Grundrechts im Hochschulbereich. Wenn der Gesetzgeber subjektive Zulassungsvoraussetzungen für einen Beruf vorschreibt, und zugleich der Staat allein die Ausbildungsstätten unterhält, dann kann über Zulassungsbeschränkungen und eine Auswahl der Bewerber die Freiheit der Berufswahl aufgehoben sein. Im Ausgangsfall II kann F deshalb nicht Chirurg werden, weil der Staat nicht genügend medizinische Studienplätze bereithält. Hier hat das BVerfG folgende Grundsätze entwickelt: „Aus dem in Art. 12 I gewährleisteten Recht auf freie Wahl des Berufs und der Ausbildungsstätte i. V. mit dem allgemeinen Gleichheitssatz und dem Sozialstaatsprinzip folgt ein verfassungsmäßig gewährleistetes Recht des die subjektiven Zulassungsvoraussetzungen erfüllenden (‚hochschulreifen‘) Staatsbürgers auf Zulassung zum Hochschulstudium seiner Wahl. Dieses Recht steht unter dem Vorbehalt des Möglichen i. S. dessen, was der einzelne vernünftigerweise von der Gesellschaft beanspruchen kann"[11]). Für das BVerfG ist entscheidend, daß der Staat

---

[9]) Vgl. auch BVerfGE 18, 355; 27, 63, 363.
[10]) Zur Problematik vgl. *Badura,* Der Staat, Bd. 14 (1975), 17 f., insbes. 39 f.; *Stein,* StaatsR § 6 IV; BVerfGE 22, 83 ff., 86 ff.
[11]) BVerfG v. 8. 2. 1977 — EuGRZ 77, S. 66 ff. (72) — unbedingt lesen! Vgl. auch BVerfGE 33, 303 ff.; 37, 104 ff.; 39, 258 ff., 276 ff.; EuGRZ 76, S. 373.

ein faktisch nicht aufgebbares Monopol bei der Hochschulausbildung besitzt. Aus dieser Tatsache leitet es die Pflicht ab, bei der Auswahl der zugelassenen Bewerber nur mit höchster Sorgfalt ausgewählte Kriterien anzuwenden.

c) Zur *Vertiefung* reichen die Urteile bereits aus. Der Student muß diese Thematik aber ständig beachten (examensträchtig!). Vgl. *Starck*, Staatl. Organisation und staatl. Finanzierung als Hilfen zur Grundrechtsverwirklichung, in: BVerfG und GG (Festschrift 25 Jahre BVerfG), 1976, Bd. II. S. 480 ff.

2. Sozialstaatsprinzip und Gleichheitssatz

Ausgangsfälle:

(I) B ist blind. Nach seinem Studium stellt er sich der Abschlußprüfung. Er bittet darum, ihm den Text der Aufgabe vorzulesen und ihm einen gesonderten Prüfungsraum zuzuweisen, damit er die Lösung mit der Schreibmaschine niederschreiben kann. Ist hier noch die Gleichheit i. V. zu den anderen Prüflingen gewahrt?

(II) Eine Kriegerwitwe, die erneut heiratet, verliert ihre Rente. Die Rente lebt wieder auf, wenn die neue Ehe geschieden wird — allerdings nicht, wenn dies aus dem alleinigen oder überwiegenden Verschulden der Kriegerwitwe geschieht.

Das Verhältnis zwischen dem Gleichheitssatz und dem Sozialstaatsprinzip läßt sich nicht in wenigen Worten beschreiben. Bei der Erhöhung der Zulässigkeit von Differenzierungszielen sind wir dem Problem bereits begegnet (oben S. 158). Danach kann es sozialstaatlich geboten sein, tatsächliche Unterschiede zur Schaffung gleicher Lebensstartchancen auszugleichen und erst dadurch eine wirkliche Gleichheit herbeizuführen (vgl. Ausgangsfall I)[12]. Das Sozialstaatsprinzip rechtfertigt demnach Durchbrechungen der formalen Gleichbehandlung aller durch den Staat zur Herstellung einer Chancengleichheit.

Im Bereich des Rechts der sozialen Sicherung verknüpft das BVerfG den Gleichheitssatz häufig mit dem Sozialstaatsprinzip und leitet ein Gebot zur sozialen Sachgerechtigkeit ab[13]. Im Ausgangsfall II hat es daher die entsprechende gesetzliche Regelung als sachwidrig aufgehoben[14].

Zur *Vertiefung* lies BVerwG DVBl. 1959, S. 30 (= Ausgangsfall I) und FG Münster EFG 1976, S. 291.

3. Soziale Grundrechte

Der Vollständigkeit halber seien kurz die sozialen Grundrechte erwähnt. Im Examen werden diese Kenntnisse in der Regel nicht geprüft. Dennoch

---

12) Hierzu vgl. *Gubelt* in: *v. Münch*, GG-Komm. Art. 3 Rdnr. 48 ff. — unbedingt lesen!
13) BVerfGE 13, 259; 15, 150; 27, 283, 291; 39, 316; 40, 65; EuGRZ 76, S. 355.
14) EuGRZ 75, S. 84 ff. — lesen!

sollte sich der Student mit ihnen befassen. Unter den sozialen Grundrechten versteht man das Recht auf Arbeit, Recht auf Bildung, Recht auf soziale Sicherheit und gelegentlich das Recht auf eine saubere Umwelt. Ins GG sind solche Rechte, wie wir bereits wissen, bewußt nicht aufgenommen worden. Sie finden sich jedoch in einer Reihe von Landesverfassungen[15]). Auch sind sie in der UN-Konvention über soziale Rechte (Internationaler Pakt vom 19. 12. 1966 über wirtschaftliche, soziale und kulturelle Rechte)[16]) enthalten. Zur *Vertiefung* empfiehlt sich *Badura*, Der Staat, Bd. 14, S. 17—48.

---

15) So z. B. Art. 166—170, 172—174 Bay. Verf; Art. 28—34 Hess. Verf; Art. 53—57 Verf. Rh.-Pfalz; Art. 8, 37, 49—56 Brem. Verf.
16) BGBl. 1973 II, S. 1569 ff.

Teil VI
BUNDESSTAAT

Kapitel 14: BUNDESSTAATSPRINZIP

1. Föderalismus

a) Art. 20 nennt ausdrücklich den Bundesstaat. Damit verweist das GG auf einen Begriff, der in der allgemeinen Staatslehre und der Völkerrechtsdoktrin zu Hause ist. Dort steht der Begriff des *Bundesstaates* im Gegensatz zu dem des *Staatenbundes*. Beide sind Staatenverbindungen, wobei ein Staatenbund eine Verbindung von Staaten i. S. des Völkerrechts und ein Bundesstaat eine Verbindung von Staaten i. S. des Staatsrechts darstellt, bei der ausschließlich die Verbindung selbst Staat i. S. des Völkerrechts ist. Daher ist ein Staatenbund eine völkerrechtliche und ein Bundesstaat eine staatsrechtliche Staatenverbindung. Das Wesen des Bundesstaates im Verhältnis zum Einheitsstaat besteht darin, daß die Mitglieder des Bundesstaates (die sog. Gliedstaaten) Staaten sind und daß die Verbindung selbst (der Gesamtstaat) ebenfalls ein Staat ist. „Das Eigentümliche des Bundesstaates ist, daß der Gesamtstaat Staatsqualität und daß die Gliedstaaten Staatsqualität besitzen"[1]. Um ganz korrekt zu sein, müßte man so formulieren, daß der Gesamtstaat Staatsqualität i. S. des Völkerrechts und des Staatsrechts, die Gliedstaaten jedoch Staatsqualität nur i. S. des Staatsrechts[2] besitzen.

Aus diesem Zusammenspiel der verschiedenen Staatsqualitäten von Gesamtstaat und Gliedstaaten ergeben sich folgende *typische Merkmale* von Bundesstaaten:

(1) Existenz von Gesamtstaat und Gliedstaaten,

(2) Abgrenzung der Kompetenzen, die beide grundsätzlich haben müssen, um überhaupt als Staaten angesprochen werden zu können,

---

1) BVerfGE 36, 160 f.
2) Es gibt auch untypische Fälle, in denen die Gliedstaaten eine eingeschränkte Völkerrechtsstaatsqualität behalten.

(3) Regelung der gegenseitigen Einflußmöglichkeiten,
(4) grundsätzliche Übereinstimmung zwischen Gesamtstaat und Gliedstaaten.

Der Gesamtstaat kann deshalb auf die Gliedstaaten Einfluß nehmen, weil deren Staatsgebiet zugleich auch sein Gebiet ist. Andererseits müssen die Gliedstaaten in gewissem Umfang Einfluß auf die Entscheidungen des Gesamtstaates nehmen können, denn sonst läge keine Verbindung von Staaten, sondern eine Unterordnung der Gliedstaaten unter den Gesamtstaat vor. Die Notwendigkeit einer gesamtstaatlichen Ordnung erfordert auch, daß ein gewisses Maß von prinzipieller Übereinstimmung zwischen den einzelnen Gliedstaaten und dem Gesamtstaat besteht, da die Einheitlichkeit der Staatsgewalt und der sie tragenden Prinzipien für den Gesamtstaat konstituierend ist. Unter diese sehr allgemeinen Kriterien lassen sich so unterschiedliche Gebilde fassen wie der Norddeutsche Bund von 1867—1871, das Deutsche Reich von 1871—1934, die Schweiz, die Vereinigten Staaten von Amerika, Brasilien, die UdSSR, Indien usw.

b) Die Gründe, warum es zur Bildung von Bundesstaaten kommt, sind sehr vielfältig. Traditionell wird als Hauptgrund angesehen, daß es in der jeweiligen Situation nicht möglich sei, einen *Einheitsstaat* zu bilden. Bei Neugründungen von Staaten ist dies der Fall, wenn die einzelnen Gliedstaaten nicht auf ihre Selbständigkeit verzichten und diese in einem gewissen Umfang erhalten sehen wollen. Dies war etwa der Grund bei der Bildung des Deutschen Reiches 1871, der USA, Indien usw. Dieser Grund wird aber auch dann wirksam, wenn in einem existierenden Einheitsstaat starke zentrifugale Kräfte auftreten, die zu einem Auseinanderbrechen des Staates führen könnten. Hier kann dann die Gründung eines Bundesstaates ein Mittel sein, den staatlichen Verbund zu erhalten, indem man den auseinanderstrebenden Völkern gewisse Selbständigkeiten einräumt. Ein Beispiel hierfür sind die gegenwärtigen Bemühungen um eine bundesstaatliche Verfassung auf der Insel Zypern. Die Nichterreichbarkeit eines Einheitsstaates ist jedoch nicht der einzige Grund für eine föderative Verfassung. Der Föderalismus stellt auch ein zweckmäßiges *Organisationsprinzip* dar. Angelegenheiten einer Region, die ausschließlich diese betreffen, lassen sich sachgerechter und demokratischer auf regionaler Basis regeln. Es wäre etwa unsinnig, in Schleswig-Holstein ein Gesetz zur Errichtung einer Lawinenwacht auf Sylt und in Bayern gesetzliche Maßnahmen zum Küstenschutz vorzusehen. In der Bundesrepublik können diese Aufgaben auf Länderebene je nach Notwendigkeit erledigt werden, in zentralen Einheitsstaaten wäre dafür ein Gesetz notwendig, das von der Zentrale für das gesamte Staatsgebiet geschaffen würde. Diese demokratische Komponente wird schließlich ergänzt durch eine rechtsstaatliche: die Verteilung der staatlichen Kompetenzen zwischen dem Gesamtstaat und den Gliedstaaten bewirkt ein weiteres Element der *Gewaltenteilung*, allerdings nicht horizontal in die drei Gewalten der Legislative, Exekutive und Judikative, sondern *vertikal*[3]).

Das BVerfG hat diesen letzten Aspekt nicht immer deutlich genug betont. Dies hängt auch mit der Art der Fälle zusammen, die vor das Gericht gebracht wurden[4]), bei denen häufig die Frage im Vordergrund stand, ob und welche Grenzen das Bundesstaatsprinzip dem Bund ziehe. Sehr vorsichtig hat das BVerfG einen unantastbaren *Kernbestand gliedstaatlicher Zuständigkeiten* herausgearbeitet: Mindestmaß an eigener Organisationsgewalt der Länder, Garantie eines den Aufgaben der Länder entsprechenden Anteils am Gesamtsteueraufkommen und Kulturhoheit der Länder[5]).

2. Verhältnis Bund – Länder nach GG

Ausgangsfälle:

(I) Im Bundesland N will eine Bürgerinitiative den Bauplatz eines Kernkraftwerks besetzen. Da in N Wahlen bevorstehen, beabsichtigt die Landesregierung, nicht gegen die Besetzung vorzugehen. Kann die Bundesregierung tätig werden? Welche Sicherheitskräfte kann sie einsetzen?

(II) Nach der Verfassung des Landes B kann der Landesgesetzgeber die Landesregierung ermächtigen, die „zur Durchführung von Gesetzen notwendigen Verordnungen zu erlassen". Ist dies mit Art. 80 I vereinbar?

(III) Nach einer Naturkatastrophe im Lande S stellt der Bund Gelder für die Geschädigten zur Verfügung, die durch die Landesbehörden ausgezahlt werden. Der Landesbeamte T unterschlägt mehrere Mio. DM und setzt sich ins Ausland ab. Wer trägt den Verlust?

a) Zunächst wollen wir uns der *Kompetenzabgrenzung* zuwenden. In einem einfach konstruierten Bundesstaat sind die drei Staatsgewalten (Legislative, Exekutive, Judikative) auf Länder- wie auf Bundesebene voneinander rechtlich unabhängig: ein Bundesparlament erläßt die Bundesgesetze, die von den Bundesbehörden ausgeführt werden und zu deren Kontrolle es Bundesgerichte gibt. Landesgesetze werden von den Länderverwaltungen ausgeführt und in ihrer Anwendung durch Landesgerichte kontrolliert. Auch die Haushaltsführung des Gesamtstaates und der Gliedstaaten erfolgt getrennt, sowohl der Bund als auch die Länder erheben und verwalten selbständig Steuern. Das Zusammenspiel zwischen Bund und Gliedern funktioniert deshalb, weil der

---

[3]) Vgl. insgesamt zur Problematik *Bülck/Lerche* VVDStRL 21 (1964), S. 1 ff.
[4]) Vgl. z. B. BVerfGE 36, 362 — Bundesrecht bricht inhaltsgleiches Landesverfassungsrecht — lesenswert!
[5]) BVerfGE 6, 346 f.; 34, 20.

„Kuchen" möglicher Kompetenzen und Aufgaben genau durch die Bundesverfassung aufgeteilt ist. Bei diesem Modell eines Bundesstaates kann man zu Recht von einer Eigenstaatlichkeit der Länder sprechen. Das grundgesetzliche System muß man vor dem Hintergrund dieses „einfachen" Bundesstaatsmodells sehen. Im GG werden die vier Bereiche Gesetzgebung, Verwaltung, Rechtsprechung und staatliche Einnahmen durch Steuern zunächst völlig voneinander getrennt und als isolierte Hoheiten (Gesetzgebungshoheit, Verwaltungshoheit, Gerichtshoheit, Steuerhoheit) nach jeweils eigenen Kriterien zwischen Bund und Ländern aufgeteilt. Das Ergebnis kann dann sein, daß ein Bundesgesetz von einer Landesverwaltung auszuführen ist und daß die Ausführung von einem Bundesgericht kontrolliert wird. Dieses komplizierte gegenseitige Verschachtelungssystem wird noch dadurch unübersichtlicher, daß im Bereich der Steuerhoheit eine weitere Unterteilung in Steuergesetzgebungshoheit, Steuerverwaltungshoheit, Steuergerichtsbarkeit, Steuerertragshoheit (sog. Finanzverfassung) vorgenommen wird[6]).

Studenten haben erfahrungsgemäß Schwierigkeiten, zu Anfang den Überblick zu behalten. Sie sollten sich dann vergegenwärtigen, daß das GG die entsprechenden Schnitte nicht horizontal, sondern vertikal macht.

einfaches System:

Bund	Gesetzgebung	Exekutive	Gerichte	Finanzen
Länder	Gesetzgebung	Exekutive	Gerichte	Finanzen

System des GG:

Bund	Gesetzgebung	Exekutive	Gerichte	Finanzen
Länder	Gesetzgebung	Exekutive	Gerichte	Finanzen

Die Finanzverfassung und die Gerichtsverfassung wird der Student im Rahmen anderer Vorlesungen kennenlernen. Wir beschränken uns daher auf die Aufteilung der Gesetzgebungs- und Verwaltungshoheit zwischen Bund und Ländern (Kap. 15 und 16).

Ein solch „kompliziertes" Bundesstaatssystem läßt sich am besten als eine besondere Form des Systems der checks and balances begreifen. Die Bundes-

---

6) Zur Finanzverfassung vgl. *Hettlage/Maunz* VVDStRL 14 (1957), S. 2 ff.; *Hesse*, VerfR § 7 II 1 d.

staatlichkeit erweist sich somit als ein besonderes Organisationsschema des Staates, für das die Bezeichnung „unitarischer Bundesstaat" geprägt wurde[7]).

Als typisches Merkmal dieses Schemas muß sich der Student unbedingt einprägen, daß die Landeszuständigkeit die Regel und die Bundeszuständigkeit die Ausnahme ist (vgl. Art. 30, 70, 83 — lesen!). Der Bund bedarf daher immer einer GG-Norm, die ihm die Verbandskompetenz zuweist. Fehlt eine solche, so ist immer die Länderzuständigkeit gegeben.

b) Neben der Kompetenzabgrenzung zwischen Bund und Gliedern (o. a.) hatten wir die *gegenseitige Einflußnahme* als Charakteristikum des Bundesstaates bezeichnet. In der Ordnung des GG nehmen die *Länder* insbesondere durch den Bundesrat auf die Gesetzgebung und die Verwaltung des Bundes Einfluß (Art. 50). Dies geschieht durch die Beteiligung am Gesetzgebungsverfahren (oben S. 129 f.), beim Erlaß von Rechtsverordnungen gem. Art. 80 II sowie aufgrund einer Reihe von Sonderbestimmungen (z. B. Art. 85 II). Die Einflußmöglichkeiten des *Bundes* auf die Länder sind sehr vielgestaltig: Schon durch die Ausübung seiner Gesetzgebungskompetenzen schreibt der Bund den Ländern ein bestimmtes Verhalten vor. Wenn die Länder die Bundesgesetze ausführen (Art. 83), so bedeutet dies auch, daß die Länder das zu tun haben, was der Bund in den Gesetzen ihnen vorschreibt. Im Rahmen der Bundesaufsicht kontrolliert der Bund, ob die Länder die Gesetze auch richtig ausführen (Einzelheiten lies: Art. 84 III und IV). Reichen diese Mittel nicht aus, so steht dem Bund als nächste Stufe der Bundeszwang (Art. 37 — unbedingt lesen!) zur Verfügung. Und schließlich ist noch der Fall des Art. 91 II zu erwähnen. Hier handelt es sich um die Abwehr einer drohenden Gefahr für den Bestand und die freiheitlich-demokratische Grundordnung des Bundes oder eines Landes. Nach Art. 91 I ist das Land zur Bewältigung einer derartigen Krise verantwortlich. Zu diesem Zweck kann es Polizeikräfte anderer Länder und des Bundesgrenzschutzes anfordern. Diese Möglichkeit ist eine Art institutionalisierter Amtshilfe. Erweist sich ein Land nicht in der Lage, mit diesen Mitteln selbst der Gefahr Herr zu werden, so kann nach Art. 91 II die Bundesregierung tätig werden. Im Ausgangsfall I kann sie die Sicherheitskräfte des Landes sich unterstellen oder den Bundesgrenzschutz einsetzen. Sie kann sogar nach Art. 87 a IV die Bundeswehr zum sog. Objektschutz (z. B. Schutz von Kernkraftwerken) und zur Bekämpfung organisierter und militärisch bewaffneter Aufständischer einsetzen. Zwar richten sich diese Maßnahmen dem Text nach nicht unmittelbar gegen das Land[8]), dennoch wird durch entsprechende Aktionen der Bundesregierung die Verantwortung des Landes

---

[7]) *Hesse,* Der unitarische Bundesstaat, 1962; ders. VerfR § 7 I 1.
[8]) Art. 91 II spricht lediglich davon, daß das Land zur Bekämpfung der Gefahr „nicht bereit" sei.

in seinem eigenen Bereich so stark eingeschränkt, daß man hier von einer Bundesintervention sprechen kann.

c) Da der Bund und die Länder jeweils Staaten sind, gilt das, was wir über die verfassungsgebende Gewalt gesagt haben (oben S. 4 f.), für beide. Auch die Verfassungen der Länder sind Ausdruck des pouvoir constituant des Volkes. Bund und Länder stehen sich folglich als selbständige Verfassungsräume gegenüber[9]). Auch wenn die Länder eine eigenständige verfassungsmäßige Staatlichkeit besitzen[10]), so muß doch die grundsätzlich gleiche „Gestimmtheit" der Verfassungen vorliegen. Diesem Zweck dient Art. 28 I *(Homogenitätsgrundsatz)*. Es würde das Gesamtsystem erheblich stören, wenn z. B. in einem Bundesland ein diktatorisches Regime herrschte. Art. 28 I schreibt daher für die Verfassungsordnung in den Ländern die Beachtung der Staatszielbestimmungen des Sozialstaats, Rechtsstaats, der Demokratie und der Republik vor[11]). Damit werden nicht alle Ausprägungen dieser Prinzipien, die das GG vorgenommen hat, für die Länder verbindlich, sondern nur der Wesensgehalt, der Kern der Prinzipien. Im Ausgangsfall II ist daher die Frage falsch gestellt. Art. 80 I gilt als solcher nicht für die Landesverfassung. Es ist zu prüfen, inwieweit in Art. 80 I ein wesentlich mit dem Rechtsstaatsprinzip verbundener Grundsatz (Gewaltenteilung!) zum Ausdruck kommt. Dies ist im Kern zu bejahen[12]), so daß die Verfassung des Landes B insoweit dem Rechtsstaatsprinzip widerspricht (Folge: Art. 31, 28 — lesen! Verfahren: Art. 93 I 2, nicht Art. 93 I 1; BVerfGE 9, 277 — lesen!).

d) Aus dem Gesamtsystem der Bundesstaatlichkeit im GG hat das BVerfG den ungeschriebenen Verfassungsgrundsatz der *Bundestreue* entwickelt, nach dem Bund und Länder wechselseitig verpflichtet sind, „dem Wesen dieses Bündnisses entsprechend zusammenzuarbeiten"[13]). Daraus ergäbe sich die Rechtspflicht zur Verständigung und zur Zusammenarbeit, um die Belange der Beteiligten am besten zu fördern.

Dieser Verfassungsgrundsatz, über dessen theoretische Begründung man streiten kann[14]), dient dem BVerfG dazu, das gegenseitige Verhältnis von Bund und Ländern flexibel und anpassungsfähig zu deuten. In erster Linie sieht es in diesem Grundsatz eine „Schranke beim Gebrauchmachen" von an sich gegebenen Kompetenzen von Bund und Ländern, wenn dadurch die gebotene und zumutbare Rücksichtnahme auf die Interessen des anderen nicht

---

9) BVerfGE 4, 189; 6, 382; 22, 270.
10) BVerfGE 1, 34.
11) Bundesstaat erübrigt sich.
12) Vgl. BVerfGE 7, 253; 12, 325; 26, 237; 32, 360; 34, 58.
13) BVerfGE 1, 315; vgl. auch 6, 361; 12, 255; 32, 218; 34, 20.
14) Vgl. *Hesse*, VerfR § 7 II 3.

gewahrt würde[15]). Zugleich leitet es aber auch Hilfs- und Mitwirkungspflichten des Bundes oder der Länder aus diesem Grundsatz ab[16]). Seinem Inhalt nach erweist sich der Grundsatz des bundesfreundlichen Verhaltens damit als eine spezielle Ausformung des allgemeinen Rechtsprinzips von Treu und Glauben[17]). Nach diesem Grundsatz ist auch der Ausgangsfall III zu lösen. Arbeitsgemeinschaften sollten ihn unter Beachtung von BVerwGE 12, 253 ff. (255) erörtern.

e) Zur *Vertiefung: Scheuner,* DÖV 1966, S. 513 ff.; *Werner Weber,* Gegenwartslage des deutschen Föderalismus, 1966; *W. Bayer,* Die Bundestreue, 1961.

Kapitel 15: VERTEILUNG DER GESETZGEBUNGS- KOMPETENZEN

Ausgangsfälle:

(I) Um dem „Rundfunkpartikularismus" ein Ende zu bereiten, beschließt der Bundestag gegen den Einspruch des Bundesrates das Gesetz zur Errichtung des „Bundesfunks" als einer Anstalt des öffentlichen Rechts. Land B ist der Ansicht, dieses Gesetz sei verfassungswidrig.
(II) Das Land B will für sein Gebiet eine eigene Währung einführen („B-Taler"), da es mit der Finanzpolitik des Bundes nicht zufrieden ist. Der B-Taler soll auf dem Goldstandard beruhen und inflationssicher sein. Kann das Land B ein eigenes gesetzliches Zahlungsmittel einführen?
(III) Land B ist mit den Streckenstillegungen der Bundesbahn nicht einverstanden und beschließt ein Gesetz zur Errichtung der B-Staats-Bahn (BSB). Die BSB betreibt die stillgelegten Strecken und baut ein eigenes Netz auf, das der Bundesbahn Konkurrenz macht. Kann der Bund die BSB beseitigen?
(IV) Der Bund verabschiedet ein Gesetz zum Schutze der Umwelt vor gefährlichen Industriebetrieben. Dieses Gesetz enthält eine Reihe von Bestimmungen zur vorbeugenden Gefahrenabwehr. Kann der Bund ein solches Gesetz erlassen?

Die Abgrenzung der Gesetzgebungshoheit zwischen Bund und Ländern geschieht zunächst territorial: Bundesgesetze gelten für das ganze Bundesgebiet, Landesgesetze im Gebiet des betreffenden Landes. Dies ist selbstverständlich und deshalb nicht im GG erwähnt. Um eine Überschneidung der Gesetzgebung zu verhindern, grenzen die Art. 70—75 die Kompetenzen auch

---
15) BVerfGE 12, 255; 32, 218.
16) BVerfGE 4, 140; 8, 138.
17) Weitere Einzelheiten vgl. *Leibholz/Rinck* GG Art. 20 Rdnr. 7, 8.

nach Sachgebieten ab, wodurch dem Bund Grenzen gezogen werden, bei deren Verletzung ein erlassenes Gesetz nichtig wird. In Art. 31 ist demnach zu ergänzen: „Verfassungsgemäß zustande gekommenes Bundesrecht bricht Landesrecht." Der Bundesgesetzgeber kann folglich nicht auf allen Gebieten tätig werden. Selbst im Rahmen einer GG-Änderung könnte die Landesgesetzgebung nicht vollständig beseitigt werden, da Art. 79 III die „grundsätzliche Mitwirkung der Länder bei der Gesetzgebung" änderungsfest macht. Die h. M. entnimmt dieser Formulierung die Garantie eines Mindestmaßes substantieller eigener Ländergesetzgebung und nicht bloß ein Beteiligungsrecht an einer etwaigen umfassenden Bundesgesetzgebung[1]). Das GG enthält als Aufzählung (Enumerativprinzip) die Bundeszuständigkeiten in Art. 73, 74, 74 a und 75 (durchlesen!) nach drei Gruppen geordnet (unten 2, 3, 4).

1. Landeskompetenz

Nach Art. 70 haben die Länder die Gesetzgebungshoheit (= Regel), soweit das GG nicht dem Bund Gesetzgebungsbefugnisse verleiht (= Ausnahme).

Hier wiederholt sich der allgemeine Grundsatz des Art. 30, der rechtlich die umfassende Kompetenz der Länder festlegt. Faktisch liegt das Schwergewicht jedoch bei der Gesetzgebung des Bundes, weil die Enumeration der Ausnahmen zahlreich ist sowie die wichtigsten Materien betrifft und weil der Bund von seinen Befugnissen extensiv Gebrauch gemacht hat. Der Regel des Art. 70 I kommt in der Verfassungswirklichkeit eine Lückenbüßerfunktion zu, so daß immer, wenn keine Bundeszuständigkeit besteht, die Landeszuständigkeit gegeben ist, d. h., *eine* staatliche Zuständigkeit ist immer gegeben, was beim Auftreten neuer Probleme wichtig wird. Solche fallen in den Bereich der Länderaufgaben. Dies war z. B. beim Umweltschutz der Fall, bevor 1972 dieser in Art. 74 Nr. 24 zur Bundesaufgabe wurde. Die Länder werden neuen Aufgaben vermutlich auf unterschiedliche Weise begegnen. Erweist sich dieser „Partikularismus" für die Gesamtheit als so störend, daß die Mehrheit eine einheitliche Regelung befürwortet, so kann die Verfassung entsprechend mit $^2/_3$-Mehrheit ergänzt werden. Eine Erweiterung der Bundeskompetenzen tritt folglich nur bei Änderung des GG ein. Anders wäre es, wenn das Regel-Ausnahme-Verhältnis umgekehrt wäre. Dann würden dem Bund automatisch neue Kompetenzen für neue Aufgaben zuwachsen, und es würde der Trend zur Zentralisierung verstärkt werden. Dieser „radikale Bruch mit der deutschen bundesstaatlichen Tradition"[2]) hätte unabsehbare Auswirkungen auf die bundesstaatliche Ordnung des GG.

---

1) *Maunz/Dürig/Herzog* Art. 79 III Rdnr. 32—37; *Hamann/Lenz* Art. 79 Anm. B 8.
2) Enquete-Kommission BT-Drucks. 7/5924, S. 127.

Im Ausgangsfall I ist die Errichtung des Bundesfunks dann verfassungsgemäß, wenn der Bund die Gesetzgebungskompetenz für das Rundfunkwesen besitzt (lies Art. 87 III!). Dies ist nicht der Fall[3]). Land B hat recht.

2. Ausschließliche Bundeskompetenz

Die ausschließliche Bundeskompetenz ist in Art. 71 und 73 geregelt: Art. 71 umschreibt ihre Bedeutung, Art. 73 legt die Materien fest. Ergänzend treten Art. 21 III, 26 II 2; 38 III und 41 III[4]) hinzu. Bei diesen Materien handelt es sich um solche, bei denen die Verfassung ihrer Bedeutung wegen für die Gesamtheit des Staates die Notwendigkeit einer bundeseinheitlichen Regelung als gegeben betrachtet. Nur ausnahmsweise kann der Bundesgesetzgeber die Kompetenz auf die Länder übertragen. Die Einheitlichkeit der Währung gehört gem. Art. 73 Nr. 4 zu diesen Materien. Im Ausgangsfall II kann ohne Ermächtigung des Bundes kein B-Taler eingeführt werden.

3. Konkurrierende Gesetzgebung

Den meisten Raum für die Aufteilung der Kompetenzen beanspruchen die Art. 72, 74 und 74 a, die das eigenartige System der konkurrierenden Gesetzgebung enthalten. Der Begriff ist eigentlich ungenau, da bei der „Konkurrenz" immer der Bund gewinnt. Das Wesen der konkurrierenden Gesetzgebung ist in Art. 72 beschrieben: es handelt sich um einen Bereich von Landeskompetenz, den der Bund durch Gesetz jederzeit an sich ziehen kann. Nur bei Untätigkeit des Bundes ist das Land zur Gesetzgebung zuständig. Ob der Bund tätig wird, entscheidet sich gem. Art. 72 II nach dem Bedürfnis aufgrund bundeseinheitlicher Regelung. Diese Entscheidung hat anders als bei der ausschließlichen Bundesgesetzgebung die Verfassung nicht selbst schon getroffen, sondern dem jeweiligen Gesetzgeber übertragen. Nur bei offensichtlichem Mißbrauch kann das BVerfG hier korrigierend eingreifen[5]). Ein Bedürfnis zu bundeseinheitlicher Regelung hat der Bundesgesetzgeber in nahezu allen denkbaren Fällen des Art. 74 angenommen[6]). Ausgangsfall III berührt Art. 74 Nr. 23. Die Bundesbahn unterliegt nach Art. 73 Nr. 6 der ausschließlichen Bundeskompetenz. Die BSB kann der Bundesgesetzgeber aufgrund von Art. 74 Nr. 23 i. V. m. Art. 72 II Nr. 2 beseitigen.

4. Rahmengesetzgebung

Ein Richtliniengesetzgebungsrecht besitzt der Bund nach Art. 75. Diese Gesetze wenden sich an die Gesetzgeber in Bund und Ländern. Diese sollen

---

3) Lies auch BVerfGE 12, 205 (225 ff.)! — Fernsehurteil.
4) Finanzverfassung vgl. Art. 105 I.
5) BVerfGE 13, 233 st. Rspr.; vgl. den Zusammenhang mit der Bundestreue.
6) Vgl. für Finanzverfassung Art. 105 II.

dann aufeinander abgestimmte Gesetze erlassen. Daraus ergeben sich zwei Probleme: Können Rahmengesetze auch unmittelbar geltende Vorschriften enthalten? Dies ist grundsätzlich zu bejahen, bedarf im Einzelfall jedoch der sorgfältigen Prüfung[7]. Wie präzise dürfen die Rahmengesetze sein? Eine allgemeine Antwort ist kaum möglich. Sicher ist nur, daß dem Landesgesetzgeber „noch etwas zu tun" übrig bleiben muß.

5. Ungeschriebene Bundeszuständigkeiten

Die Frage, ob es neben den Art. 73—75, 105 und den im GG verstreuten ergänzenden Kompetenzzuweisungen noch weitere, ungeschriebene Zuweisungen an den Bund gibt, war früher außerordentlich umstritten. Heute ist der Streit im wesentlichen beigelegt. Der Student sollte jedoch folgendes wissen: Im amerikanischen Verfassungsrecht ist der Grundsatz der implied powers anerkannt. Dieser besagt, daß bei Zuweisung einer Kompetenz an den Bund die Kompetenznorm so auszulegen ist, daß die ausdrücklich zwar nicht erwähnten, aber zur Erfüllung der zugewiesenen Kompetenz erforderlichen weiteren Befugnisse ebenfalls zugewiesen sind. Gegen eine Übertragung der implied-powers-Lehre auf das GG wurde der Wortlaut von Art. 30, 83 einerseits und von Art. 70 andererseits angeführt[8]. Inzwischen ist der Streit weitgehend zur Ruhe gekommen, vor allem weil das BVerfG deutlich gemacht hat, daß Bundeskompetenzen kraft Sachzusammenhangs, aus der Natur der Sache oder Annexkompetenzen nicht die Kompetenzverteilung der Art. 70 ff. überrollen, daß es vielmehr nur um eine sachgerechte Auslegung dieser Normen geht[9].

Das BVerfG nimmt eine ungeschriebene Bundeszuständigkeit *kraft Sachzusammenhangs* an, „wenn eine dem Bund zugewiesene Materie verständlicherweise nicht geregelt werden kann, ohne daß zugleich eine nicht ausdrücklich zugewiesene andere Materie mitgeregelt wird, wenn also ein Übergreifen in nicht ausdrücklich zugewiesene Materien unerläßliche Voraussetzung ist für die Regelung einer der Bundesgesetzgebung zugewiesenen Materie"[10]. Die sog. *„Annexkompetenz"* ist ein Sonderfall der Zuständigkeit kraft Sachzusammenhangs. Sie wird vom BVerfG dann anerkannt, wenn eine an sich nicht der Bundesgesetzgebung unterliegende Materie keine einheitliche und selbständige ist, wenn sie aber in einem notwendigen Zusammenhang mit einer der Zuständigkeit des Bundes unterliegenden Materie steht und deshalb als Annex

---

[7] Vgl. BVerfGE 4, 128; 7, 41.
[8] Zu den Einzelheiten lies *v. Mangoldt/Klein* Art. 20 Anm. III 4.
[9] *Bullinger*, AöR 96 (1971), S. 273 ff., 283; *Maunz/Dürig/Herzog* Art. 30 Rdnr. 14, 15.
[10] BVerfGE 3, 407 (421); vgl. auch BVerfGE 11, 192 (199); 12, 205 (237 ff.); 15, 1 (20); 26, 246 (256).

jenes Sachgebietes angesehen werden kann[11]). Dies ist das Problem des Ausgangsfalles IV. Gefahrenabwehr ist Sache der Länder, Gewerberecht Sache des Bundes (Art. 74 Nr. 11). Sicherheitsbestimmungen unterliegen der Annexkompetenz.

Die Gesetzgebungsbefugnis des Bundes kann sich auch *aus der Natur* eines (dem Bund nicht ausdrücklich zugewiesenen) zu regelnden Sachgebietes ergeben. Das ist immer dann der Fall, wenn das Sachgebiet insgesamt seiner Natur nach eine ureigene, ausschließlich und begriffsnotwendig nur vom Bund regelbare Materie ist. Der tatsächliche Sachbereich dieser Kompetenz ist gering, da eine solche Zuständigkeit des Bundes aus der Natur der Sache nur dann anzunehmen ist, wenn nicht die Auslegung einer (geschriebenen) Kompetenzbestimmung eindeutig die Gesetzgebungsbefugnis der Länder ergibt. Beispiele für eine Kompetenz aus der Natur der Sache sind etwa die Bestimmung der Bundessymbole (Nationalhymne, Bundesorden, Dienstsiegel) — soweit nicht schon durch Art. 22 geregelt —, die Festlegung des Sitzes der Bundesregierung, der Bundeshauptstadt und die Erklärung bestimmter Nationalfeiertage.

Kapitel 16: VERTEILUNG DER VERWALTUNGSKOMPETENZEN

Ausgangsfälle:
(I) Die Ausweitung der Hoheitszonen auf See und die Errichtung von Fischereischutzzonen bringen die deutsche Seeschiffahrt und Seefischerei in große Schwierigkeiten. Die Bundesregierung möchte daher eine Behörde schaffen, die sich ausschließlich und umfassend mit diesen Problemen befaßt. Welche Möglichkeiten hat sie?
(II) Der Bundestag beschließt ein Gesetz zur Altersversorgung notleidender Künstler, wonach Künstler über 65 Jahre bei Bedürftigkeit einen „Ehrensold" erhalten. Das Gesetz sieht vor, daß der Bund 30 % der entstehenden Kosten trägt und 70 % von den Ländern zu tragen sind. Ist dies möglich oder muß der Bund 100 % der Kosten übernehmen, die er durch ein Bundesgesetz verursacht?
(III) In Fall II wird das Gesetz so geändert, daß der Bund 80 % der Kosten trägt. Was ist die Folge?
(IV) Das Rentenauszahlungsverfahren soll geändert werden. Alle Renten sollen bar ausgezahlt werden. Sie müssen innerhalb von 3 Tagen abgeholt sein, sonst verfallen sie. Zu Unrecht gezahlte Rente kann bis zu 6 Monaten zurückgefordert werden. Wie könnte die Bundesregierung diese Pläne in die Tat umsetzen?
(V) Durch Erlaß des Bundesinnenministers vom 12. 2. 1973 wurde in Wiesbaden

---

11) BVerfGE 8, 143 (148 ff.); 22, 180 (210).

das Bundesinstitut für Bevölkerungsforschung errichtet. Es hat die Aufgabe, durch wissenschaftliche Forschung die Bundesregierung in Familienfragen zu beraten. Jurastudent S. kommt nach Lektüre von Art. 87 III zu dem Ergebnis, daß das Institut nur durch ein Gesetz hätte errichtet werden können. Hat er recht?

Die Aufteilung der Verwaltungskompetenzen zwischen Bund und Ländern gehört wegen der Vielzahl der Detailfragen zu den schwierigsten des Staatsrechts. Für den Anfänger kommt hinzu, daß er keine praktische Anschauung und nur selten eine zutreffende Vorstellung von den Problemen besitzt. Wir müssen uns hier auf eine Übersicht über die zentralen Punkte beschränken, die der Student dann aber auch beherrschen kann und muß. Um einen Begriff wie etwa den der „bundesunmittelbaren mittelbaren Staatsverwaltung" erklären zu können, müssen wir einige Grundbegriffe des Verwaltungsaufbaus vorziehen[1]).

1. Unmittelbare und mittelbare Staatsverwaltung

Die Unterscheidung zwischen der unmittelbaren und mittelbaren Staatsverwaltung ist grundlegend für das rechte Verständnis der Kompetenzaufteilung. Beiden Formen ist gemeinsam, daß es sich um Staatsverwaltung, d. h. um die Bewältigung öffentlicher Aufgaben handelt. Der Unterschied ergibt sich daraus, daß bei der mittelbaren Verwaltung die Aufgaben nicht durch den Staat selbst mit eigener Behörde, sondern durch von ihm getrennte Rechtssubjekte erledigt werden.

Die *unmittelbare Staatsverwaltung* wird von Behörden eines Staates wahrgenommen. Der Staat, in der Bundesrepublik Bund und Länder, ist Träger selbständiger öffentlicher Rechte und Pflichten (Rechtssubjekte des öffentlichen Rechts)[2]). Die rechtliche Basis des Staates ist eine Verfassung. Er selbst ist juristische Person. Da dies selbstverständlich ist, wird es nirgends ausdrücklich hervorgehoben. Die innere Organisation der unmittelbaren Staatsverwaltung folgt drei Grundsätzen: Hierarchie, Ressort, Instanzenzug. Damit ist gemeint, daß zur Erledigung eines bestimmten Aufgabenkomplexes[3]) (Ressort) mehrere Fachbehörden gebildet werden (Instanzen), die im Verhältnis einer Stufenleiter zueinanderstehen (Hierarchie). Typisch ist die Gliederung in Oberste Behörden, Mittelbehörden und Unterbehörden. Den Unterbehörden obliegt in der Regel die Verwaltungsdurchführung. Sie treffen die Entscheidungen im Einzelfall nach Maßgabe der Gesetze, Erlasse (= generellen

---

1) Vgl. *Püttner* Kap. 2, 6.
2) = 12 staatliche unmittelbare Rechtssubjekte des öffentlichen Rechts.
3) Über die besondere Stellung des Regierungspräsidenten als „Bündelung" auf der mittleren Ebene wird der Student im Verwaltungsrecht erfahren.

Anweisen) oder Einzelanweisungen der vorgesetzten Behörde. Sie sind für einen Teil des Staatsgebietes zuständig. Die Mittelbehörden überwachen und koordinieren die Tätigkeit der Unterbehörden und erledigen die Aufgaben, die ihrer Natur nach für ein größeres Gebiet einheitlich zu regeln sind. Oberste Behörden sind die Behörden mit Verfassungsrang (vgl. Art. 36 GG)[4]. Sie planen, erarbeiten Gesetzesentwürfe und erlassen die generellen Anweisungen. Außerhalb dieses Instanzenzuges stehen die Oberbehörden; sie sind (wie die Mittelbehörden) unmittelbar den Obersten Behörden nachgeordnet, aber (anders als die Mittelbehörden) für das gesamte Staatsgebiet zuständig.

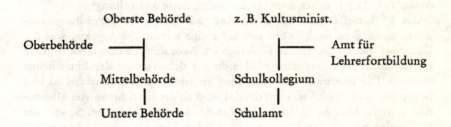

Bei der *mittelbaren Staatsverwaltung* werden neue juristische Personen des öffentlichen Rechts gegründet. Ihre rechtliche Basis ist ein Gesetz, das sie errichtet und ihnen Kompetenzen überträgt. Als eigenständige Rechtssubjekte genießen sie den Vorzug einer freieren und selbständigeren Existenz. Als Formen kennt das deutsche Recht *Körperschaften, Anstalten* und *Stiftungen* des öffentlichen Rechts. Körperschaften sind den Vereinen vergleichbar, d. h., sie sind Personenvereinigungen[5]. Anstalten sind Zusammenfassungen persönlicher und sachlicher Mittel zur dauerhaften Verfolgung öffentlicher Zwecke[6]. Diesen gegenüber üben die staatlichen Behörden die Aufsicht aus, deren Umfang im Einzelfall sich aus dem Errichtungsgesetz ergibt. Im Ausgangsfall I könnte der Bund gem. Art. 87 I und 89 eine Unterbehörde, nach Art. 87 III eine Oberbehörde oder eine Bundesanstalt schaffen. Stiftungen sind Organisationen, die die im Stifungsgeschäft bereitgestellten Mittel zum vorgesehenen Zweck verwenden.

---

4) = Bundesregierung, Ministerien, Bundespräsidialamt, Rechnungshof, Bundestagspräsident und Präsident des BVerfG (die beiden letzteren, soweit Verwaltungsaufgaben zu erledigen sind).
5) Z. B. Bundesärztekammer, Handelskammer, aber auch: Gemeinden.
6) Z. B. Bundesbank, Rundfunkanstalt.

2. Grundsatz: Der landeseigene Vollzug

a) Die Regelung der Art. 83—91 = „VIII. Die Ausführung der Bundesgesetze und die Bundesverwaltung" ist kein Vorbild an Klarheit. Dem Wortlaut der Art. 83—85 nach geht es um die Ausführung der Gesetze. Man könnte daraus folgern, daß diese Aufteilungsregeln nur dann gelten, wenn Behörden Gesetze ausführen (= sog. *gesetzesakzessorische Verwaltung*), und daß die „gesetzesfreie" Verwaltung anderen Regeln folge. Eine solche Auslegung würde zu dem eigenartigen Ergebnis führen, daß untrennbare Verwaltungstätigkeiten auf Bund und Länder verteilt wären. So muß der Bund auch dann für die Bundesbahn zuständig sein, wenn gesetzlich nicht geregelte Fragen auftreten. Art. 83 gilt daher auch für die gesetzesfreie Verwaltung[7].

Art. 83 ff. treffen auch keine vollständige Regelung der Verwaltungskompetenzen, sondern beschränken sich auf einige wesentliche Aspekte, was der Übersichtlichkeit nicht gerade förderlich ist. Auch sind die benutzten Begriffe oft unscharf. Vom Studenten wird nicht die Beherrschung der Einzelheiten erwartet. Die tragenden Gedanken muß er jedoch kennen. Zunächst ist hier zu merken, daß Art. 83 ff. nicht die Zulässigkeit der Einrichtung von Ministerien betrifft. Dies entscheidet nach Art. 65 der Bundeskanzler. Soweit die Ministerien als oberste Verwaltungsbehörden Verwaltungsaufgaben wahrnehmen, gelten selbstverständlich die Art. 83 ff. Es ist daher irreführend, wenn man manchmal liest, die Art. 83 ff. gälten nicht für die Ministerialebene!

b) Im Grundsatz liegt alle Verwaltungskompetenz bei den Ländern (Art 83 i. V. m. Art. 30). Sie haben die Verwaltungsleistungen zu erbringen. Dies ist nicht nur ein Recht, sondern kann eine harte Last sein, wie Ausgangsfall II zeigt: Das Bundesgesetz (vgl. Art. 74 Nr. 7) überträgt den Ländern neue Aufgaben, deren Kosten sie zu tragen haben (lies Art. 104 a I!). Zwar ist das Gesetz zustimmungsbedürftig (Art. 104 a III — lesen!), aber dies nützt dem im Bundesrat überstimmten Land nichts.

Art. 83 ff. handeln nur von der Ausführung von Bundesgesetzen. Das GG braucht sich nicht um den Vollzug von *Landesgesetzen* zu kümmern, da dies naturgemäß Angelegenheit der Länder ist. Kein Land kann den Bund zur Ausführung seiner Landesgesetze verpflichten[8]. Die Einflußnahme geschieht einseitig vom Bund auf die Länder (s. oben S. 185).

Der eigentliche Sinn von Art. 83 verbirgt sich im „Soweit"-Satz: Ausnahmen von der Verwaltungskompetenz der Länder ergeben sich ausschließlich aus dem GG (merken!), d. h., die Kompetenzordnung ist verfassungskräftig festgelegt, womit ihre Bedeutung deutlich unterstrichen wird: auch sie ist ein

---

7) BVerfGE 12, 248.
8) Vgl. jedoch *Zeidler* DVBl. 1960, 573 ff.

Element der gewaltenteilenden Ordnung des GG. Art. 83 unterscheidet zwei Arten von Ausnahmen: obligatorische, die das GG „bestimmt" und daher nie Landesverwaltung sein können, und fakultative, die das GG „zuläßt". Im ersten Fall muß der Bund sich der entsprechenden Aufgaben annehmen, im zweiten kann er es. Fehlt eine entsprechende Ausnahmevorschrift im GG, so ist die Verwaltungskompetenz der Länder die Folge. Diese entscheiden gemäß ihrer Verfassung, ob sie die Aufgaben durch eigene Behörden oder durch juristische Personen des öffentlichen Rechts wahrnehmen lassen. Beispielsweise kommt es häufig vor, daß die Länder die Aufgaben den Kommunen weiter übertragen.

c) Doch sind die Länder nicht immer ganz selbständig bei der Ausführung der Bundesgesetze. Besäße jedes Land völlige Freiheit, so wäre möglicherweise eine sehr unterschiedliche Erledigung der Aufgaben durch die einzelnen Länder die Folge. Da die Bundesgesetze ihre Rechtfertigung in der Notwendigkeit bundeseinheitlicher Regelung finden, wäre dies ein untragbarer Zustand. Art. 84 gibt dem Bund daher verschiedene Möglichkeiten, in den Spielraum der Länder einzugreifen (Art. 84 erst gründlich lesen!). Nach Art. 84 I kann der Bund durch Gesetz die *Einrichtung der Behörden* und das Verwaltungsverfahren regeln. Die Verwaltungswissenschaft unterscheidet zwischen der Errichtung und der Einrichtung einer Behörde[9]). Diese Unterscheidung macht das GG nicht (str.)[10]). Art. 84 I gibt dem Bund vielmehr die Möglichkeit, die zuständige Landesbehörde zu bestimmen, ja sogar besondere Landesbehörden zu gründen. Im Ausgangsfall II kann das Bundesgesetz daher anordnen, daß der Ehrensold von den Arbeitsämtern ausgezahlt wird. Gem Art. 84 II kann die Bundesregierung allgemeine Verwaltungsvorschriften erlassen. Damit unterscheidet das GG *Verwaltungsverfahrensvorschriften* (= Gesetz) von *allgemeinen Verwaltungsvorschriften* (= Bundesregierung). Als dritter Begriff ist noch der des *materiellen Verwaltungsrechts* hinzuzufügen. Die genaue Abgrenzung zwischen diesen drei Begriffen ist in der Literatur str., das BVerfG hat nur gelegentlich und nicht abschließend zu ihr Stellung genommen[11]). Die Bedeutung der Abgrenzung erhellt Ausgangsfall IV. Es geht einerseits um das Verhältnis Bundesregierung – Bundestag (= Abgrenzung allg. Verw.vorschr./ Verw.Verf. u. Verw.R) und andererseits um die Zustimmungsbedürftigkeit durch den Bundesrat (Verw.R = nein/allg. Verw.Vorschr. u. Verw.verf. = ja). Im Ausgangsfall IV gehört die Möglichkeit der Rückforderung dem allgemeinen Verwaltungsrecht an; sie bedarf daher eines (nicht zustimmungsbedürftigen) Bundesgesetzes. Die Verfallsfrist von 3 Tagen betrifft das Ver-

---

9) *Wolff*, VerwR II, 3. Aufl. 1970, § 78 I b.
10) So die h. M., z. B. *Maunz/Dürig/Herzog* Art. 84 Rdnr. 21.
11) BVerfGE 8, 166, 294; 10, 49; 11, 18; 14, 219 f.; 26, 338; 37, 383; 39, 33 f.

waltungsverfahren und kann nach Art. 84 I in einem zustimmungsbedürftigen Bundesgesetz geregelt werden. Die Bestimmung der Barauszahlung ist eine innerdienstliche, allgemeine Verwaltungsanweisung (str.). Sie kann durch Erlaß der Bundesregierung[12]) mit Zustimmung des Bundesrates erfolgen (Art. 84 II). Damit wird der Sinn, die ratio legis, deutlich: Wird der Bürger unmittelbar betroffen, so ist ein Gesetz erforderlich, wenden sich die Vorschriften auch an die Landesbehörden, so muß der Bundesrat zustimmen. Diesen Grundsatz sollte man sich merken! In der Praxis läuft es so, daß der Bundesrat im Zweifel für eine Zustimmungsbedürftigkeit plädiert und der Bund sich kaum eine Chance entgehen läßt, das Verwaltungsverfahren in den Ländern zu regeln. Art. 84 I ist folglich der hauptsächlichste Grund für die Zustimmungsbedürftigkeit von Gesetzen (unbedingt merken, klausurwichtig!). Im Ausgangsfall IV würden alle Punkte vermutlich durch Gesetz mit Zustimmung des Bundesrates geregelt. Art. 84 I und II geben dem Bund schon so viele Einflußmöglichkeiten, daß in der Praxis Art. 84 III—V weitgehend bedeutungslos geblieben sind. Der Student sollte jedoch diese Bestimmungen sorgfältig lesen.

3. Ausnahme: Die bundeseigene Verwaltung

Die Art. 86—90 enthalten die am weitesten gehende Ausnahme von der Regel des Art. 83. Bei der bundeseigenen Verwaltung, kurz: Bundesverwaltung, erledigt der Bund alle Verwaltungsaufgaben ohne irgendeine Mitwirkung der Länder. Aufbau und Inhalt der Art. 83—90 wirken zunächst verwirrend, erhalten aber eine bessere Klarheit, wenn man sich die geregelten Fragen vergegenwärtigt. Gem. Art. 83 müssen die Gegenstände der Bundesverwaltung aufgezählt werden (Enumerativprinzip). Dies geschieht nicht zusammenhängend, sondern gleichsam en passant. Dann wird bestimmt, unter welchen Voraussetzungen der Bund mittelbare Staatsverwaltung schaffen kann. Und schließlich werden die Anweisungsrechte der Bundesregierung festgelegt.

a) Die *unmittelbare Bundesverwaltung* (= bundeseigene Verwaltung i. e. S. vgl. Text Art. 86!) ist obligatorisch für: Auswärtiger Dienst, Bundesfinanzverwaltung (ergänzend Art. 108 I), Bundeseisenbahn, Bundespost, Bundeswehrverwaltung und Bundesbank (Art. 87 I 1, 87 b I 1, 88).

Fakultativ ist die Bundesverwaltung für: Bundesgrenzschutz, Auskunfts- und Nachrichtenwesen, Kriminalpolizei, Verfassungsschutz und Bundesstraßen (Art. 87 I 2, 90).

---

[12] Kollegialprinzip. Die Übertragung der Erlaßbefugnis auf einen Minister kann nur durch Bundesgesetz mit Zustimmung des Bundesrates geschehen, BVerfGE 26, 395.

„Umgekehrt" fakultativ, d. h. eigentlich obligatorisch, aber mit der Möglichkeit der Übertragung auf die Länder, ist die Luftverkehrsverwaltung und die Bundeswasserstraßenverwaltung (Art. 87 d, 89)[13].

Auf diesen relativ wenigen Gebieten hat der Bund die ausschließliche Verwaltungskompetenz, d. h., er hat das Recht und die Pflicht, alle anfallenden Aufgaben zu regeln. Nach Art. 86 S. 2 regelt die *Bundesregierung*[14] durch Organisationserlaß den Behördenaufbau und die Zuständigkeiten der Behörden. Dieses Recht wird aber sofort durch das GG erheblich eingeschränkt! Der Verfügungsgewalt der Bundesregierung ist entzogen,

(1) ob einstufiger oder mehrstufiger Verwaltungsaufbau stattfindet in den Fällen von Art. 87 I 1 — hier muß mindestens eine zweistufige Verwaltung bestehen —,

(2) die Ausfüllung von Art. 87 I 2 — dies geschieht durch Gesetz —,

(3) die Befugnis zur Errichtung juristischer Personen — dies kann nur der Gesetzgeber — und

(4) was gesetzlich im Einzelfall geregelt wird.

In allen anderen Fällen ist die Zuständigkeit der Bundesregierung gegeben. So kann sie bestimmen, daß der Auswärtige Dienst zweistufig oder dreistufig ist, daß die Luftverkehrsverwaltung einstufig oder zweistufig ist usw.

In Ausfüllung dieser Befugnisse[15] ist die Bundesverwaltung wie folgt organisiert:

	Oberste Behörde	Mittelbehörde	Unterbehörde
Auswärtiger Dienst	Ausw. Amt	Botschaften	Konsulate
Bundesfinanzen	BMF	OFD (Art. 108)	Hauptzollämter
Bundeseisenbahn	BMV	Bundesbahndirektion	Betriebs- und Verkehrsämter
Bundespost	BMOP	Oberpostdirektion	Hauptpostämter
Bundeswehrverwaltung	BMVg	Wehrbereichsverwaltungen	Kreiswehrersatzämter
Bundeswasserstraßen	BMV	Wasser- und Schiffahrtsdirektionen	Wasser- und Schiffahrtsämter

---

13) Art. 87 a II—IV und 87 c sind Fremdkörper im System.
14) Str., ob Kollegium oder Einzelminister, vgl. *Maunz/Dürig/Herzog* Art. 86 Rdnr. 10, 14 m. w. N.; in der Praxis werden auch einzelne Minister tätig!
15) Z. T. ergänzt durch Gesetze.

Hinsichtlich des Verwaltungsaufbaus beim Luftverkehr nach Art. 87 d und bei den Bundesstraßen gem. Art. 90, der nicht die obige Einteilung aufweist, vgl. *v. Mangoldt/Klein* Bd. III Art. 87 d Anm. IV; *Maunz/Dürig/Herzog* Art. 87 d Rdnr. 10—16, insb. 15, und Art. 90 Rdnr. 32—38.

Diese Bundesverwaltung wird ergänzt durch die gesetzlich eingerichteten Stellen nach Art. 87 I 2. Hierbei handelt es sich zum einen um den Bundesgrenzschutz[16]), der dem Bundesinnenminister untersteht, als Mittelebene die Grenzschutzkommandos Küste, Nord, Mitte und Süd besitzt und dessen untere Ebene die Grenzschutzleitstellen ausmachen. Zum anderen sind in Art. 87 I 2 die Zentralstellen zu erwähnen (Bundeskriminalamt, Bundesamt für Verfassungsschutz), die als Oberbehörden des Bundes keinen Unterbau haben.

Damit besitzt der Student schon den wesentlichen Überblick über die unmittelbare, bundeseigene Verwaltung[17]).

b) Ausgeklammert haben wir bisher die Frage der Errichtung von *Bundesoberbehörden* im Bereich der Bundesverwaltungskompetenz. Die Einrichtung einer Bundesoberbehörde unterliegt der Regel des Art. 86 S. 2. Art. 87 I 2 macht eine Ausnahme und schreibt ein Gesetz vor. Art. 87 III verlangt für „selbständige Bundesoberbehörden" ebenfalls ein Gesetz. Daraus hat schon mancher gefolgert, daß im Bund — wie dies in den meisten Ländern der Fall ist — die Errichtung einer Oberbehörde einer gesetzlichen Grundlage bedarf.

Dem ist aber nicht immer so. Art. 87 III betrifft nicht den Bereich der unter a) aufgeführten Gegenstände, sondern erweitert („außerdem" — lies Art. 87 III!) die Befugnisse des Bundes über den Bereich der bundeseigenen Verwaltungskompetenz hinaus (Näheres unter d)). Art. 87 I 2 ist eine Sondervorschrift und daher eng auszulegen. Daraus folgt, daß auf den Gebieten, auf denen der Bund die ausschließliche Verwaltungskompetenz besitzt, die Bundesregierung grundsätzlich zur Errichtung von Bundesoberbehörden befugt ist (Art. 86 S. 2)[18]). Davon macht sie auch regen Gebrauch: z. B. Bundesarchiv, Bundesamt für Wehrtechnik und Beschaffung.

Neben den Bundesoberbehörden werden auf der gleichen Rechtsgrundlage auch unselbständige Anstalten errichtet, die sich von den Oberbehörden nur dadurch unterscheiden, daß sie nicht für das gesamte Bundesgebiet zuständig sein müssen (z. B. Bundesanstalt für Wasserbau, Hochschulen der Bundeswehr).

c) Die *mittelbare Bundesverwaltung* im Bereich der Verwaltungskompetenz des Bundes ist nur in Art. 87 II geregelt. Diese Vorschrift hat zwei Aussagen:

---

16) Gesetz v. 18. 8. 1972 (BGBl. I, S. 1834).
17) Die Bundeswehrorganisation nach Art. 87 a I bleibt hier außer Betracht.
18) Wie hier: *Maunz/Dürig/Herzog* Art. 87 Rdnr. 24; *v. Mangoldt/Klein* Art. 87 Anm. III 4 a.

(1) die länderübergreifende Sozialversicherung ist Aufgabe der Bundesverwaltung, und

(2) diese Aufgaben werden von Körperschaften des öffentlichen Rechts wahrgenommen.

Die Frage der Errichtung juristischer Personen des öffentlichen Rechts auf dem Gebiet der ausschließlichen Bundesverwaltungskompetenz ist im GG nicht geregelt. Aus allgemeinen Rechtsgrundsätzen ergibt sich eindeutig, daß es hierzu eines Gesetzes bedarf und Art. 86 S. 2 insofern nicht gilt (unstr.). Art. 87 III wäre hier analog heranzuziehen[19]). Da der Bund die mittelbare Verwaltung errichtet, spricht das GG von der bundesunmittelbaren mittelbaren Staatsverwaltung.

d) Damit können wir uns nun *Art. 87 III* zuwenden. Diese Vorschrift erweitert die Befugnisse des Bundes erheblich, indem er gem. Art. 87 III 1 einstufige und nach Art. 87 III 2 sogar mehrstufige eigene Verwaltungen gesetzlich einführen kann. Die Formulierung von Art. 87 III hat Auslegungsschwierigkeiten bereitet. Der Wortsinn ist nämlich nicht ganz eindeutig. Die eine Auslegung heißt: „Für sämtliche Angelegenheiten, für die ...". Sie wendet, da der Bund auch für die Gegenstände bundeseigener Verwaltung die Gesetzgebungskompetenz besitzt, Art. 87 III auch auf den Bereich bundeseigener Verwaltung an, und für sie enthält Art. 87 III die Regel zur Errichtung von juristischen Personen des öffentlichen Rechts durch den Bund. Diese Auslegung kann jedoch das Wort „außerdem" nicht erklären, das die gegenteilige Auffassung zum Angelpunkt erhebt und Art. 87 III so interpretiert, daß der Bund für Angelegenheiten, für die er zwar nicht die Verwaltungskompetenz (vgl. oben a)) besitzt, gleichwohl aber zum Erlaß von Gesetzen befugt ist (Art. 72 ff.) und die in Art. 87 III bezeichneten Rechte besitzt. Diese Angelegenheiten fallen an sich in die Verwaltungskompetenz der Länder, der Bund kann sie aber nach Art. 87 III teilweise oder sogar ganz an sich ziehen. In diesem erweiterten Sinn kann man hier auch von fakultativer Bundesverwaltung sprechen. Weil hier die Kompetenzordnung zwischen Bund und Ländern verschoben wird, verlangt Art. 87 III ein Gesetz. Bleibt die Verschiebung auf die obere Ebene beschränkt (Oberbehörde oder jur. Person), so ist das Gesetz nicht zustimmungsbedürftig[20]). Erfaßt sie auch die Mittel- und Unterebene, so bedarf das Gesetz im Bundestag absoluter Mehrheit und der Zustimmung des Bundesrates.

---

19) Manche wollen hier Art. 87 III direkt anwenden. Wegen der Fassung von Art. 87 III ist dies aber abzulehnen.
20) Beispiele: Bundesaufsichtsamt für das Versicherungswesen; Kraftfahrtbundesamt (Flensburg), Bundesgesundheitsamt usw. vgl. *Sartorius* Anh. GG.

Im Ausgangsfall V hätte S nach diesen Kriterien recht. Dennoch werden solche Oberbehörden für zulässig gehalten, solange durch ihre Errichtung Belange der Länder nicht berührt werden und sie sich auf Unterstützungstätigkeit für die Bundesministerien beschränken[21]), wie dies beim Bundesinstitut für Bevölkerungsforschung der Fall ist. Solche Behörden sind in der Terminologie des Art. 87 III keine „selbständigen Bundesoberbehörden"[22]).

Bundesämter, Bundesanstalten, Bundesinstitute o. ä. können daher beruhen:

(1) auf Art. 86 S. 2 (Errichtung durch Erlaß, Gegenstände der Bundesverwaltungskompetenz),

(2) auf Art. 87 III 1 (Errichtung durch Gesetz, Gegenstände der Bundesgesetzgebungskompetenz),

(3) auf Art. 86 S. 2 i. V. m. Art. 87 III 1 (Errichtung durch Erlaß, Gegenstände der Bundesgesetzgebungskompetenz, keine Beeinträchtigung von Länderinteressen) — Ausgangsfall V.

e) Die Befugnisse der Bundesregierung gegenüber jeglicher Form an Bundesverwaltung enthält Art. 86 S. 1 (lesen!). Allerdings findet sich kein Wort über das Recht, Einzelanweisungen zu geben. Im Rahmen der hierarchischen unmittelbaren Bundesverwaltung versteht sich dies von selbst, brauchte also nicht erwähnt zu werden[23]).

4. Ausnahme: Die Auftragsverwaltung

Die zweite Ausnahme vom Grundsatz des Art. 83 ist die Bundesauftragsverwaltung: Sie ist keine Bundesverwaltung, sondern Landesverwaltung mit gesteigerten Einflußrechten des Bundes. Die Länder stellen ihre Behörden dem Bund als „verlängerten Arm" zur Verfügung. Die Befugnisse des Bundes ergeben sich aus Art. 85. Hinsichtlich der „Einrichtung" der Behörden, der allgemeinen Verwaltungsvorschriften und des Verwaltungsrechts bestehen keine Unterschiede zum landeseigenen Vollzug der Bundesgesetze (s. oben 2). Abweichungen bestehen für die Ausbildung der Bediensteten (Art. 85 II 2), die Ernennung der Leiter der Mittelbehörden (Art. 85 II 3), die Einzelanweisungsbefugnis (Art. 85 III gegen Art. 84 V) und die Aufsichtsrechte (Art. 85 IV gegen Art. 84 III und IV). Mit diesen weitgehenden Rechten kann der Bund die entsprechenden Landesbehörden praktisch wie eigene Behörden dirigieren. Der Unterschied zur bundeseigenen Verwaltung besteht darin, daß die Kosten der Verwaltung (Personalkosten, Gebäude, allg. Verw.Kosten) den Ländern

---

21) *Schmidt-Bleibtreu/Klein* Art. 87 Anm. 11.
22) Sehr str., zum Begriff der Selbständigkeit vgl. *v. Mangoldt/Klein* Art. 87 Anm. VI 5 b); *Maunz/Dürig/Herzog* Art. 87 Rdnr. 52.
23) *Maunz/Dürig/Herzog* Art. 86 Rdnr. 13.

zur Last fallen (lies Art. 104 a V!). Die sachlichen Ausgaben der Auftragsverwaltung trägt allerdings der Bund (Art 104 a II). Die Auftragsverwaltung ist obligatorisch gem. Art. 90 II, 104 a III S. 2 und 108 III; fakultativ ist sie möglich nach Art. 87 b II und 87 c. Auch hier ist der an sich schmale Bereich bemerkenswert. Besondere Bedeutung haben die Finanzverwaltung, Bundesstraßenverwaltung und die Geldleistungsgesetze nach Art. 104 a III. Letztere Vorschrift ist für die Ausgangsfälle II und III maßgebend. In Fall II handelt es sich um landeseigenen Vollzug, bei Fall III ist Auftragsverwaltung die Folge, getreu dem Spruch: „Wer die Musik zahlt, bestimmt, was gespielt wird." Dies gilt schon für die Verwaltungsseite, wenn der Bund 50 % und mehr trägt. Im Fall III (= über 75 % der Kosten beim Bund) entfällt sogar die Zustimmungsbedürftigkeit des Gesetzes. Der Bund kann daher den Ländern bis zu 24 % der Kosten eines Geldleistungsgesetzes aufbürden, ohne daß sie sich dagegen wehren können.

5. Zusatz: Der kooperative Bundesstaat

Die Aufteilung der Verwaltungskompetenzen im GG hat in der Praxis in zunehmendem Maße zu Schwierigkeiten geführt, da neu entstehende Verwaltungsaufgaben effektiv und kurzfristig nur bewältigt werden können, wenn zwischen Bund und Ländern eine Koordination und eine Kooperation stattfinden. Ausdrückliche Regelungen für eine Kooperation zwischen Bund und Ländern hat das deutsche Verfassungsrecht lange Zeit nicht vorgesehen. Die Folge war ein Dschungel zahlreicher Organisationsformen interföderativer Koordination und Kooperation, von denen ein Teil durch eine Verfassungsrevision 1969 legalisiert wurde. Zur Koordination der gesamtwirtschaftlichen Lenkung sind z. B. gleiche materiellrechtliche Bedingungen für alle öffentlichen Haushalte festgelegt worden (Art. 109). Das hierzu ergangene Gesetz zur Förderung der Stabilität und des Wachstums der Wirtschaft vom 8. 6. 1967 (kurz: Stabilitätsgesetz) sieht eine Reihe von konjunktursteuernden Koordinierungseinrichtungen zwischen Bund und Ländern vor. Darüber hinaus gibt es eine Reihe von Koordinierungseinrichtungen, die z. T. formlos (z. B. die Konferenz der Innenminister, Fachausschüsse) bestehen, z. T. mittels privatrechtlicher Einrichtungen (z. B. Deutsche Forschungsgemeinschaft) Koordination und Kooperation zwischen Bund und Ländern herstellen.

Als Instrument der Zusammenarbeit stehen vertragliche Abmachungen zwischen dem Bund und den Ländern (sog. Verwaltungsabkommen)[24] zur Verfügung. Auf dieser Basis erledigen die Länderverwaltungen die Aufgaben der Bundesbauverwaltung, die eigentlich Gegenstand bundeseigener Verwaltung

---

24) Vgl. *Grawert*, Verwaltungsabkommen zwischen Bund und Ländern, 1967.

ist, aber gem. § 6 IV Finanzverwaltungsgesetz[25]) durch Verwaltungsabkommen von den Ländern wahrgenommen wird (fälschlicherweise in der Praxis als Auftragsverwaltung bezeichnet).

Eine neue Form interföderativer Kooperation hat das GG durch Festlegung sog. Gemeinschaftsaufgaben anerkannt. Im Jahre 1969 ist dem GG ein neuer Abschnitt VIII a angefügt worden, der in den Art. 91 a und 91 b (vgl. auch 104 a Abs. 4) diese Gemeinschaftsaufgaben behandelt. Der Kreis der Gemeinschaftsaufgaben ist sehr eingeschränkt. Es handelt sich hierbei nicht eigentlich um eine Gemeinschaftsverwaltung i. S. eines gemeinschaftlichen Gesetzesvollzuges. Die Gemeinschaftlichkeit bezieht sich vielmehr gerade auf den gesetzesfreien Raum, nämlich die Planung und vor allem die Finanzierung überregionaler Projekte.

Die Gemeinschaftsaufgaben haben sich in der Praxis nicht bewährt. Die Enquete-Kommission Verfassungsreform hat daher ihre Abschaffung empfohlen und zugleich einen Vorschlag für eine neue Regelung gemacht[26]).

Die Kritik an der Praxis der Gemeinschaftsaufgaben liegt insbesondere in folgendem: die Länder beklagen, daß der Bund seine Finanzzuwendungen mit Auflagen versieht, die die Länder, die ihrerseits nicht auf die Hilfe des Bundes verzichten können, in ihrer Entscheidungsfreiheit einengen. Schwierigkeiten ergeben sich auch aus dem Verhältnis Exekutive – Parlament. Die Gemeinschaftsprojekte werden durch die Exekutive in oft langer und mühevoller Kleinarbeit abschlußbereit vorbereitet. Das Parlament, das dann die erforderlichen Mittel im Haushaltsplan bereitzustellen hat, fühlt sich vor vollendete Tatsachen gestellt, denn es kann wegen der weitreichenden Folgen seine Mitwirkung praktisch nicht mehr verweigern.

Zur *Vertiefung* lies *U. Scheuner* DÖV 1966, 518; ders., DÖV 1972, 585 ff.; *R. Groß*, DVBl. 1969, 94 ff.; eingehend: *Kisker*, Kooperation im Bundesstaat 1971.

---

25) BGBl. 1950, I, S. 448.
26) Näheres nachzulesen in der BT-Drucksache 7/5924, S. 150 ff.

Sachregister

A
Abgeordnete 65 ff.
Abgeordnetendiäten 69
abstrakte Normenkontrolle 38 f., 137, 147
Allgemeinheit v. Wahlen 96
allgemeine Gesetze 88 f.
allgemeine Handlungsfreiheit 150 ff.
Annexkompetenz 190
Anstalt des öff. Rechts 193
Apotheken-Urteil 161
Auftragsverwaltung 200 f.
Aufwandsentschädigung 68 f.
Auslegung 18 ff.

B
Beamte 93 f.
Berufsfreiheit 159 ff.
Berufsverbote 92, 164
besonderes Gewaltverhältnis 31 f.
Bestimmtheitsgrundsatz 109 f.
Bindung der Gesetzgebung 122
Bindung der Rechtsprechung 107 f.
Blinkfüer-Urteil 85, 89
Briefwahl 99
Bürgerinitiativen 57 f.
bundeseigene Verwaltung 196 ff.
Bundesminister
   —, Ernennung 143
Bundesoberbehörden 193, 198
Bundespräsident
   —, Ernennungsrecht 142 f.
   —, Kompetenzen 46 ff.
   —, Stellung 43 ff.
   —, Vorschlagsrecht 140 f.
   —, Wahl 45 f.
Bundesregierung
   —, Bedeutung 139 f.
   —, Bildung 140 ff.
   —, Funktionen 145 f.
   —, Organisationsgewalt 145
Bundeskanzler
   —, Wahl 140 f.
Bundesstaat 181 ff.
   —, Begriff 181 f.
   —, Einflußnahme 185
   —, Kompetenzabgrenzung 183 ff.
Bundesstaatsprinzip 181 ff.
Bundestag
   —, Abgeordnete 60, 65 ff.
   —, Ausschüsse 61
   —, Fraktionen 60 f.
   —, Funktionen 59
   —, Organkompetenz 62 f.
   —, politische Stellung 59 f.
   —, Verbandskompetenz 62 f.
   —, Wahlperiode 64
Bundestreue 186 f.
Bundesverfassungsgericht 146 ff.
Bundesversammlung 45
Bundesverwaltung
   —, mittelbare 198 f.
   —, unmittelbare 196 ff.

C
Chancengleichheit von Parteien 55, 76 ff.

D
Demokratieprinzip 50 ff.
Demokratisierung 56 ff.
Demokratietheorie 50 ff.
Demokratische Grundrechte 82 ff.
Demonstrationsfreiheit 85, 90
d'Hondtsches System 69 f.
Diskontinuität 64 f.
Drittwirkung von Grundrechten 33

E
Eigentum 164 ff.
Eingriffsverwaltung 106
Einrichtungsgarantien 28
Einspruchsgesetze 130, 132
Elfes-Urteil 151 f.
Enteignung 165
Ermächtigung
   — zu Eingriffen 106
   — zur Rechtsetzung 135
Evidenztheorie 101

F
Fiskalgeltung der Grundrechte 32 f.
Föderalismus 181 ff.
Fraktionswechsel 66 f.
Fraktionszwang 61
freie Entfaltung der Persönlichkeit 150 ff.
freies Mandat 53, 65 f.
Freiheit von Wahlen 98
freiheitlich-demokratische Grundordnung 17 f.
Freiheitsrechte 150, 167

G
Gegenzeichnung 46 f.
Geheimheit von Wahlen 98 f.
Gemeinschaftsaufgaben 202
Gemeinwohl 26, 107
gerichtliche Kontrolle 118 f.

Sachregister

geringstmöglicher Eingriff 112 f.
Gesamtstaat 181 f.
Gesetzesbegriff 123 ff.
Gesetzesvorbehalte 35 f., 153, 161
Gesetzgebung
—, Bindung an verfassungsmäßige Ordnung 122
— durch die Verwaltung 133
Gesetzgebungskompetenzen 187 ff.
—, ausschließliche Bundeskompetenz 189
—, konkurrierende Gesetzgebung 189
—, Landeskompetenz 188
—, Rahmengesetzgebung 189 f.
—, ungeschriebene Bundeszuständigkeiten 190 f.
Gesetzgebungsnotstand 133
Gesetzgebungsverfahren 122 ff.
gesetzlicher Richter 167
Gesetzmäßigkeitsprinzip 104 ff.
Gewaltenteilung 119 ff., 183
Gleichheit 54 f.
Gleichheit von Wahlen 99 f.
Gleichheitssatz 155 ff., 179
Gliedstaaten 181 ff.
Gründungsfreiheit von Parteien 55, 73 f.
Grundrechte
—, Einteilung 27
—, Funktionen 28
—, Geschichte 25 f.
—, Grenzen 34 f.
— und Privatrecht 32
—, Schutz 37 ff.
—, Stellung im Rechtssystem 26
Grundrechtsadressat 32
grundrechtsimmanente Schranken 34
Grundrechtsmündigkeit 31
Grundrechtsträger 29 ff.

H
Homogenitätsgrundsatz 186

I
Immunität 67
imperatives Mandat 52
Implied powers 190
Indemnität 67
Informationsfreiheit 86
Institutionelle Garantien 28, 86
Institutsgarantien 28
Interpretation 18 ff.
Investitionshilfe-Urteil 34

J
juristische Personen, Grundrechtsträger 30 f.
Justizgrundrechte 167

K
Kanzlerprinzip 144
Koalitionsvereinbarung 74
Körperschaft des öff. Rechts 193
Kollegialprinzip 144
konkrete Normenkontrolle 39 f., 107
Kontrolle der Regierung 146
kooperativer Bundesstaat 201

L
landeseigene Verwaltung 194 f.
Leistungsverwaltung 106
Lüth-Urteil 85

M
Mandatsverlust 66 f.
Maßnahmegesetze 124
Mehrheitswahl 69
Meinungsfreiheit 83 ff.
Mitbestimmungsgesetz 55
mittelbare Demokratie 51
mittelbare Staatsverwaltung 192 f., 198

N
Natur der Sache 191
Nachzensur 87
Normenkontrolle 38 ff., 136, 147

O
Oberbehörden 193
oberste Behörden 192
öffentliche Gewalt 38
öffentliche Meinung 55
öffentliche Meinungsfreiheit 83
öffentlicher Dienst 92 ff.
Opposition 63
Organisationsgewalt 145
Organkompetenz 62, 122
Organstreitigkeiten 147

P
Parteien 71 ff.
—, Ausschluß 75 f.
—, Beitritt 75 f.
Parteienfinanzierung 78 ff.
Parteienprivileg 80 f., 92
Parteispenden-Urteil 78
Parteiverbot 80 f., 92
Parteiwechsel 66 f.
parlamentarische Demokratie 52
Partizipation 56 f.
Persönlichkeitskerntheorie 151
plebiszitäre Demokratie 52
Pressefreiheit 86 ff.
Prüfungsrecht des Bundespräsidenten 47 ff.

Sachregister

R
Radikalenerlaß 92
Rätesystem 52
Rathausparteien 73
Rechte anderer 152
Rechtsschutz 118 f.
Rechtssicherheit 108 ff.
Rechtsstaat 102 ff.
Rechtsstaatsprinzip 102 ff.
Rechtsweggarantie 38
repräsentative Demokratie 52
Republik 42 ff.
republikanisches Prinzip 42 f.
Ressortprinzip 144
Rückwirkung 115 ff.

S
Sachzusammenhang 190
Schranken 34 ff., 88, 151 f., 165 ff.
Schrankentrias 37, 151 f.
Sittengesetz 151
soziale Grundrechte 179 f.
soziale Marktwirtschaft 174
soziale Teilhaberrechte 175 ff.
Sozialpflichtigkeit 166 f.
Sozialstaat 168 ff.
Sozialstaatsprinzip 158, 168 ff.
Sperrklausel 100
staatsbürgerliche Grundrechte 92 ff.
Staatsrecht
 —, Begriff 1
 —, Materien 12 f.
Staatszielbestimmungen 15 f.
status activus 29, 176
status negativus 28, 176
status positivus 29, 176
Stiftung des öff. Rechts 193
streitbare Demokratie 54
Stufentheorie 161 ff.
System of Checks and Balances 121, 144, 184

T
Tauglichkeitsgrundsatz 111

U
unmittelbare Demokratie 51 f.
unmittelbare Staatsverwaltung 192, 196
Unmittelbarkeit von Wahlen 97
Unterschriftenquorum 99
Untersuchungsausschuß 63

V
Verbandskompetenz 62, 122
Verbände 81 f.

Vereinigungsfreiheit 91
Verfassunggeber 4
Verfassungsänderung 11 f., 53
Verfassungsbeschwerde 39, 95, 147
Verfassungsgerichtsbarkeit 147 ff.
Verfassungsgesetzgeber 5
verfassungskonforme Auslegung 137 f.
verfassungsmäßige Ordnung 37, 152
Verfassungsrecht
 —, Abänderbarkeit 11
 —, Begriff 2
 —, Gegenstand 5, 12 f.
 — als Politisches Recht 147
 —, Schutz 10 f.
 — und Verfassungswirklichkeit 7 ff.
Verfassungsschranken 35
Verfassungsstreitigkeiten 147
Verfassungswidrigkeit
 — eines Gesetzes 10, 48
 — von Parteien 80 f., 92
Verhältnismäßigkeitsgrundsatz 111 f.
Verhältniswahl 69
Verordnungsermächtigung 135
Versammlungsfreiheit 89 ff.
Vertrauensschutzgrundsatz 113 ff.
Verwaltungsabkommen 201
Verwaltungsaufbau 192 ff.
Verwaltungskompetenzen 192 ff.
Verwaltungsprivatrecht 32
Verwirkung von Grundrechten 41
Volksbegehren 52
Volksentscheid 52
Volkssouveränität 55
Vorbehalt des Gesetzes 106
Vorrang des Gesetzes 105
Vorrang der Verfassung 9
Vorzensur 87

W
Wahlen 95 ff.
Wahlgrundrechte 94 ff.
Wahlkampfkostenerstattung 79
Wahlkreiseinteilung 100 f.
Wahlprüfung 95
Wahlsystem 69 f.
Wesensgehaltsgarantie 38
Willkürrechtsprechung 156 f.
Willkürverbot 154 ff.
Wirtschaftsverfassung 174

Z
Zitiergebot 38, 136
Zustimmungsgesetze 130 f., 195

Werner-Studien-Reihe

Püttner

Allgemeines Verwaltungrecht

neu

Eine Einführung
Von Prof. Dr. Günter Püttner, Hochschule für Verwaltungswissenschaften, Speyer. 4. verbesserte Auflage 1977. 180 Seiten 14,8 x 21 cm, mit 16seitigem Einleger, kartoniert DM 19,80.

Das jetzt in 4. Auflage vorliegende Studienbuch ist ein wichtiges Hilfsmittel bei der Einführung in das Verwaltungsrecht und ganz auf die Bedürfnisse der Studenten zugeschnitten. Im Text wird nur soviel Literatur und Rechtsprechung zitiert, wie der Student im ersten „Durchgang" bewältigen kann. Jedem Abschnitt sind kleine praktische Fälle vorangestellt, um das Verständnis zu erleichtern und um vorlesungsbegleitenden Arbeitsgemeinschaften die sachgerechte Erarbeitung des Stoffes zu erleichtern. Kritische Anmerkungen sollen dazu dienen, den Stoff nicht einfach zu rezipieren, sondern ihn kritisch zu „hinterfragen" und zu analysieren.

Verwaltungsrechtsfälle

Ein Repetitorium
Von Prof. Dr. Günter Püttner, Hochschule für Verwaltungswissenschaften, Speyer. 1974. 200 Seiten 14,8 x 21 cm, kartoniert DM 24,80.

Im Gegensatz zu früheren Jahren stehen dem heutigen Jurastudenten zahlreiche Fallsammlungen und Fall-Lösungsanleitungen zur Examensvorbereitung zur Verfügung. Damit ist die Klausurvorbereitung sehr erleichtert, aber auch in einseitige Bahnen gelenkt: Die Kasuistik in Anlehnung an die Rechtsprechung und das Aufbauschema beherrschen den Raum, die geschichtlichen, geistigen, kulturellen sowie wirtschafts- und sozialwissenschaftlichen Bezüge des Rechts treten dagegen stark zurück und werden fast als eine andere Welt empfunden. Das jetzt vorliegende Repetitorium will versuchen, dieser Schwierigkeit abzuhelfen und beide Welten wieder zusammenzuführen. Es werden zwar auch Fälle mit Lösungen präsentiert, an die sich immer sogleich vertiefende und erklärende allgemeine Fragen anschließen. Die Fälle sind nicht Entscheidungen der Praxis nachgebildet, sondern selbständig ausgearbeitet und so angelegt, daß auch die oft vernachlässigte Kunst der Auslegung weniger bekannter Gesetze und die Anwendung des Allgemeinen Verwaltungsrechts in Sondergebieten geübt werden kann. Das Eingangskapitel beschäftigt sich mit der Strategie der Fall-Lösung, vor allem mit der richtigen Setzung der Schwerpunkte. Das Repetitorium ist deshalb besonders für die Examenskandidaten gedacht, die eine überdurchschnittliche Examensleistung anstreben.

Erhältlich in jeder Buchhandlung!

Werner-Verlag · Postfach 85 29 · 4000 Düsseldorf 1

Werner-Studien-Reihe

Naßmacher neu

Politikwissenschaft I
Politische Systeme und politische Soziologie
Von Prof. Dr. Karl-Heinz Naßmacher
3. neubearbeitete und erweiterte Auflage 1977.
184 Seiten 14,8 x 21 cm, kartoniert DM 17,80

Das jetzt in dritter Auflage vorliegende Buch referiert die wichtigsten Lehrmeinungen der deutschen Politikwissenschaft. Im Anschluß an einen Abriß verschiedener Theorietypen sind die Formen politischer Herrschaft, insbesondere die demokratischen und die diktatorialen Regierungssysteme behandelt. Aus der politischen Soziologie werden die Probleme der öffentlichen Meinung, Wahlen, Parteien, Verbände und die Verwaltung erörtert. Fragen und Antworten zu jedem Kapitel machen die Aneignung des Stoffes beider Bände für den Leser kontrollierbar.

Politikwissenschaft II
Internationale Beziehungen und politische Ideen
Von Prof. Dr. Karl-Heinz Naßmacher
1974. 160 Seiten 14,8 x 21 cm, kartoniert DM 16,80

In Band II werden die Internationalen Beziehungen und die Geschichte der politischen Lehrmeinungen abgehandelt. Zur Ideengeschichte sind die Lehren ausgewählter Klassiker im Hinblick auf ihre ursprünglichen Bezugspunkte, den antiken Stadtstaat und den bürgerlichen Staat der Neuzeit zusammengestellt. Im Bereich der Internationalen Beziehungen folgt einer kurzen Einführung in die Spezialprobleme dieser Teildisziplin und ihre zentralen Kategorien (Konflikt, Integration und Herrschaft) die Darstellung wichtiger Ergebnisse der Kriegsursachenforschung sowie der bisher entwickelten Möglichkeiten der Friedenssicherung.

Erhältlich in jeder Buchhandlung!

Werner-Verlag · Postfach 85 29 · 4000 Düsseldorf 1

Werner-Studien-Reihe

Schulin
Sozialversicherungsrecht
Von Dr. Bertram Schulin, Augsburg. 224 Seiten 14,8 x 21 cm, kartoniert DM 24,80.

Fast jede juristische Ausbildungs- und Prüfungsordnung sieht heute einen Wahlfachbereich mit den Gebieten des Arbeits- und Sozialrechts vor. Das vorliegende Studienbuch will dem Leser den Zugang zum Sozialversicherungsrecht, dem für Ausbildung und Prüfung mit Abstand wichtigsten Teilgebiet des Sozialrechts, erleichtern. Es wurde versucht, einen in sich geschlossenen Überblick über das Sozialversicherungsrecht zu geben, der es ermöglichen soll, ein Grundverständnis und Grundwissen von dieser Rechtsmaterie zu erwerben. Dabei wurden bewußt einige exemplarische Problembereiche auch ausführlicher und vertieft behandelt, um dem Leser auf diese Weise einen Eindruck von der Subtilität dieses für die Praxis so außerordentlich wichtigen und von der Wissenschaft bisher immer noch zu sehr vernachlässigten Rechtsgebietes zu vermitteln. Die meisten juristischen Ausbildungsordnungen verlangen für die Prüfung auf dem sozialrechtlichen Gebiet die Kenntnis von sog. „Grundzügen". Jeder weiß, daß mit „Grundzügen" keine Klausur gelöst werden kann, daß hierfür vielmehr stets ein Mindestmaß an Detailkenntnissen erforderlich ist. Dieser Tatsache wurde dadurch Rechnung zu tragen versucht, daß die Darstellung immer wieder auf zahlreiche Fallbeispiele zurückgreift, die zur nötigen Anschaulichkeit beitragen sollen.

Aus dem Inhalt: Einführung · Allgemeines zur Sozialversicherung · Krankenversicherung · Unfallversicherung · Rentenversicherung · Arbeitsförderung · Sonstige Rechtsbeziehungen der Sozialversicherungsträger zueinander und zu Dritten, Organisation der Selbstverwaltung · Übersicht über die weiteren Gebiete des Sozialrechts · Stichwortregister.

Werner-Verlag · Postfach 85 29 · 4000 Düsseldorf 1

Werner-Studien-Reihe

Pietzner/Ronellenfitsch   Neuerscheinung
Das Assessorexamen im Öffentlichen Recht
Widerspruchsverfahren und Verwaltungsprozeß

Von Ass. Prof. Dr. Rainer Pietzner und Wiss. Ass. Dr. Michael Ronellenfitsch,
Hochschule für Verwaltungswissenschaften Speyer
1977. 304 Seiten 14,8 x 21 cm, kartoniert DM 34,-

Das Buch dient in erster Linie der gezielten Vorbereitung auf den öffentlich-rechtlichen Teil des Assessorexamens. Nach einem Überblick über die Examensanforderungen werden schwerpunktmäßig das Widerspruchsverfahren und der Verwaltungsprozeß unter besonderer Berücksichtigung des vorläufigen Rechtsschutzes behandelt. Der Darstellung liegen das VwVfG und die VwGO in der seit 1. 1. 1977 gültigen Fassung zugrunde. Zahlreiche Schaubilder und Muster behördlicher und gerichtlicher Entscheidungen helfen über Aufbau- und Formulierungsschwierigkeiten hinweg. Der ausführliche wissenschaftliche Apparat erleichtert den Einstieg in aktuelle Streitfragen und macht das Buch zu einem unentbehrlichen Hilfsmittel in allen Bereichen der öffentlich-rechtlichen Ausbildung.

Aus dem Inhalt: Einführung · **1. Abschnitt: Einleitung;** § 1 Die Anforderungen im öffentlich-rechtlichen Teil des Assessorexamens · **2. Abschnitt: Die verwaltungsgerichtliche Entscheidung;** § 2 Überblick: Formen verwaltungsgerichtlicher Entscheidungen sowie Rechtsbehelfe und Rechtsmittel; § 3 Sachurteilsvoraussetzungen; § 4 Das Urteil; § 5 Beschluß und Vorbescheid · **3. Abschnitt: Die verwaltungsbehördliche Entscheidung;** § 6 Überblick: Formen verwaltungsbehördlicher Entscheidungen und außergerichtliche Rechtsbehelfe; § 7 Grundlagen und Ablauf des Widerspruchsverfahrens; § 8 Die Zulässigkeitsprüfung in Widerspruchsverfahren; § 9 Die Zuständigkeit zur Entscheidung über den Widerspruch; § 10 Die Begründetheitsprüfung im Widerspruchsverfahren; § 11 Der Widerspruchsbescheid · **4. Abschnitt: Der vorläufige Rechtsschutz;** § 12 Vorläufiger Rechtsschutz nach § 80 VwGO; § 13 Vorläufiger Rechtsschutz nach § 123 VwGO; § 14 Vorläufiger Rechtsschutz im Normenkontrollverfahren · Sachregister.

Erhältlich in jeder Buchhandlung!

Werner-Verlag · Postfach 85 29 · 4000 Düsseldorf 1

wisu

Diederichsen **neu**

Grundkurs im BGB in Fällen und Fragen

Von Prof. Dr. Uwe Diederichsen, Universität Göttingen.
1977. 116 Seiten 17 x 24 cm, kartoniert DM 14,80

Dieser Band basiert auf der gleichlautenden Beitragsserie des Verfassers in der Zeitschrift „DAS WIRTSCHAFTSSTUDIUM – WISU". Die positive Resonanz der Leser auf die dabei gewählte Darstellungsweise war Anlaß, die Serie, nun auch in Buchform vorzulegen. Anhand von ca. 500 Fragen und Antworten führt der Verfasser in die Grundlagen des Allgemeinen Teils des BGB, des Schuldrechts und des Sachenrechts ein. Die aufgelockerte Form der Darstellung führt zu einem raschen Verständnis des Stoffes beim Leser. Das inhaltliche Schwergewicht liegt bei den Regeln und Rechtsinstituten, die Voraussetzung für ein anwendbares Grundwissen dieser Rechtsgebiete sind.

J. C. B. Mohr (Paul Siebeck) Tübingen
Werner-Verlag · Düsseldorf

texte

wisu

Kloepfer/Malorny

Öffentliches Recht

Von Prof. Dr. Michael Kloepfer und Wiss. Ass. Michael Malorny;
Freie Universität Berlin.
1976. 176 Seiten 17 x 24 cm, kartoniert DM 19,80
Bestell-Nr.: 23481

Die Verfasser führen mit diesem Band in die Rechtsordnung am Beispiel des öffentlichen Rechts ein. Er enthält eine kurze Darstellung ausgewählter, wesentlicher Teile des Verfassungsrechts und des allgemeinen Verwaltungsrechts einschließlich des Wirtschaftsverfassungs- und -verwaltungsrechts. Das Buch setzt keine juristischen Kenntnisse voraus und richtet sich in erster Linie an Studierende der Wirtschaftswissenschaften, indem es den für sie einschlägigen öffentlich-rechtlichen Prüfungsstoff aufbereitet.

Aus dem Inhalt: § 1 Verfassung in der Rechtsordnung · § 2 Verfassungsauslegung · § 3 Staatsstrukturbestimmungen des Grundgesetzes · § 4 Wirtschaftsverfassung unter dem Grundgesetz · § 5 Staatliche Handlungsformen · § 6 Allgemeine Grundrechtsfragen · § 7 Gleichheitssatz · § 8 Freiheit der Persönlichkeitsentfaltung im Wirschaftsbereich · § 9 Eigentumsgarantie und Sozialisierung · § 10 Berufsfreiheit · § 11 Vereinigungsfreiheit und Koalitionsfreiheit · § 12 Öffentliche Abgaben und Finanzverfassung · § 13 Haushaltsverfassung, Globalsteuerung · § 14 Geld- und Währungswesen, Bundesbank · § 15 Wirtschaftsplanung · § 16 Subventionierung · § 17 Wirtschaftsbehörden, Wirtschaftsorganisation, Beteiligung Privater · § 18 Gewerberecht · Antworten zu den Kontrollfragen · Abkürzungsverzeichnis · Stichwortverzeichnis.

J. C. B. Mohr (Paul Siebeck) Tübingen
Werner-Verlag · Düsseldorf

texte